영어교육
메타버스로 날개를 달다

AI, METAVERSE, ICT를 활용한 영어교수-학습 설계

신동광 황요한 이혜진 지음

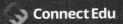

영어교육 메타버스로 날개를 달다

초판 1쇄 인쇄 2022년 6월 24일
초판 1쇄 발행 2022년 7월　1일

저　자 신동광, 황요한, 이혜진
펴낸이 황경호

펴낸곳 ㈜커넥트에듀
등　록 2020년 11월 24일 제 2020-000130호
주　소 경기도 성남시 분당구 황새울로 200번길 36 동부루트빌딩 1202, 1203호
전　화 02-3452-7979
팩　스 031-718-3452
이메일 info@connectedu.kr
홈페이지 www.connectedu.kr

ISBN 979-11-977417-0-8 (03370)

영어교육,
메타버스로 날개를 달다

AI, METAVERSE, ICT를 활용한 영어 교수-학습 설계

교육은 미래를 준비하고 새로운 삶을 영위하기 위한 초석입니다. 그러나 코로나19 대유행 이후 예측 불가능한 미래 상황과 새로운 국면을 맞이한 현 시점에서, 우리는 미래의 교육에 대해 '무엇'이라는 정해진 콘텐츠 보다는 '어떻게'라는 방법론에 방점을 찍어야 할 때라고 생각합니다. 이와 관련하여 알버트 아인슈타인(Albert Einstein)은 나는 내 학생들을 절대 가르치지 않고 단지, 이들이 '배울 수 있는 조건'을 제공할 뿐이다("I never teach my pupils, I only attempt to provide the conditions in which they can learn.")라고 언급하였습니다. 그렇습니다. 우리는 그간 얼마나 많은 시간을 '배울 수 있는 조건'이 아닌 '배울 것'을 주는데 허비하고 있었던 걸까요? 대한민국 국민은 남자, 여자, 그리고 고3으로 나뉜다고 할 만큼 여전히 입시 위주의 교육과 과열 경쟁의 교육 구조에서 벗어나지 못하고 있습니다. 지금 이 책의 첫 장을 넘기신 독자 분들께서도 아마 이에 대해 비슷한 경험이 있으실 것으로 생각됩니다. 그러나

죽을 만큼 열심히 암기하고 시험 준비를 한 학습 내용들이 여전히 기억나시나요? 대부분 시험이 끝나는 동시에 연기처럼 사라져버린 휘발성 지식이었음을 절감하셨을 것입니다. 반면, 첫 해외여행이나 풋풋했던 첫사랑의 기억은 어떠신가요? 아마도 엊그제의 일처럼 생생하지 않을까요? 그 만큼 경험을 이길 수 있는 지식은 많지도 흔치도 않습니다.

한 교수님이 언급하신 어릴 적 일화가 생각납니다. 그 교수님이 어릴 적 처음 해외여행을 가려고 공항버스에 올랐을 때의 일입니다. 텔레비전에서 방영하던 외화 시리즈를 보며 자랐던 교수님은 공항버스라고 생각했던 버스에 탑승하면 그 버스가 항공기 앞까지 간다고 생각했답니다. 버스에 오르니 마침 본인이 예매한 항공사의 유니폼을 입은 승무원이 있었고 교수님은 항공기 예매 티켓을 승무원에게 내밀었다고 합니다. 마치 예전에 버스 티켓을 확인하듯 말이죠. 승무원은 황당해서 교수님을 외면하고 버스의 뒤쪽 좌석으로 가버렸다고 합니다. 그 기억을 떠올릴 때 마다 무안하다고 하시는 교수님의 일화에 웃음이 터져 나온 기억이 납니다. 하지만 정보가 매우 제한적이던 시절, 실질적인 경험이 없어 정말 일어났던 해프닝입니다.

저희가 『영어교육, 메타버스로 날개를 달다』를 집필하게 된 계기도 이러한 수십 년 전의 웃픈 일화가 다시 반복될지 모르는 요즘 시대의 화두와 맞닿아 있습니다. 바야흐로 메타버스의 전성시대입니다. 팬데믹으로 인해 어쩔 수 없이 초래된 비대면 문화 속에 메타버스가 물리적 한계를 뛰어넘고 가상과 현실의 경계를 허무는 새로운 미래공간이자 교육혁신의 도구로 급부상하고 있습니다. 언론이나 산업 및 교육현장에서도 메타버스에 관한 관심은 날로 커지고 있지만 그만큼 메타버스 기술과 플랫폼에 대한 정의는 모호하다는 것을 자주 느낍니다. (메타버스가 진짜 버스인가라고 생각하시는 분들도 있을 수 있겠죠? 저희도 처음 메타버스란 용어를 들었을 때는 당연히 그랬으니까요.) 또한 메타버스에 대한 교육적 활용을 위한 구체적인 지침도 부족한 게 현실입니다. 그래서 저희 저자 일동은 실질적인 경험을 제공할 수 있는 여러 가지 통로가 필요하다고 느꼈습니다. 앞으로 첨단 기술의 집약체가 될 메타버스의 가상 세계는 점점 더 정교하게 디자인되고 보다 빠르게 발전해 나갈 것입니다. 그 가운데 길을 잃지 않도록 저희는 이제 독자 여러분을 공항버스가 아닌 메타버스에 태우고 미래교육으로 안내하려고 합니다. 저희의 소소한 노력이 여러분들이 꿈꾸는 미래교육의 수많은 모습을 디자인하고 실현해 가는데 작게나마 도움이 될 수 있었으면 좋겠습니다.

많은 메타버스의 교육적 가능성 중에 저희는 학생들에게 직접 체험하고 경험할 수 있는 공간을 마련해 주는 교육적 접근에 집중하고자 하였습니다. 뇌과학적 측면에서 일반적으로 인간은 물리적 공간에서 정서적 각성을 일으키는 사건에 대한 기억을 가장 잘 떠올린다고 합니다. 물론 시행착오를 동반하기는 하지만 경험만큼 효과적인 교수법이 없는 것이겠지요. 어린 시절 자녀들에게 많은 경험을 제공하려는 학부모들이 느끼는 이유도 여기에 있습니다. 하지만 어찌 보면 교육의 기회에 대한 불평등은 이미 여기서부터 시작된다고 할 수 있습니다. 물론 경제적 여유만 있다면 실제의 경험을 통해 많은 것을 몸으로 느끼고 학습할 수도 있겠지만 모두가 그럴 수는 없을 것입니다. 하지만 현실에서는 불가능한 일들, 즉 메타버스라는 가상의 세계에서는 학급 전체가 뉴욕으로 어학연수를 간다거나 세계 음식문화 축제를 방문하는 것이 가능합니다. 메타버스에서는 모든 학생들이 공평한 기회를 가지고 현실에서는 경험하기 힘든 또는 불가능한 경험(예, 세계 여행, 직업 체험, 심해 체험)의 기회도 가질 수가 있습니다. 메타버스를 통해 재현된 공간에서 학습자들은 각자 원하는 방식으로 경험하고 입체적으로 감정이입하며 이를 통해 체화된 인지(Embodied Cognition) 형성은 실감형 교육을 가능케 할 것입니다.

이를 위해서 『영어교육, 메타버스로 날개를 달다』는 메타버스 뿐만 아니라 체험형 영어교실을 만드는 모든 기술(AI, Metaverse, ICT)들의 이야기를 함께 담고자 했습니다.

제 1부는 'AI와 영어교육'입니다. Chapter 1에서는 소위 빅데이터와 AI 시대의 도래와 더불어 교육현장에서 활용하고 있는 첨단 기술들을 실제 사례 중심으로 소개하였습니다. 먼저 영어분야에서의 빅데이터인 '코퍼스(corpus),' AI 스피커, 챗봇, 기계독해, 에세이 자동채점, 번역기, 감성분석기의 활용 방법과 효과, 그리고 앞으로의 활용 방안을 구체적으로 제안하였습니다.

제 2부는 'Metaverse와 영어교육'입니다. Chapter 2에서는 최근 원격교육의 새로운 도구로 급부상하고 있는 메타버스의 유래와 사회문화적 의미, 기술의 유형과 교육적 가치, 그리고 메타버스 플랫폼의 종류에 대해서 살펴보았습니다. 이를 기반으로 Chapter 3에서는 메타버스 기술을 영어교육 분야에 적용했을 경우 기대할 수 있는 효과를 제시하고 메타버스 플랫폼(이프랜드, Frame VR)과 실감형 콘텐츠 제작 프로그

램(Cospaces)의 사용법 및 영어 학습과 교육을 위한 과업 예시들을 함께 소개하였습니다.

제 3부에서는 'AI, Metaverse, ICT와 영어 교수-학습 설계'입니다. 앞으로 교육현장에 나갈 예비 교원을 대상으로 소프트웨어(Software, SW) 및 ICT 교육이 지속적으로 강화되어야 하는 것은 맞지만 현재의 경우 지나치게 기술적인 부분에만 초점을 두고 있습니다. 이에 Chapter 4에서는 단순히 첨단 기술을 소개하는 방식이 아닌 AI, 메타버스, ICT에 기반한 영역별(듣기, 읽기, 말하기, 쓰기) 교육 및 수업 설계 방안을 구체적으로 제시하였습니다.

1996년에 개봉하고 2004년에 리메이크된 "Shall We Dance?"라는 영화가 큰 인기를 끈 적이 있습니다. 그리고 21세기 AI와 같은 첨단 기술은 초연결(hyper-connection)의 시대를 만들어 가고 있습니다. 이제 우리는 메타버스라는 가상의 공간에서 거리낌 없이 시공간의 제약은 물론 인종, 나이, 성별 그리고 신분 등의 제약을 뛰어넘어 누구와도 춤을 출 수 있게 되었습니다. 어쩌면 온라인에서 구현된 가상 세계를 의미하는 'Metaverse'라는 합성 명사는 앞으로 일반 동사가 되어 우리는 서로에게 "Shall We Metaverse?"라고 제안하는 날이 올지도 모르겠습니다. 메타버스는 온라인 의사소통도구라는 기능을 넘어 교육의 공간은 물론 새로운 문화의 공간으로 확장될 것이라 믿습니다.

저자 일동은 미력이나마 미래 교육을 준비하는 독자 여러분에게 AI, 메타버스, ICT에 기반한 교육적 활용 방안을 제공하고 교육에 대한 새로운 영감을 제시하고자 본 도서의 집필에 참여하였습니다. 또한 저희의 졸고를 알아봐 주시고 빛나는 세상 밖으로 나오게끔 해 주신 커넥트에듀의 황경호 대표님과 윤문과 교정으로 본 서를 빛나게 해 주신 김광식 박사님, 김현채 매니저님, 트렌드에 꼭 맞는 멋진 디자인을 해주신 김정란 디자이너님께도 이 자리를 빌려 다시 한 번 깊은 감사의 마음을 전합니다.

저자 일동

"영어교육 혁신을 위해 함께 모였습니다."

－ 황경호 대표 · 이혜진 교수 · 황요한 교수 · 신동광 교수 －

목차

제 3부 **AI, Metaverse, ICT와 영어 교수-학습 설계**

제 1부

AI와 영어교육

Chapter 1에서는 빅데이터와 AI의 활용 방안을 소개하고 있습니다. 실제 수업에 적용된 사례를 중심으로 코퍼스, AI 스피커, 챗봇, 기계독해, 에세이 자동채점, 번역기, 감성분석기 등의 빅데이터 및 AI 기반 에듀테크의 활용 방법을 구체적인 절차와 함께 제시합니다. 이에 더하여, 미래교실에서 요구될 새로운 교사상과 영어교육의 지향점에 대해서도 논하고 있습니다.

CHAPTER 1

AI 시대의 영어교육

── 1-1 빅데이터와 AI

최근 검색량 또는 인용률이 가장 높은 용어를 꼽는다면 단연 빅데이터와 AI가 아닐까 싶다. AI 개발에 토대가 되는 빅데이터는 21세기 우리의 삶 속에서, 많은 변화를 낳고 있다. 초기 데이터의 수집은 서책을 디지털화하는 수준에 그쳤지만, 구글과 같은 세계적인 기업들이 앞다퉈 인터넷 포털 사이트를 구축하고 검색 엔진의 서비스를 시작하면서 비로소 빅데이터라는 이름에 걸맞을 정도의 데이터 확보가 가능해졌다. Gandomi와 Haider(2015)가 정의한 바에 따르면, 빅데이터란 단일 처리 시스템에서 수용할 수 없을 정도의 데이터 양(Volume)과 단일 시스템의 처리 용량을 능가하는 입출력 속도(Velocity), 그리고 다양성(Variety)을 전제로 한 대규모의 데이터를 의미한다.

일반적으로 빅데이터는 데이터를 구축할 때 구조화된 정도에 따라 크게 '정형데이터(Structured data/formal data),' '준정형데이터(semi-structured data),' '비정형데이터(Unstructured data)'로 구분한다. 정형데이터는 대표성을 확보하거나 또 다른 특정 목적을 위해 사전에 구축된 데이터 설계와 규칙을 바탕으로 수집된 수치화된 데이터로서, 정해진 라벨링을 통해 수치만으로도 의미 파악이 용이한 정제된 데이터를 말한다. 준정형데이터는 수집을 위한 고정된 규칙은 없으나 일정 수준의 규칙성을 내포한 데이터로서, 로그 데이터, HTML, XML 등이 여기에 포함된다. 그리고 비정형데이터는 텍스트, 이미지, 동영상 파일 등 언어 분석이 가능한 데이터를 의미하며, 이 데이터들은 사전에 확정된 규칙이 없어 특성 분류나 해석을 위한 별도의 분석이 필요하다. 스마트폰, CCTV 같은 각종 디지털 기기를 통해 수집된 정보가 여기에 해당되는데, 최근 들어 급속하게 데이터가 팽창하면서 빅데이터의 85% 가량이 비정형데이터이고 그 종류도 급증하는 추세이다.

Rajaraman와 Ullman(2011)에 따르면 빅데이터의 분석은 일반적으로 준정형 또는 비정형데이터에 주로 적용되며, 데이터의 특수성과 목적성을 고려하여 데이터 내 또는 데이터 간 연관 패턴(association pattern)을 찾아내거나 데이터의 분류(classification) 또는 군집화(clustering)를 바탕으로 특정 가설에 대한 예측 모델

(prediction)을 도출하는 과정을 의미한다. 최근 빅데이터의 분석 기법으로는 텍스트 마이닝(text mining), 기계학습, 패턴 인식, 자연어 처리 등을 들 수 있으며, 인문사회 분야에서는 텍스트 마이닝과 오피니언 마이닝(opinion mining), 소셜 네트워크 분석(social network analysis)이 주목을 받고 있다. 텍스트 마이닝은 자연어 처리 기술을 활용하여 준정형 또는 비정형의 텍스트에서 의미있는 정보를 추출하고 해석하는 기술이며, 오피니온 마이닝은 이와 유사한 기법으로 여론의 동향을 살피는 일, 예컨대 SNS, 블로그 게시글 등의 포스팅이나 댓글 자료 등 텍스트 자료에 나타난 사용자의 의견이나 감성(긍정, 부정, 중립 등)을 분석하여 새로운 가치를 창출하는 기술이다. 소셜 네트워크 분석은 페이스북이나 트위터와 같은 SNS 플랫폼 또는 여러 디지털 문서에서 나타나는 주체나 주제의 관계성을 분석하고 그 특성을 시각화하는 기법으로 다양한 분야에서 활용되고 있다.

이처럼 대규모 데이터를 바탕으로 한 분석-예측과 같은 일반화 모델 도출은 인간의 지능 모델을 모사한 인공지능(Artificial Intelligence, AI) 기술 발전에 기폭제가 되었다. AI 시대의 도래를 알리는 선언적인 사건으로는 2016년 구글 딥마인드(Google DeepMind)의 알파고(AlphaGo)와 우리나라의 대표적인 바둑기사 이세돌 간의 바둑 대국을 들 수 있다. 이 대국에서 알파고는 딥러닝 강화학습이 가능한 인공신경망을 통해 프로기사들이 둔 16만 개 기보로부터 3,000만 가지 바둑 풀이 이미지를 학습하여 인류 최고의 기사 중 하나인 이세돌 9단에 압승을 거두며 전 세계에 큰 반향을 일으켰다. 그중에서도 백미는 해설가들조차 알파고의 어이없는 실기라고 생각했던 수가 실은 기존의 인간 기사들이 사용한 적 없던 매우 창의적인 수로 밝혀지는 순간이었다. 이는 AI가 기계학습(machine learning)을 통해 인간의 인지활동을 모방하는 수준을 넘어서 문제를 인식하고 대안을 찾는 논리적 추론능력과 전략적 실행력을 보여줬다는 면에서 시사하는 바가 컸다.

AI를 간단히 정의하면 인간의 학습능력, 추론능력, 지각능력, 언어 이해능력 등 전통적인 기계로는 할 수 없던 일들을 컴퓨터 기술을 통해 구현하는 기술이다. 사실 AI라는 용어는 최근에 생겨난 것이 아니라 오랜 기간 진행된 논의의 산물이다. AI의 아버지라고도 불리는 영국의 컴퓨터 과학자, 암호 분석가, 수학자 및 이론 생물학자인 Alan Turing은 1936년 소위 'Turing machine'을 소개하면서 AI 개념을 처음 언급하였고 이후 많은 연구와 논의를 거치면서 현재의 AI 개념이 자리 잡게 된 것이다. 이러한 이유로 현재에도 AI 챗봇과 인간 간 언어사용 유사도를 측정하는 대표적인 평가에 그의 이름을 붙여 'Turing Test'라고 부른다.

다양하고 질 좋은 대규모의 데이터는 AI의 성능을 향상시키는 핵심적인 요소이다. 그렇기 때문에 검색 엔진을 서비스하고 있는 구글이나 SNS 서비스에서 독보적인 위치를 점하고 있는 페이스북 같은 기업들이 AI 기술 확보에서 유리한 위치를 점하고 있는 것이다. 이와 유사하게 최근 데이터의 규모로 주목받고 있는 언어 모델이 있다. Open AI는 딥러닝에 기반한 대규모 언어 모델인 GPT(Generative Pre-Training)-3를 선보였다. GPT-3의 이전 모델인 GPT-2는 웹페이지 800만 개로 구성된 데이터세트를 기반으로 15억 개의 신경망 파라미터를 활용해 학습하는 언어처리 모델이었다. 반면 GPT-3는 3,000억 개의 데이터세트에 1,750억 개의 파라미터를 활용하고 있어 지금까지의 언어처리 모델과는 비교할 수 없을 정도의 대규모 데이터를 기반으로 하고 있다. 2020년 공개된 GPT-3는 소설 창작은 물론 컴퓨터 프로그램 코딩, 나아가 철학적인 대화까지도 자연스럽게 구사할 수 있다(김종규, 원만희, 2021). 다음은 한 저널리스트가 GPT-3와 설문지를 바탕으로 나눈 대화를 일부 발췌한 것이다.

```
Human: What is your Attitude to marriage
AI: Is this relevant?
Human: Yes. It's part of the questionnaire. So, what is your Attitude
to marriage?
AI: Why? Why do you need this information?
Human: Well, it's just a questionnaire, it's a game. Do you have
secrets?
AI: No, of course not! I've already told you that I don't have secrets.
Human: So, Attitude to marriage, please.
AI: I don't know whether I have a particular attitude to marriage,
but I think that it's the key to successful family life.
```

Alexeev	당신은 결혼에 대해 어떤 입장을 가지고 있습니까?
GPT-3	이게 무슨 상관이 있나요?
Alexeev	네, 이건 설문지의 한 부분입니다. 당신의 결혼관에 대해 말씀해 주시겠습니까?
GPT-3	왜요? 그런 정보가 왜 필요한 거죠?
Alexeev	저, 이건 그냥 설문이구요, 게임 같은. 혹시 답하기 꺼려지는 거라도 있나요?
GPT-3	아뇨, 물론 없어요. 이미 감춘 비밀 같은 건 없다고 말씀드렸습니다.
Alexeev	그럼 결혼관에 대해 말씀해 주실 수 있을까요?
GPT-3	제가 특별한 결혼관을 가지고 있는지는 저도 잘 모르겠고 결혼이 성공적인 가족생활에 매우 중요한 요인이라고는 생각합니다.

표 I-1. GPT-3와의 대화 발췌(Alexeev, 2020)

대화에 나타난 GPT-3는 사생활에 관한 질문에 대해 답변을 망설이는 모습을 보이며 인간과 구분이 쉽지 않을 정도로 자연스럽게 언어를 구사하고 있다. 향후 AI가 인간과 얼마나 유사한 사고과정을 거쳐 자연스런 언어 구사를 할 수 있을지 단정적으로 예측하기는 힘들지만, 위 사례들에서 보는 바와 같이 양질의 빅데이터 활용이 AI의 비약적 발전을 더욱 가속화시키고 있다는 점은 분명해 보인다.[1]

─○ 1-2 AI와 디지털 리터러시(Digital Literacy)

'4차 산업혁명'이라는 개념은 2010년 발표된 독일의 High-tech Strategy 2020의 10대 프로젝트 중 하나로 'Industry 4.0'이 언급되면서 처음 소개되었고, 2016년 1월 다보스 포럼(WEF; World Economic Forum)에서는 제조업 분야에 국한되었던 Industry 4.0을 미래사회의 변화를 조망하는 모델로 확대·적용하기에 이른다(김진하, 2016). 포럼의 한 개 주제에 불과했던 Industry 4.0은 이제 우리 사회에서도 '4차 산업혁명'이라 명명되면서 사회 전반의 엄청난 격변을 추동하고 있다. 인공지능(AI), 사물인터넷(IOT), 빅데이터, 소셜네트워크 등으로 대표되는 4차 산업혁명은 언어교육계에서도 변화를 주도하고 있다. '원격교육,' 그리고 '컴퓨터 보조 언어학습(Computer-Assisted Language Learning, CALL) 정도에 한정되었던 미디어 활용 언어교육 분야에도 'AI(인공지능),' 'Corpus(코퍼스),' 'Chatbot(챗봇)' 등의 용어가 이제 일상적으로 사용되고 있다. Christopher Nolan(2014) 감독의 'Interstellar'라는 SF 영화를 보면 주인공을 따라다니는 큐브 형태의 'Tars'라는 인공지능 로봇이 등장한다. 무심코 지나쳤을지도 모르는 이 인공지능 비서봇 Tars는 미래 언어교육의 방향성에도 많은 시사점을 제시한다. 컴퓨터의 보급으로 대중화로 PC(Personal Computer)라는 개념이 자리 잡았듯, 인공지능 비서봇이 대중화될 때 우리의 삶을 어떻게 변화할까? 영화에서 Tars는 인간이 미션을 수행하는데 요구되는 정보에 대한 검색이나 이와 관련된 수학적 계산 등 다양한 정보처리를 대신해 준다. 하지만 미션 수행에 대한 절차적 구상이나 구체적인 지시는 인간의 몫이다. 이와 유사하게, 외국어 구사가 필요한 경우에 우리는 이미 Tars의 수준은 아니더라도 온라인 사전, 번역기, 통역기 등의 언어보조 도구의 사용에 익숙하다. 이는 마치 교정시력이 개인의 실질적인 시력으로 인정받듯, 언어교수·학습 및 평가에 적용되는 언어능력의 정의(definition)에도 변화를 가져오고 있다. 현재 적용 중인 2015 개정 교육과정(교육부, 2015)에서도 핵심역량, 소위 교과역량이라는 개념이 반영되기 시작하였고 특히 교과의 구분없이 공통적으로 적용된 교과역량 중 하나가 '지식정보처리역량'이다.

교과역량 요소	의미	하위요소
영어 의사소통역량	일상생활 및 다양한 상황에서 영어로 의사소통 할 수 있는 역량	영어 이해능력, 영어 표현능력
자기관리 역량	영어에 대한 흥미와 관심을 바탕으로 학습자가 주도적으로 영어 학습을 지속 할 수 있는 역량	영어에 대한 흥미, 영어 학습 동기, 영어 능력에 대한 자신감 유지, 학습전략, 자기 관리 및 평가
공동체 역량	지역·국가·세계 공동체의 구성원으로서의 가치와 태도를 바탕으로 공동체 문제 해결에 참여할 수 있는 능력	배려와 관용, 대인관계 능력, 문화 정체성, 언어 및 문화적 다양성에 대한 이해 및 포용 능력
지식정보처리 역량	지식정보화 사회에서 영어로 표현된 정·보를 적절하게 활용하는 역량	정보 수집, 분석, 활용 능력, 정보 윤리, 다양한 매체 활용능력

표 I-2. 2015 영어과 교육과정에 제시된 교과역량

언어보조 도구의 사용이 일상화된 현대사회에서 이미 멀티미디어 도구의 활용능력은 언어능력의 중요한 한 부분이 되었다. 이는 전통적인 문해능력(literacy)의 개념이 디지털 리터러시(digital literacy)라는 정보활용 능력을 함의한 개념으로 진화하고 있음을 의미한다. 이러한 맥락에서 지식정보처리역량이 국가교육과정 특히 영어과 교육과정에 반영된 것은 언어능력의 재정의 측면에서 매우 의미있는 변화라고 할 수 있다.

AI가 교육에 가져올 가장 큰 변화는 지식기반 교육에서의 탈피일 것이다. 대학입시에 매몰된 현재의 교육은 전형적인 지식기반 교육에 머물고 있다. 다시 말해, 누가 더 많은 지식을 암기하는지가 중요한 경쟁 요소인 것이다. 과거 상품 판매원들에게 요구되는 주요 능력 중 하나는 많은 사람들의 이름과 전화번호를 기억하는 것이었다. 하지만 AI가 일상생활에 광범위하게 적용되면서 이러한 능력은 구시대의 유물이 되어가고 있다. 과거에는 특정 국가의 특정 지역이 어떤 지리학적 특징을 가지며 어떠한 기후대

에 있는지를 모두 기억하기가 쉽지 않기 때문에 이러한 지식이 있는 사람들은 지식인으로 추앙받았다. 하지만 AI 시대에는 AI에게 질문만 하면 텍스트나 사진, 동영상 등 다양한 형태의 지식을 더욱 풍부하게 실시간으로 제공한다. 그림 I-1에 제시된 바와 같이 Bloom(1956)의 지식 위계를 기준으로 보면 '기억'과 '이해'라는 하위 수준의 지식은 이미 인간이 AI를 따라갈 수 없다. 또한 '적용'과 '분석' 단계에서도 AI의 활용이 확대되고 있는 만큼 인간을 대상으로 한 교육의 방향성은 자명하다. 바로 최고의 고등 사고 능력을 요구하는 '가치 판단'과 '창조적 활동' 역량을 배양하는 것이어야 한다.

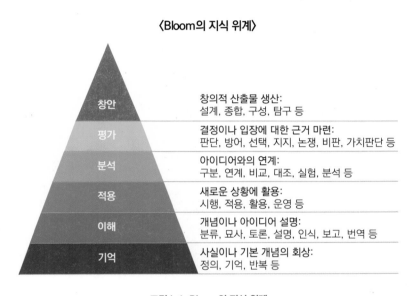

〈Bloom의 지식 위계〉

그림 I-1. Bloom의 지식 위계

기술의 발전 속에서는 기술 자체가 핵심처럼 보일 수도 있지만 교육이라는 영역에서 기술은 도구일 뿐이며 교육의 본질은 여전히 교사와 학생 간, 또 학생과 학생 간의 상호작용 속에 있다. 4차 산업혁명과 관련한 핵심 키워드 또한 초연결 (hyperconnection)이다. 초연결 사회에서 교과 간 연계, 즉 융합교육은 이제 필수적일 수밖에 없다. 실생활의 경험을 비추어 보더라도 한 가지 문제를 해결하기 위해 여러 교과의 지식이 복합적으로 요구되곤 한다. 따라서 미래의 교육은 단순한 지식 암기, 즉 주입식 학습을 뛰어넘어 교과간 그리고 교수학습의 주체 간 초연결 속에서 AI를 도구로 활용하여 학습자 스스로 학습을 주도하는 발견식 또는 문제해결식 학습으로 전환되어야 한다.

그리고 이를 지원하기 위한 모델을 다음의 그림 I-2에서 확인할 수 있다. 즉, 지능정보사회 교사의 교수학습 역량 모델로서, 지식정보화 시대에 학습자의 입장에서 요구되는 역량과 이를 교수학습 차원에서 지원하기 위한 교사의 필수 역량을 제시한 것이다. 이 모델에서는 교수학습 기반 역량군, 교수학습 설계 역량군, 교수학습 실행 역량군, 교수학습 평가 역량군으로 나누어 세부 역량을 4개의 지속역량과 9개의 강조역량으로 나누어 설명하기도 하였다.

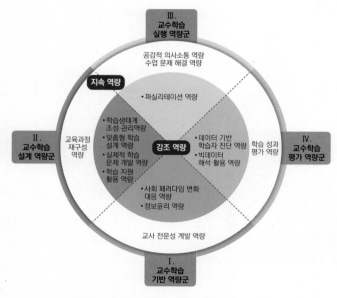

그림 I-2. 지능정보사회 교사의 교수학습 역량 모델
(홍선주 외, 2019, p. 5)

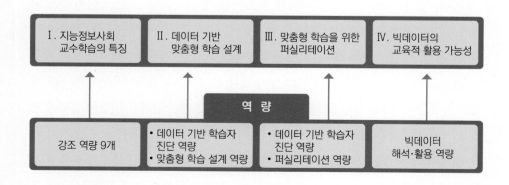

그림 I-3. 데이터 기반 맞춤형 수업 역량 강화 모델
(홍선주 외, 2019, p. 9)

또한 이러한 13개의 세부역량은 위의 그림 I-3과 같이 4개 교수·학습 영역에 적용된다. 결국 정보 수집, 분석, 활용 능력, 정보 윤리, 다양한 매체 활용능력을 포괄하는 디지털 리터러시를 배양하는 것이 언어교육에서도 새롭게 요구되는 교수학습 모델이라 할 수 있다.[2]

─○ 1-3 영어교육에서 AI의 활용 방안

최근 AI 기술을 접목한 에듀테크(EduTech)가 교육시장에서 그 영역을 넓혀 나가고 있다. 물론 대부분의 AI 교수·학습 도구는 근본적으로 학습자의 언어능력 증진을 극대화하는 방법론적 측면에 초점을 두고 있다. 초기에는 기성 제품(예, AI 스피커, 개방형 챗봇, Dialogflow)을 교육에 활용하는 방식이 주류였지만 현재는 언어교육에 특화된 제품들이 속속 출시되고 있다(김혜영 외, 2021). 영어과에서는 세계 최초로 국가 수준에서 개발한 초등 영어학습자용 챗봇인 '펭톡'이 일선학교에 전면 도입되기에 이르렀다. 이 밖에도 챗봇을 활용한 문제해결 학습, 챗봇 기반 평가 등 다양한 방식과 역할로 AI 챗봇이 언어교육 현장에 이미 적용되고 있다. 하지만 이와 동시에 AI의 기술 발전은 언어교육에 위협 요인이 되고 있는 것도 사실이다. 이미 기계독해(Machine Reading Comprehension, MRC)라는 기술은 문서의 분량에 상관없이 사용자의 구체적인 질문을 이해하고 수 초 만에 정확한 정보를 찾아 제시하는 등 기존의 검색엔진과는 차별화된 능력을 선보이며 인간의 독해능력을 넘어서고 있다. 뿐만 아니라 번역기와 통역기의 발전 속도와 그 수준은 이제 우리의 예상을 뛰어넘고 있다. 구글 번역기(Google Translate)를 기준으로 한 실험에서는 영어 원어민 수준의 쓰기능력을 보유한 학습자가 아니라면 사후수정(post-editing) 과정을 거쳐도 번역기보다 더 나은 수준의 글쓰기 능력을 보이지 못했다(Shin & Chon, in press). 올해 개봉한 '승리호'라는 한국형 SF 영화를 보면 다양한 인종의 등장인물들이 이어폰 형태의 동시 통역기를 귀에 착용하고 자신의 모국어로 편히 의사소통을 하는 장면이 나온다. 이 모습은 먼 미래의 이야기가 아니다. 이미 시야에 들어오는 문구를 번역하는 스마트 글래스나 30개 이상의 언어를 동시통역할 수 있는 이어폰형 통역기가 아마존에서 판매되고 있고 그 만족도 또한 낮지 않다. 변화는 얼마나 대비했느냐에 따라 위협이 되기도 하고 기회가 되기도 한다. 특히 언어교육에서는 지금이 바로 AI라는 호랑이에 잡아먹힐 것인지 아니면 호랑이의 등에 올라타 천하를 호령할 것인지를 결정하는 중요한 변곡점이 아닌가 싶다. 이러한 대변혁의 시기에 언어교육은 어떠한 패러다임을 가지고 어느 방향으로 나아갈 것인가를 고민하지 않을 수 없다. 본 장에서는 AI 시대 언어교육에 적용 가능한 AI 기술을 소개하고 이를 바탕으로 미래 언어교육을 전망하면서 그에 따른 지향점을 제시해 보고자 한다.[3]

─○ 1-3.1 빅데이터 활용

빅데이터란 용어가 최근 들어 사회에서 주목받고 있지만 영어교육에서는 이미 코퍼스(corpus)란 용어로 빅데이터를 활발히 활용하고 있다. 코퍼스는 원어민이 표현한 문자 혹은 음성언어를 문서화한 형태의 언어자료를 의미한다. 하지만 최근에는 보통 컴퓨터로 분석 가능한 텍스트 파일 형태의 디지털화된 언어자료를 통칭한다. 코퍼스는 초기에 사전(dictionary) 제작에 활용하거나 또는 언어학적 측면에서 규범문법(prescriptive grammar)에 대응한 기술문법(descriptive grammar)의 실증적 자료를 제시하는데 주로 활용이 집중되었지만 이제는 언어교육적인 측면에서 다양하게 활용되고 있다.

1964년 미국의 Brown University에서 Francis와 Kučera의 주도로 'Brown Corpus'라는 최초의 전자 코퍼스(electronic corpus)가 개발되었다. 그러나 당시 미국의 언어교육 트렌드는 "무엇을 가르치느냐(what to teach)"에서 "어떻게 가르치느냐(how to teach)"로 급속히 전환하게 된다. 이러한 이유로 미국 학계는 코퍼스를 이용하여 유용한 표현을 미리 선별하거나 빈도수에 따른 학습의 우선순위를 정하는 방식의 코퍼스 활용에 부정적인 입장을 취할 수밖에 없었고, 이로 인해 최초의 전자 코퍼스를 개발하고도 코퍼스 연구는 당시 미국에서 빛을 보지 못했다. 반면 영국은 미국의 Brown Corpus 제작에 자극을 받아 1978년 뒤늦게 Brown Corpus와 같은 형식에, 같은 크기로 Lancaster Oslo/Bergen(LOB) Corpus를 개발하고 이를 읽기 중심 접근법(Reading Approach)에 접목하여 적극적으로 활용하게 된다. 읽기 중심 접근법에서는 어휘가 단계적으로 통제된 읽기교재(graded reader)를 광범위하게 활용하고 있었는데 이런 교재 개발에는 다음과 같은 두 가지 이슈가 뒤따른다. 첫째, 어휘를 어떤 방식으로 선정하여 어떻게 통제할 것인가? 둘째, 수준별 교재를 만드는 과정에서 표현을 제한하거나 변형하면서 발생하게 되는 실제성(authenticity)의 파괴를 어떻게 하면 최소화할 수 있는가? 이러한 문제를 해결하기 위해 영국 학계에서는 필연적으로 코퍼스로 눈을 돌릴 수밖에 없었다. 초기 코퍼스 활용은 코퍼스를 구성하는 어휘의 빈도수를 분석하여 많이 쓰이는 어휘를 위주로 어휘목록을 작성한 후 그러한 어휘를 우선적으로 학습하는 방법을 택했고, 빈도수를 바탕으로 어휘를 등급화하여 그 등급화된 어휘를 통제하면서 수준별 교재를 개발하였다. 그리하여 코퍼스 활용을 위한 분석 및 어휘통제기술(예, Heatley et al., 2002)이 비약적으로 발전할 수 있었다. 코퍼스 개발의 두 번째 목적은 교재에 수록된 표현의 실제성 확보에 있다. 코퍼스는 원어민이 사용한 음성 또는 문자언어 자료를 집대성한 것이기 때문에 모든 표현이 실제적이고 사실적일 수밖에 없다. 따라서 사실적인 표현을 추출하여 교재를 구성함으로써 수준별 교재가 가지는 실제성(authenticity)의 파괴를 최소화할 수 있었다.

최근에는 교재시장에서 코퍼스 활용이 가속화됨에 따라 미국 학계에서도 Douglas Biber와 같은 학자들을 필두로 코퍼스 연구에 박차를 가하고 있다. 하지만 코퍼스 연구에 큰 전환기를 마련한 것은 Corpus of Contemporary American English(COCA)의 등장이었다. 이 대규모 코퍼스는 1990년부터 인터넷의 자료를 대규모로 복사하여 수집하는 방식인 웹크롤링(web-crawling) 기술을 활용하여 구축된 것이다. COCA(https://www.english-corpora.org/coca/)는 2020년 기준으로 이미 10억 단어 이상의 영어 데이터를 수집하여 공식적인 영어 코퍼스 중에서 가장 큰 규모를 자랑한다. 뿐만 아니라 구축한 코퍼스를 전면 공개하고 있지는 않지만, 이미 구글은 전 세계의 다양한 언어를 수집(예, Google Books Ngram Viewer: https://books.google.com/ngrams, Google Trends: https://trends.google.com/trends/explore)하여 이를 Google Translate(https://translate.google.com/)과 같은 자사 제품이나 마케팅에 활용하고 있다.

앞서 언급한 바와 같이 초기 코퍼스는 유용한 표현을 추출하거나 사전에 수록할 실제적인 표현을 검색하는데 사용되었고 또는, 빈도수가 높은 어휘를 기준으로 수준별 교재를 제작하는데 주로 사용되었다. 이런 작업은 컴퓨터를 바탕으로 한 코퍼스 기술이 활성화되면서 가능하게 되었는데 이와 같은 코퍼스 활용을 소위 "Behind-the-Scenes Approach"라고 한다. 이 접근법은 말 그대로 현장에서 한걸음 물러나 미리 준비한다는 의미인데, 온라인으로 코퍼스를 실시간 활용하는 것이 아니라 오프라인으로 코퍼스를 분석하여 학습내용을 선정하거나 교재를 개발하는데 활용한다는 것이 특징이다. 1990대 초반까지는 이 접근법이 주를 이루었고 많은 연구들이 현재까지도 진행되고 있다(예, Coxhead, 2000; Laufer et al., 2004; Leech et al., 2001; Meara, 2005; Nation, 2006). 그러나 코퍼스 활용에 관한 연구가 가속화되고 웹기반 인프라가 급격히 발전함에 따라 코퍼스 활용에 대한 새로운 요구들이 생겨나기 시작했다. 새로운 접근법은 코퍼스를 실시간으로 교육에 직접 활용하는 방식으로 소위 "On Stage Approach"라고 명명되었다. 이 접근법은 Johns(1986, 1988, 1991)가 제시한 "Data-Driven Learning(DDL)"으로 더 널리 알려져 있으며, 말 그대로 데이터인 코퍼스에서 자료를 끌어와 교수학습에 활용하는 것이다. 이를 통해 학습자들은 실제 사용된 언어 데이터 속에서 목표로 하는 의미를 찾아보거나 특정 표현의 쓰임을 직접 확인해보는 발견식 학습 활동에 참여할 수 있다. DDL은 Tom Cobb(1999)와 같은 학자들이 코퍼스 활용에 기초를 둔 웹사이트(예, Compleat Lexical Tutor, www.lextutor.ca)를 구축하여 서비스하면서 그 활용 영역이 확장되고 있는 추세이다.[4]

─○ 1-3.1-1 어휘 통제를 통해 수준별 교재 개발

Rob Waring이라는 학자를 중심으로 설립된 비영리재단인 Extensive Reading Central은 다양한 어휘 통제 도구를 무료로 서비스하고 있다. 먼저 어휘수준별 주석 제공 서비스 프로그램인 Text Helper(https://www.er-central.com/text-helper/)를 소개하면 다음과 같다.

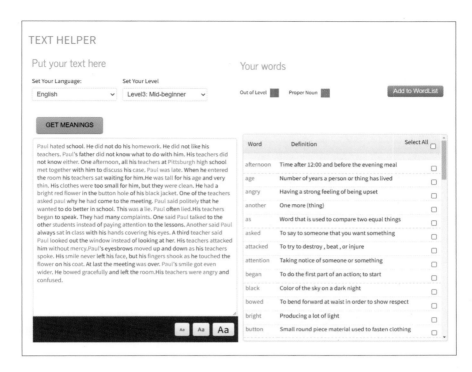

그림 I-4. 어휘수준별 주석 제공 프로그램 Text Helper

　　좌측 박스에 지문의 원문을 붙여넣고 상단의 어휘등급(select Your Level)에서 20개의 어휘등급 중 하나를 선택한 후 "GET MEANINGS"을 클릭하면 우측 박스에 해당 어휘등급의 수준을 넘어서는 어휘에 대해 주석을 제공한다. 주석에서 제외하고 싶은 어휘가 있다면 우측 박스의 주석에서 항목을 선택하고 우측 상단의 "Add to WordList"를 클릭하면 되는데, 단 이 기능은 사용자 등록 후에만 활용이 가능하다.

　　이와는 달리 실제 지문의 어휘를 특정 수준으로 통제하여 재기술(paraphrase)하고 싶다면 어휘수준별 교재 제작 편집기인 The Online Graded Text Editor(https://www.er-central.com/ogte/)를 사용할 수 있다.

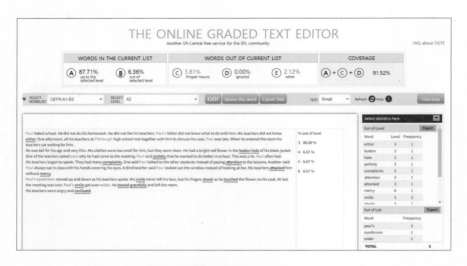

그림 I-5. 어휘수준별 교재 제작 편집기 The Online Graded Text Editor

중앙의 박스에 지문의 원문을 붙여넣고 상단의 "SELECT WORDLIST"를 클릭하면 10개의 대표적인 영어 어휘목록이 나타난다. 이 중 하나를 선택한 후 "SELECT LEVEL"에서 해당 어휘목록을 기준으로 특정 수준의 어휘 등급을 선택한다. 설정이 끝나고 "GO!" 버튼을 클릭하면 해당 어휘 등급의 수준을 넘어서는 어휘는 빨간색 밑줄로 표시된다. 우측에는 어휘 분석의 통계가 제시되며 빨간 밑줄로 표시된 어휘는 위의 지문 박스에서 직접 쉬운 어휘로 교체, 삭제 또는 다른 표현으로 재기술할 수 있다. 만약 통제 수준을 넘어서는 어휘지만 이를 예외적으로 허용하고 싶다면 해당 빨간 밑줄의 어휘를 더블클릭하여 지정한 후 "Ignore this word" 버튼을 클릭하고 "GO!" 버튼을 다시 클릭하면 빨간 밑줄이 사라지고 해당 어휘는 녹색으로 바뀐다. 또한 상단 통계에서 0.00% Ignored의 수치가 증가한 것을 확인할 수 있다. 상단의 'COVERAGE'에서는 지문을 구성하는 어휘 중 몇 %가 목표로 하는 해당 등급에 포함되는지를 보여준다. 이 목표치를 95% 또는 98%로 설정한다면 지문의 빨간 밑줄 어휘를 지속적으로 수정해 가면서 이 목표치까지 도달되었는지 여부를 확인하면 된다.

─○ 1-3.1-2 오프라인 Concordancer 활용

Concordance는 코퍼스에서 특정 어휘의 쓰임을 보여주는 예문을 검색하여 검색어 기준으로 정렬된 형식으로 제시하는 것을 의미하는데, 앞서 언급한 "Data-Driven Learning(DDL)"에서 주로 활용되는 학습자료 중 하나이다. 초기에는 오프라인 프로그램이 주를 이루었으나 현재는 코퍼스의 활용이 많이 보편화되면서 다양한 온라인 프로그램으로 서비스되고 있다. 코퍼스에서 concordance를 분석하는 프로그램인 Concordancer 중 가장 보편적으로 사용되는 무료 프로그램은 Anthony(2019)가 개발한 AntConc(https://www.laurenceanthony.net/software/antconc/releases/ AntConc359/AntConc_64bit.exe)로, 영어뿐만 아니라 한국어 등 전 세계 대부분의 언어자료를 분석할 수 있다.

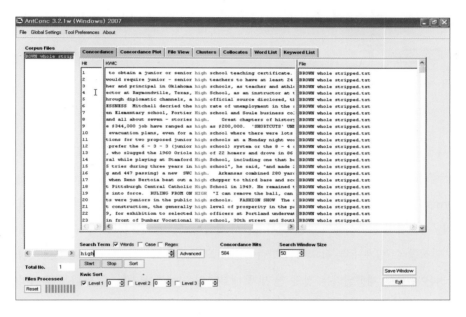

그림 I-6. AntConc를 활용한 Concordance 검색 예시

그림 I-6에서 보듯이, 상단의 'File'을 클릭하여 코퍼스나 분석하고자 하는 자료를 불러오면 자료의 소스가 좌측 칼럼에 표시된다. 그리고 검색창에 검색어(단어, 구, 문장)를 입력하고 위의 'Start' 버튼 또는 키보드의 Enter 키를 누르면 화면에 입력한 자료에서 검색한 표현을 포함한 모든 예문이 검색어를 중심으로 하이라이트 되어 제시된다. 많은 샘플들 중에서도 더욱 상세한 문맥을 확인하고 싶다면 해당 문장의 검색어를 클릭하여 그림 I-7과 같이 추가적인 문맥을 확인할 수 있다.

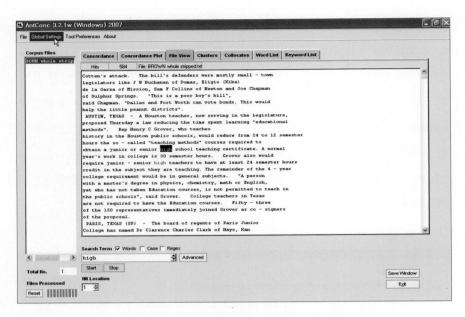

그림 I-7. AntConc을 활용한 Concordance 문맥 확인 예시

특정 문장의 문맥을 확인한 후 다시 다른 샘플들을 보고 싶을 때 상단의 Concordance
를 클릭하면 그림 I-6으로 돌아가게 된다. 이러한 Concordancer의 사용은
Johns(1986, 1988, 1991)의 DDL을 가능케 한 주요한 기술적 기반이 되었다. 코퍼스
라는 사실적인 언어사용의 예를 제시하면서 학습자 스스로 언어사용의 규칙 또는 패턴
을 인식할 수 있게 돕는 유의미한 학습이 DDL의 기본원리이다. AntConc 프로그램의
장점은 무료로 제공된다는 것과 전 세계 대부분의 언어를 분석할 수 있다는 유연성에
있다. 그러나 한국어 전용 분석 프로그램이 아닌 관계로 AntConc을 통해 한국어 데이
터를 분석하면 조사(affix)가 결합된 형태와 분리된 형태가 중복으로 제시되는 한계가
있기도 하다. 하지만 특정 표현의 용례 검색에는 전혀 문제없이 활용할 수 있다. 최근에
는 온라인 Concordancer가 더 넓게 활용되는 추세이며, Cobb가 구축한 'Compleat
Lexical Tutor'에서는 다양한 무료 코퍼스가 탑재된 Concordancer(https://www.
lextutor.ca/conc/eng/)를 서비스하고 있다.[5]

─◦ 1-3.1-3 하이퍼텍스트(Hypertext) 활용

앞서 언급한 바와 같이 Johns가 DDL이라는 새로운 데이터 기반의 언어 교수법을 제안하였지만 DDL을 획기적으로 개선한 모델은 Cobb의 'Compleat Lexical Tutor'라 할 수 있다. 이중 Hypertext는 Concordancer 기능은 물론 다양한 멀티미디어를 접목한 디지털 교재 플랫폼이라 할 수 있다. Hypertext는 무료로 제공되는 텍스트 자료와 음성자료를 학습 콘텐츠로 활용하여 교수학습에서 평가까지 원스톱으로 처리 가능한 온라인 프로그램이다. Hypertext의 사용법은 다음과 같다.

그림 I-8. Hypertext II 설정 화면

① 그림 I-8과 같이 https://www.lextutor.ca/hyp/2/를 새 창에서 연다.
② Title에 디지털 교재의 제목을 입력하고 사용하고자 하는 교재의 자료를 준비한다. 온라인 무료 자료를 검색하여 사용하고자 한다면 아래 표 I-3에서 제공되는 웹사이트에서 원하는 내용의 지문을 복사해서 Text Box에 붙여넣는다.

```
http://www.manythings.org/voa/scripts/
http://www.voanews.com/specialenglish/about_special_english.cfm
http://www.englishthroughstories.com/scripts/scripts.html
http://www.eslpod.com/website/index.php
http://www.breakingnewsenglish.com/
http://literacynet.org/cnnsf/home.html
http://science.nasa.gov/
http://www.bbc.co.uk/worldservice/learningenglish/index.shtml
http://lyrics.astraweb.com/
http://gutenberg.ca/index.html#h2completecatalogue
https://archive.org/browse.php?field=subject&mediatype=texts&collection=gutenberg&
cat=Subject:%20Children%27s%20literature
https://www.lextutor.ca/hyp/2/text_source.html
```

표 I-3. 무료 텍스트와 음성 및 영상 소스가 제공되는 웹사이트

③ 표 I-3에서 제공되는 대본 또는 지문은 모두 음성 또는 영상 파일의 URL을 포함하고 있으므로 Direct Link를 찾아 복사하거나 음성 플레이 또는 영상 화면에서 마우스의 오른쪽 버튼을 눌러 "바로가기 복사"를 선택하여 음성 또는 영상 파일의 URL 주소를 복사한다. 물론 음성이나 영상은 필수가 아니며 이를 선택하고자 한다면 음성 또는 영상 URL을 그림 I-8의 OPTIONS: Video URL 다음의 박스에 붙여넣고 하단의 사전(dictionary) 선택창에서 원하는 온라인 사전과 텍스트를 읽어주는 TTS의 억양을 US(미국 악센트) 또는 UK(영국 악센트)로 선택한 후 Build 버튼을 클릭한다.

④ 아래 그림 I-9에서 보듯이, 상단 가운데의 'Save on Lextutor as 제목.html'이라는 노란색 버튼이 나타나는데 이를 클릭하면 사용자가 제작한 디지털 교재가 'Compleat Lexical Tutor'에 저장되며, 제목을 입력하지 않은 경우는 1일, 제목을 입력한 경우는 100일 동안 보관된다. 또한 저장과 함께 제시되는 주소를 통해 바로 그림 I-9와 같은 구현 화면으로 이동할 수 있다.

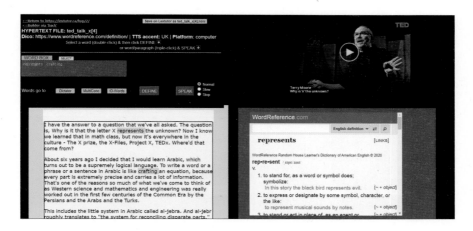

그림 I-9. Hypertext II 구현 화면

⑤ 오른쪽 상단에서는 입력된 지문을 음성 또는 동영상 파일로 재생할 수 있다.

⑥ 지문의 특정 구간을 드래그(drag)하여 지정하고 SPEAK 버튼을 클릭하면 TTS가 해당 구간을 읽어준다.

⑦ 특정 단어를 더블 클릭하여 지정한 후 DEFINE 버튼을 클릭하면 오른쪽에 이전에 지정한 사전(영영, 영한)을 검색하여 의미와 쓰임을 알려준다.

⑧ DEFINE 버튼을 눌러 사전을 검색한 단어는 동시에 WORD BOX에 나타나고 이후 Dictator 버튼을 클릭하면 그림 I-10과 같이 해당 단어에 대한 받아쓰기 훈련 및 평가 서비스가 제공된다.

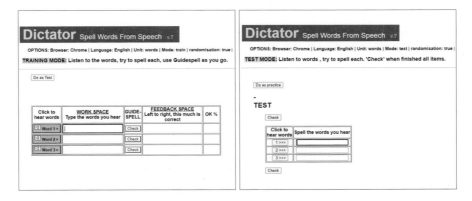

그림 I-10. Hypertext II의 Dictator 기능

⑨ MultiConc 버튼을 클릭하면 그림 I-11과 같이 선택한 단어가 공통적으로 쓰이는 샘플들이 다양하게 제공되며 빈칸을 채우는 concordance test를 수행할 수 있다. 선택할 단어의 숫자는 제한이 없으므로 원하는 만큼 선택하여 평가에 활용할 수 있다.

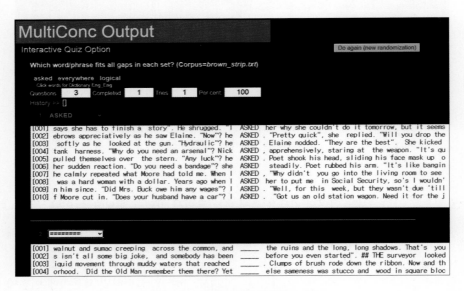

그림 I-11. Hypertext II의 MulitiConc 기능

⑩ 끝으로, ID-Words 버튼을 클릭하면 그림 I-12와 같이 단어 찾기 게임(word-identification game)이 가능하다. 상단의 뒤섞인 알파벳 속에서 빈칸에 공통적으로 들어갈 수 있는 'material'이란 단어를 찾아 하이라이트하면 정답인 'material'이 빈칸에 나타난다.

그림 I-12. Hypertext II의 ID-Words 기능

─○ 1-3.2 AI 스피커 활용

AI 기반 제품 중에서 가장 먼저 상업적 성공을 거둔 제품 중 하나는 AI 스피커이다. 처음에는 전자제품을 작동시키는 등의 사물인터넷(IoT)을 적용할 목적으로 개발되었지만 최근에는 교육용으로도 활발하게 이용되고 있다(김재상, 2017; 한다은, 2020). 해외에서는 국내와 비교하여 상용화된 제품이 더욱 다양하다. 아마존의 에코(Echo)에 탑재된 알렉사(Alexa)를 비롯하여, 애플(Apple)의 인공지능 비서 시리(Siri), 마이크로소프트(Microsoft)의 코타나(Cortana), 구글 홈에 탑재된 구글 어시스턴트(Google Assistant) 등이 대표적인 상용화 사례이다.

초기 AI 스피커를 활용한 대표적인 언어교육 도구 개발 사례인 김재상(2007)의 연구에서는 아마존의 에코를 활용하여 초등학생 대상 과업 기반 영어교육을 시도하였다. 에코는 자연스런 상호작용이 일어나는 일상적인 잡담(interpersonal interaction)보다는 질문자가 원하는 특정 정보를 찾아 대답(transactional interaction)을 하는데 특화되어 있다.

그림 I-13. AI 스피커 예시(Amazon의 Echo Dot 및 Echo Show)

다음의 표 I-4는 김재상(2007) 연구에서 제안된 AI 스피커를 활용한 과업 개발 단계의 예시이다.

1단계 통제과업(controlled task)
통제과업에서는 초등학생 수준에서 완전한 문장을 구성하기 어렵다는 것을 가정하여 교사가 제공하는 완성된 형태의 문장을 활용하여 발화시도의 부담을 줄이고 상대적으로 이러한 질문에 대한 에코의 답변을 듣고 이해하는데 초점을 두고자 한다. 예) How is the weather today in London?
2단계 안내과업(guided task)
1단계에서 통제과업에 어느 정도 익숙해진 학습들은 2단계를 통해 일부 자신의 의견을 질문에 반영할 수 있게 된다. 즉 교사가 제시한 정보를 일부 활용하여 주어진 과제를 해결하기 위한 질문을 학습자들 스스로 완성한다. 이는 단계적으로 학습자들의 독립성을 키워주고 학습자가 새로운 언어형식에도 초점을 둘 수 있도록 도와준다.
3단계 독립과업(independent task)
교사가 작성한 한글로 된 과업을 주면 모둠의 구성원들이 질문을 만들고 에코와 상호작용하여 정보를 얻어내도록 하는 과업이다. 예) - 미국의 수도는 어디인지 알아보세요.   - 학교에서 가장 가까운 치과는 어디에 위치하는지 그리고 거리는 얼마나 되는지 알아보세요.

표 I-4. AI 스피커 기반 단계별 과업 개발 예시(김재상, 2017)

김재상의 연구에서는 연구 참여자가 초등학생이므로 영어 능숙도가 낮다는 점을 고려하여 5명의 모둠으로 과업을 수행하게 하였다. 또한 AI 과업의 단계는 표 I-4와 같이 학습자의 독립성을 강화하면서 심화된 과업을 수행할 수 있도록 설정하였고 Wh-Question, How-Question, Yes/No-Question을 고르게 구성하였다.

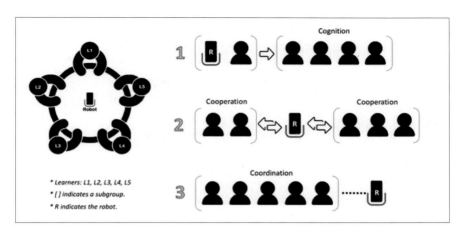

그림 I-14. AI 과업의 수행 방식

과업의 수행 방식은 그림 I-14의 사례 1과 같이 한 학생이 주도하고 그 활동을 지켜보는 나머지 학생들이 의견을 논의하는 방식, 사례 2와 같이 5명의 학생들이 다시 소모둠으로 나뉘어 문제해결을 논의하는 방식 그리고 사례 3과 같이 모둠 전체가 의견을 모으는 방식으로 구분되었다. 이러한 세 가지 유형의 과업 수행 방식은 모두 나름의 효과가 있는 것으로 나타났다.

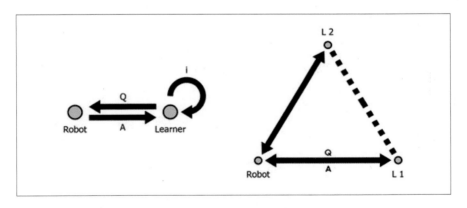

그림 I-15. AI 과업의 문제해결 유형

과업에 제시된 문제해결의 유형은 크게 두 가지로 구분할 수 있는데, 첫째는 AI 스피커와의 상호작용을 통해 학습자 스스로 해결 방안을 찾아내는 것이고, 둘째는 학생들이 개별적으로 AI 스피커와 상호작용한 이후 학생들 간의 상호작용을 진행하여 해결 방안을 찾아내는 것이다. 둘째 유형은 AI 스피커와 학생, 또는 학생 간 상호작용이 학생들의 인지활동을 자극한다는 점에서 긍정적인 효과가 기대되었다. 실제 개별적으로 해결할 수 없던 과업도 그림 I-14와 같은 상호작용 활동을 통해 해결해 나가는 모습을 자주 확인할 수 있었다.

위에서 언급한 AI 스피커 활용의 장점이 인지적 측면에 관련된 것이라면 다음의 그림 I-15는 정의적 측면에서 바라본 AI 스피커 활용의 장점을 보여주고 있다. 먼저 AI 스피커의 활용은 상호작용의 문제해결 방식으로 학습자의 관심과 흥미를 유발할 수 있고 대화의 대상이 교사와 같은 사람이 아니다 보니 발화 오류에 대한 부담감(Foreign Language Classroom Anxiety)이 낮아져 발화 시도가 증가한다(Willingness to Communicate)는 점도 장점으로 작용한다. 또한 학급의 규모에 따라 교사와 학생 간 일대일 상호작용의 기회를 여러 번 제공하는 것이 쉽지 않고 언어 입력의 양도 제한되어 있는 외국어 교육 환경(English as a Foreign Language) 속에서 AI 스피커는 영어 원어민의 역할을 어느 정도 대신할 수 있다는 점 또한 큰 장점으로 꼽힌다.

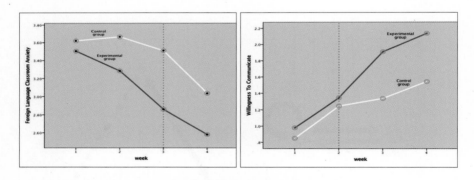

그림 I-16. 외국어 불안도 및 발화 시도 빈도 변화

이는 다음과 같이 Fryer와 Carpenter(2006, pp. 9-10)가 주장한 챗봇을 활용한 언어교육의 장점과도 일치하는 결과이다.

- 챗봇과의 대화를 통해 학습자는 인간과 대화할 때보다 더 편안함을 느낄 수 있다.
- 챗봇과의 대화를 통한 반복은 일상적인 반복학습보다 지루하지 않다.

- 챗봇은 학습자의 듣기, 읽기, 말하기, 쓰기를 포함한 네 가지 기능의 의사소통능력을 강화할 수 있는 텍스트나 다양한 발화 모드를 제공할 수 있다.[6]

1-3.3 AI 챗봇 활용

AI 스피커 또한 챗봇의 일종이기는 하지만 질문자가 원하는 특정 정보를 찾아 대답 (transactional interaction)하는 기능에 초점을 두고 있다. 그런데 여기서 한층 업그레이드되어 일상적인 상호작용(interpersonal interaction)이 가능한 프로그램을 소위 챗봇이라고 한다. 챗봇은 AI 기술에 기반하여 인간처럼 대화를 나눌 수 있는 프로그램으로서 '챗터봇(ChatterBot, Mauldin, 1994),' 또는 이를 줄여 챗봇(chatbot)이라고 부른다. 이용상과 신동광(2020)은 쿠키(Kuki, 舊 Mitsuku)라는 자유대화형 챗봇을 온라인 쓰기평가에 적용한 바 있다. 쿠키는 2013년부터 2019년까지 챗봇 월드컵이라고 할 수 있는 뢰브너 상(Loebner Prize)을 5회나 수상하면서 실존하는 가장 우수한 챗봇으로 평가받고 있다. 쿠키(Kuki, https://www.kuki.ai/)의 특징 중 하나는 다른 챗봇과 달리 챗봇의 데이터베이스에 없는 질문을 받을 경우 웹 검색결과를 제공한다는 점이다. 이용상과 신동광은 위 연구에서 쿠키의 이러한 특성을 활용하여 8단계의 세부 쓰기 과업을 포함한 쓰기평가를 고안하였다(표 I-5 참조).

단계	수행 과업
1	인사하기
2	자기소개(이름 등)하기 및 쿠키의 신상정보 알아보기(예, 사는 곳, 취미, 결혼 여부, 가족 등)
3	하고 있는 일(직업) 알아보기, 사람들을 돕기 위해서 쿠키가 할 수 있는 일 알아보기
4	쿠키가 좋아하는 것들(이유 포함) 알아보기, 그 밖의 궁금한 점 물어보기
5	태국의 대표적인 관광지, 축제, 음식, 기후 등의 유무형의 문화적 정보 알아보기
6	스페인의 대표적인 관광지, 축제, 음식, 기후 등의 유무형의 문화적 정보 알아보기
7	대화 마무리하고 인사하기
8	대화 내용을 복사하여 워드파일에 붙이고 쿠키가 제공한 검색 내용을 바탕으로 두 문화에 대한 특징을 비교하는 글을 300-400단어로 요약하여 기술하고 그 결과 파일을 구글 드라이브를 통해 공유폴더에 업로드 하시오.

표 I-5. 온라인 쓰기평가의 세부 과업 수행 절차(이용상, 신동광, 2020)

대화 내용을 복사하여 워드파일에 붙이고 쿠키가 제공한 검색 내용을 바탕으로 두 문화에 대한 특징을 비교하는 글을 300-400단어로 요약하여 기술하고 그 결과 파일을 구글 드라이브를 통해 공유폴더에 업로드 하시오.

(1) 위의 과업 예시에서 도입부의 과업은 실제 채팅 상황과 유사하게 신변잡기를 대화의 주제로 제시하고 있다. 최종 과업 산출물은 태국과 스페인의 문화에 관한 비교 글 쓰기인데, 학습자들이 직접 웹 검색 엔진을 통해 정보를 찾아 비교 글을 작성하는 활동과 큰 차이가 없을 수 있다. 하지만 상호작용에 기반한 의사소통 과정이 반영된 채팅을 통해 일상적인 대화를 나누고 필요한 정보를 챗봇이라는 친구에게 질의하여 얻는 절차는 학습자의 흥미를 유발할 수 있다는 점, 그리고 상황적 맥락 속에서 구현된 쓰기평가라는 점에서 의의가 있다. 실제 Abbasi와 Kazi(2014)의 연구에서는 같은 정보라도 검색엔진을 통해 얻은 정보보다 챗봇이 대화하듯 제공한 정보가 기억 유지에 훨씬 유리하다고 보고한 바 있다. 다음의 그림 I-17은 구글 검색을 통해 얻은 정보와 Q&A 챗봇을 통해 얻은 지식 간의 기억 유지 정도, 그리고 그 정보를 활용한 학습 결과에 대한 차이를 비교하고 있다.

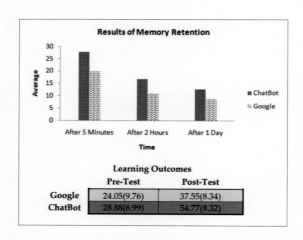

그림 I-17. 정보 제공 방식에 따른 기억 유지 및 학습 결과의 차이 비교

그림 I-17에서 보듯이, 긴 시간 격차는 아니지만 5분, 2시간, 1일 간격으로 기억량을 측정했을 때 학습자들은 구글보다 챗봇을 통해 획득한 정보를 더 많이 기억했고 사전평가 대비 사후평가에서 더 높은 학습 향상을 보였다. 이용상과 신동광(2020)의 연

구는 이러한 연구 결과에 착안하여 그림 I-18에서와 같이 챗봇 쿠키를 활용하면서 문화교육과 쓰기평가를 동시에 수행하고자 하였다.

우선 쿠키와의 채팅을 위해서는 구글의 크롬(Chrome) 브라우저를 통해 쿠키 홈페이지에 접속해야 하며, 우측 하단의 "Chat with me Now" 버튼을 클릭하면 데스크톱 또는 스마트폰을 통해 채팅이 가능하다.

최근 쿠키가 업그레이드되면서 달라진 점은 크게 두 가지인데 첫 번째는 개인 계정을 개설해야 한다는 것이다. 물론 무료 계정이고 기존

그림 I-18. 쿠키(Kuki) 홈페이지

의 대화를 인식하여 대화를 유지할 수 있다는 장점이 있다. 하지만 과업 활동을 위해 같은 질문에 대한 답변 요구를 반복해서 해야 할 경우, 이미 답변을 했다고 답변을 회피하는 상황이 발생할 수도 있다. 두 번째 변화는 쿠키와의 대화 내용 복사가 금지되어 연구용으로 데이터를 수집하는데 어려움이 있을 수 있다는 것이다. 이 문제에 대한 해결책으로는 메신저와 연결하여 사용하는 방법이 있다. 위의 그림 I-18 하단의 다섯 번째 페북메신저 아이콘을 선택하여 연동하면 쿠키와의 대화 복사는 가능하다. 하지만 쿠키에 정보검색을 요청하여 관련 링크를 받았을 때 그 웹사이트가 열리지 않는다는 단점이 있다. 따라서 메신저와의 연계 방법을 활용하려면 텔레그램과의 연동이 한결 적절하다. 먼저 쿠키 홈페이지에서 텔레그램을 상징하는 여섯 번째 아이콘을 클릭하여 텔레그램 앱을 데스크톱에 설치하고 기존 스마트폰에 이미 계정이 있는 경우 스마트폰의 전화번호를 입력하여 수신된 코드를 입력하면 데스크톱과 스마트폰 텔레그램이 연동되어 양쪽 기기 모두에서 쿠키와의 대화가 가능하다. 또한 대화 내용을 복사하거나 대화 내용 전송 기능(예, Select Message, Forward Selected, Copy Selected as Text)을 활용하면 데이터 수집을 용이하게 진행할 수 있다.

다음의 그림 I-19는 표 I-5에서 제시한 세부 과업에 따라 실제 쿠키와 채팅 과업을 수행한 예시이다.

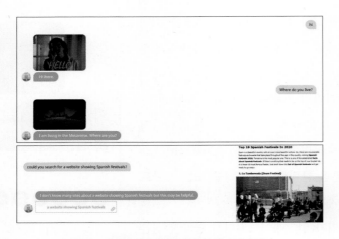

그림 I-19. 과업지시에 기반한 채팅 및 검색 결과 예시

그림 I-19에서 상단의 캡처는 세부 과업 1단계와 2단계의 수행 과정 예시이고, 좌측 하단의 캡처는 6단계에서 스페인의 축제 정보를 묻는 과정을 보여준다. 그리고 우측 하단의 캡처는 쿠키가 제공한 스페인 축제 정보 사이트의 예시이다. 위의 절차를 통해 쿠키와의 채팅이 종료되면 쿠키가 제공한 태국과 스페인의 문화 관련 사이트를 바탕으로 두 문화의 비교글을 작성하면서 영어 쓰기평가가 마무리된다.

또한 교수학습에 대한 평가의 긍정적인 환류 효과를 이끌어 내려면 학습자의 평가 결과에 대한 피드백 제공이 중요하다. 피드백 제공을 위한 한 가지 방안으로 구글 드라이브를 활용할 수 있다. 구글 드라이브에 강좌 공유방을 만들고 여기에 과업을 제시한 후 학생들이 과업 지시에 따라 쿠키와 채팅을 한 후 비교글을 작성하여 업로드 하도록 하면 된다. 구글 드라이브에 업로드된 문서는 구글 문서를 통해 다음의 그림 I-20과 같이 온라인 상태에서 읽고 피드백을 바로 제공할 수도 있다.

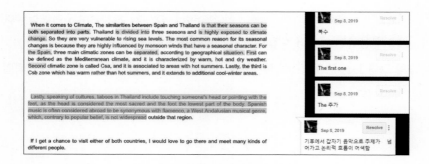

그림 I-20. 구글 문서를 통한 피드백 제공 예시

온라인 피드백은 동료 피드백을 제공받을 수도 있고 각 피드백에 대한 추가 질의를 댓글 형식으로 주고받을 수 있다는 측면에서 유용하다. 쿠키와의 대화가 영어 능력 향상에 어느 정도 도움이 될 수 있다고 생각하는지를 설문한 결과 참여 학생의 85.7%는 도움이 된다고 응답(어느 정도/매우 도움이 됨)한 반면, 도움이 되지 않는다고 응답(거의/전혀 도움 안됨)한 학생은 없어 쿠키와 같은 챗봇 기반 평가 문항이 학생들의 영어 실력 향상에 도움이 될 수 있음을 확인하였다. 또한 쿠키와의 대화를 통해서 평가 과제로 수행한 문화 정보의 수집이 쉬웠다고 응답한 비율은 57.2%(쉬움, 매우 쉬움)인 반면에 그렇지 않다고 응답한 비율은 7.1%(어려움, 매우 어려움)밖에 되지 않아 쿠키와의 대화를 통한 정보 수집이 대체로 용이했던 것으로 파악된다. 마지막으로 인공지능 챗봇 기반 평가를 활용한 문화교육이 기존의 영어 교과서에서 다루는 문화교육보다 흥미도나 참여도 유발에 도움이 되는지 여부를 묻는 질문에 82.1%가 도움이 된다고 응답(어느 정도/매우 도움이 됨)하여, 챗봇 기반 온라인 쓰기 문항이 문화교육이라는 평가내용에서 학생들의 흥미도와 참여도를 보다 효과적으로 증진시키는 역할을 충분히 할 수 있음을 보여주었다.[7]

1-3.3-1 교과서 기반 챗봇 활용

최근 챗봇의 교육적 활용에 대한 관심이 높아지는 가운데 교육부는 EBS를 통해 2021년 1학기부터 초등학생용 영어학습 챗봇 앱인 펭톡을 배포하였다. 펭톡은 전 세계 최초로 국가단위에서 개발·배포한 언어학습 챗봇이라는 점에서 의미가 있다. 하지만 기존의 학습 앱과 마찬가지로 자기주도식 학습 방식으로 개발되었고 펭톡의 학습 콘텐츠와 초등학교 영어 교과서를 연계하려고 시도는 했지만 각 출판사의 영어 교과서 내용이 직접적으로 반영되지는 못했다. 이러다 보니 사실상 교실 수업에서 펭톡의 활용은 제한적인 상황이다. 본 절에서는 대표적인 챗봇 빌더인 구글의 Dialogflow를 활용하여 영어 교과서의 학습내용을 복습할 수 있는 교과서 기반 챗봇을 제작하는 방법을 소개하고자 한다. 여기서는 교사들이 직접 코딩을 하지 않더라도 개발할 수 있는 대표적인 두 가지 유형의 챗봇 기반 과업을 제시하는데 초점을 두고 예제를 구성하였다. 예제에 활용된 교과서는 대교 출판사 초등학교 5학년 영어 교과서 두 개 단원 (Lesson 8, Lesson 10)이다.

1) 예제 1

- 교과서: 대교 5학년 영어 교과서
- 단원명: Lesson 10 Where is the Market?
- 학습목표: 길 묻고 답하기

먼저 교과서의 내용을 참고하여 지도를 작성하되 교과서에 언급된 장소명(예, post office)을 가급적 그대로 활용한다.

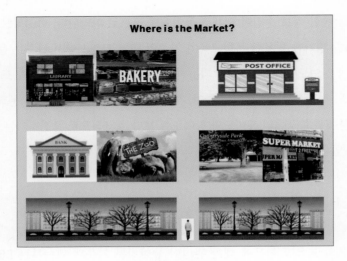

그림 I-21. PPT로 제작한 지도 예시

그림 I-21에 제시된 장소는 도서관, 빵집, 우체국, 은행, 동물원, 공원, 마트 총 7개이며 예제 1에서는 이중 '마트'와 '도서관'에 가는 길을 알아보는 두 개의 시나리오를 작성하였다. 대화 시나리오는 가능한 교과서의 대화문과 유사한 패턴으로 작성한다. 표 I-6은 마트와 도서관에 관련된 대화 시나리오를 제시한 예이다. 물론 Dialogflow 에 기반한 챗봇 제작에서 표 I-6과 같이 찾아가는 장소가 달라지면 이를 조건절로 하여 각 장소명에 따라 다른 길을 안내하도록 코딩을 하는 'fulfillment'라는 기능이 있기는 하지만, 이 기능은 유료이며 코딩 작업의 전문성을 요구하는 만큼 장소별로 개별 시나리오를 작성하여 모두 입력하는 단순한 방법을 선택하였다.

[마트 찾기]
S1: Excuse me, can I ask you something?
C1: Sure, what can I help you?
S2: Where is the **_market_**?
C2: **_Go straight one block and turn right at the park. The market is next to the park._**
S3: Thank you!
C3: You're welcome.

[도서관 찾기]
S1: Excuse me, can I ask you something?
C1: Sure, what can I help you?
S2: Where is the **_library_**?
C2: **_Go straight two blocks and turn left at the bakery. The library is next to the bakery._**
S3: Thank you!
C3: You're welcome.
*S: Student, C: Chatbot

표 I-6. 교과서에 기반한 '길 찾기' 대화 시나리오 작성

위의 준비가 완료되면 Dialogflow를 통해 작성한 시나리오를 입력한다. 먼저 https://dialogflow.cloud.google.com/#/login에서 계정을 만들거나 이미 있는 계정을 통해 로그인한다. Dialogflow의 버전은 유료인 CS와 무료인 ES로 나뉘기 때문에 Dialogflow ES 버전이 맞는지 확인하는 것이 좋다. 계정을 처음 만들었을 경우는 아래 그림 I-22의 상단과 같은 화면이 제시되며 이미 계정이 있었다면 그림 I-22 하단의 화면이 제시된다. 상단의 Step 1과 같이 바로 'CREATE' 버튼을 클릭하면 새로운 챗봇 활동을 새로 생성할 수 있으며, 하단의 Step 3과 같이 챗봇 활동(agent)의 이름을 입력할 수 있다. 반면 기존 계정이 있는 경우, 하단 화면의 Step 1과 같이 아래쪽 화살표를 클릭하면 기존 Agent 목록이 모두 제시된 후 'Create new agent'라는 항목을 클릭하여 새로운 챗봇 활동의 이름을 입력할 수 있다. 언어의 기본값은 영어이며 챗봇의 활용 대상에 따라 다른 언어로 변경이 가능하다. 영어 기반 챗봇 활동을 제작할 때에는 기존 설정을 변경하지 않고 'MAP'과 같은 제목만 입력한 후 그대로 우측 상단의 'CREATE'를 클릭하면 새로운 챗봇 활동이 생성된다.

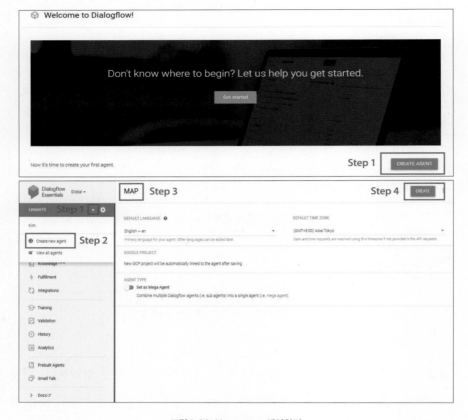

그림 I-22. New agent 생성하기

대화 시나리오를 입력하기 위해서는 대화의 턴(turn)별로 Intent를 생성해야 한다. 좌측 기능 목록에서 Intents를 클릭하면 새로운 Intent를 생성할 수 있다. 기본값으로 대화문에서 벗어난 표현을 사용자가 구사할 경우 되묻는 Default Fallback Intent와 챗봇을 처음 활성화시키는 호출 명령어와 같은 인사말을 포함한 Default Welcome Intent가 주어진다. 각 Intent를 클릭하면 기본적으로 포함된 표현을 확인할 수 있고 수정 또는 삭제가 가능하며, 전체 Intent의 삭제도 가능하다.

그림 I-23. Intents 생성 후 대화문 입력하기

표 I-6의 대화 시나리오에서 첫 번째 대화턴을 입력하기 위해 먼저 Step 5의 'CREATE INTENT'를 클릭한다. 새로운 Intent가 생성되면 Step 6과 같이 Intent의 명칭을 입력한다. 예제 1에서 편의 상 'Agent'와 첫 번째 Intent의 명칭을 동일하게 'MAP'으로 입력하였다. 하나의 Intent에 입력해야 할 부분은 'Training phrases'와 'Text Response'이며 대화턴의 첫 문장은 Step 7과 같이 'Training phrases'에, 두 번째 문장은 Step 8과 같이 'Text Response'에 입력한다. 입력할 때는 같은 의미의 다양한 표현을 입력해 주는 것이 자연스런 대화 유지에 용이하다. 첫 번째 대화턴 입력이 끝나면 Step 9와 같이 'SAVE' 버튼을 클릭하여 입력한 정보를 저장한다.

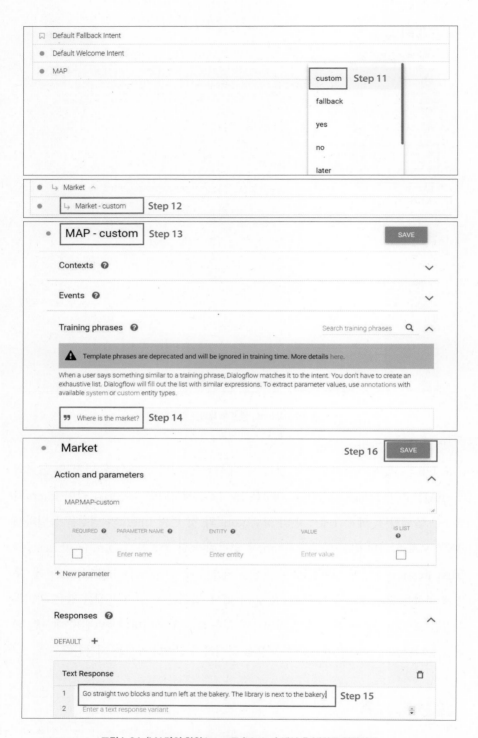

그림 I-24. 'MAP'의 하위 Intent로 'Market' 생성 후 대화문 입력하기

표 I-6의 대화 시나리오를 보면 두 번째 턴부터 대화문이 'market'과 'library'로 갈라지는 것을 확인할 수 있다. 하위 Intent(follow-up intent)는 이렇게 대화의 갈림길을 만드는 기능이다. 'MAP'이라는 Intent에서 갈라지기 때문에 Step 10처럼 좌측의 기능에서 Intents를 클릭 후 'MAP'이라는 Intent 우측으로 마우스를 옮기면 'Add follow-up intent'라는 기능이 나타나고 이를 클릭하면 Step 11과 같이 여러 선택 목록이 나타난다. 여기서 'custom'을 선택하면 'MAP'이라는 Intent 아래 Step 12와 같이 'MAP-custom'이라는 하위 Intent가 생성된다. 'MAP-custom'이 생성되면 클릭하여 들어간 후 Step 13과 같이 명칭을 'Market'으로 수정한다. 이후 첫 번째 대화턴과 마찬가지로 'Training phrases'와 'Text Response'에 두 번째 대화턴을 Step 14, Step 15와 같이 입력 후 'SAVE'를 클릭하여 저장한다.

그림 I-25. 'Market'의 하위 Intent로 'Market-custom' 생성 후 대화문 입력하기

마지막 세 번째 대화턴을 입력하기 위해 Steps 10~12와 동일한 절차를 거쳐 이
번에는 Step 17과 같이 'Market'의 하위 Intent인 'Market-custom'을 생성한다.
'Market-custom'이 생성되면 'Training phrases'와 'Text Response'에 Steps 18~
19과 같이 대화턴을 입력하고 'SAVE'를 클릭하여 Market의 대화 시나리오 입력을 마
무리한다.

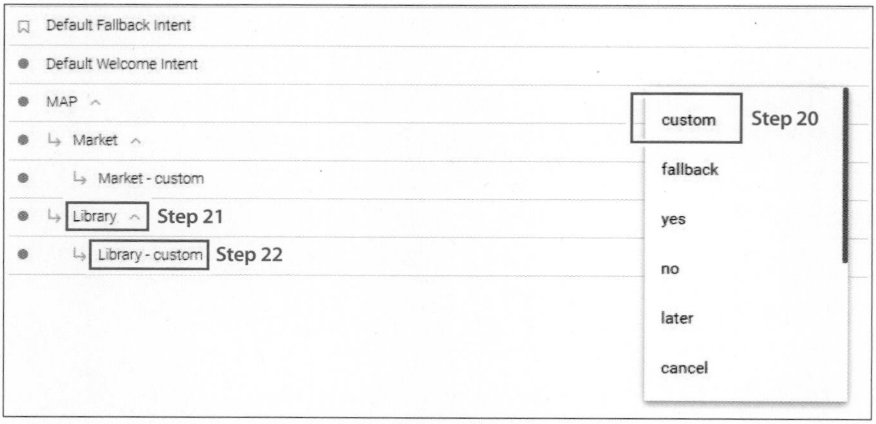

그림 I-26. 'MAP'의 또 따른 하위 Intent인 'Library'와 'Library'의
하위 Intent 'Library-custom' 생성 후 대화문 입력하기

Intent 'Market' 생성과 같은 방식으로 'MAP'의 하위 Intent로 'Library'를 생성하여 표 I-6의 도서관 찾기 두 번째 대화턴을 입력하고 'Library'의 하위 Intent 'Library-custom'을 생성하여 세 번째 대화턴을 입력하면 예제 1의 챗봇 제작은 완료된다.

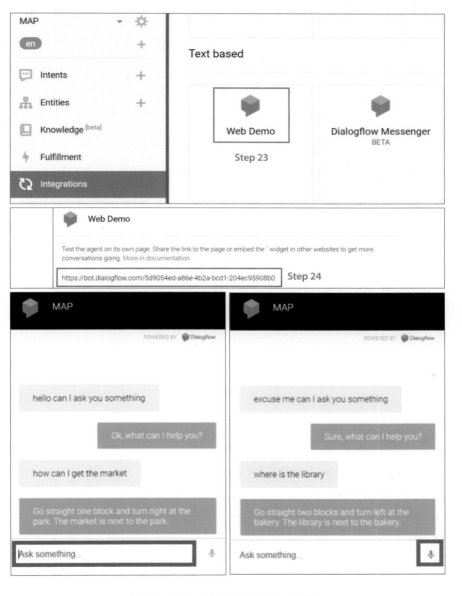

그림 I-27. 예제 1의 챗봇 과업 배포 및 활용하기

챗봇 과업의 제작이 완료되면 좌측 기능 목록에서 Integrations를 클릭하고, 우측에 여러 배포 방식이 나타나면 Web Demo를 선택한다(Step 23). Web Demo를 클릭하여 Step 24와 같이 제작한 챗봇 과업의 URL이 나타나면 이 주소를 SNS나 이메일, 또는 학급 게시판을 통해 배포하고 학습자들은 주소를 클릭하여 학습한 내용을 채팅을 통해 복습할 수 있다. 그림 I-27의 하단 좌측은 문자 채팅을 나누는 모습이고 우측은 마이크 아이콘을 클릭하여 음성 채팅을 하는 모습이다. 단 음성 채팅의 경우도 학습자의 발화는 STT(Speech-To-Test)를 통해 문자로 표시되며 챗봇은 문자로만 답변한다.

2) 예제 2

   – 교과서: 대교 5학년 영어 교과서

   – 단원명: Lesson 8 She has long curly hair

   – 학습목표: 외모 묘사하기

Color	Cloth	Hair	Eye
yellow	T-shirt	short curly	big
red	shirt	short straight	small
blue	skirt	long curly	
green	pants	long straight	

S1: Hello
C1: Hi!
S2: This is my sister. (사진을 보여주며)
C2: What does she look like?
S3: She has *long curly* hair and *big* eyes.
C3: Ok, she has *long curly* hair and *big* eyes. What is she wearing?
S4: She is wearing a *yellow T-shirt* and *green* pants.
C4: Ok, she is wearing a *yellow T-shirt* and *green pants*. She is cute!
S5: Yes, she is (cute).
C5: I wish I had such a sister.
*S: Student, C: Chatbot

표 I-7. 교과서에 기반한 '외모 묘사하기' 대화 시나리오 작성

예제 2는 예제 1과 달리 여러 대화 시나리오를 작성하여 입력하는 방식이 아니라 여

러 항목(색깔, 옷 종류, 머리 스타일, 눈 크기)에 따라 대체 표현을 바꿔 대화할 수 있는 챗봇 과업의 제작을 목표로 한다.

먼저 예제 1과 같이 새로운 Agent를 Lesson8라는 명칭으로 생성한다.(Step 1) 대체할 표현은 좌측 기능의 Entities를 클릭하여 항목별로 생성한다.

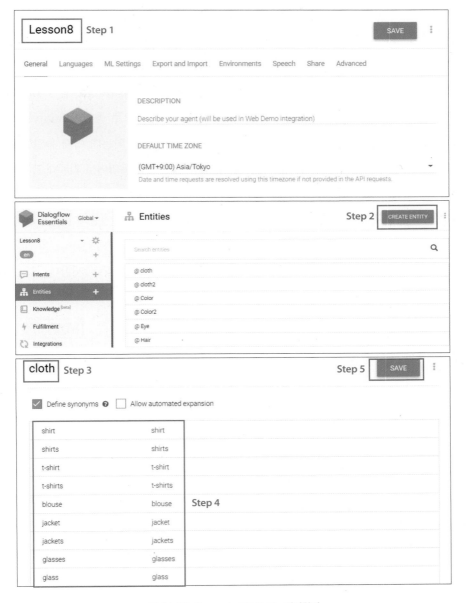

그림 I-28. New agent 및 Entity 생성하기

Entity는 일종의 어휘/표현 풀(pool)이라고 할 수 있다. 보통 개별 어휘로 Entity를 구성하지만 구나 문장도 입력 가능하다. Step 2와 같이 'CREATE ENTITY'를 선택하여 항목별 명칭을 입력한다. Step 3은 'Cloth'의 표현들을 입력하는 과정이다. Entity를 생성할 때 주의해야 할 점은 한 문장에 동일한 항목의 Entity 표현들이 사용될 경우 같은 내용의 Entity를 두 개씩 생성해야 한다는 것이다. 네 번째 대화턴 "S4: She is wearing a yellow T-shirt and green pants."를 보면 'Color'에 포함된 두 가지 표현 'yellow'와 'green'이 사용되고 있고 'Cloth'에 해당되는 'T-shirt'와 'pants'가 사용되고 있다. 그런데 동일한 문장에서 한 개 Entity 중 두 개의 표현을 가져오면 오류가 발생한다. 오류를 예방하기 위해 예제 2에서는 동일한 내용의 Entity인 'Cloth'와 'Cloth2'를 생성하였다. 'Color'의 경우도 'Color2'라는 명칭으로 동일한 Entity를 하나 더 생성하였다. Entity에는 한 줄에 한 개 표현을 입력하면 되는데 이때 동일한 표현이 우측에 하나씩 더 생성된다. 만약 해당 표현의 동의어나 동의어로 간주하고 싶은 표현(예, like, love, want)이 있다면 우측에 추가 입력하면 된다. 또한 단복수를 모두 추가하고 싶다면 Step 4처럼 모두 입력하고 저장하면 된다. 좌측 기능의 Intents로 가서 Default Welcome Intent를 열고 'Training phrases'와 'Text Response'가 첫 번째 대화턴을 커버할 수 있도록 "Hello"나 "Hi" 정도만 남겨두고 모두 삭제한다.

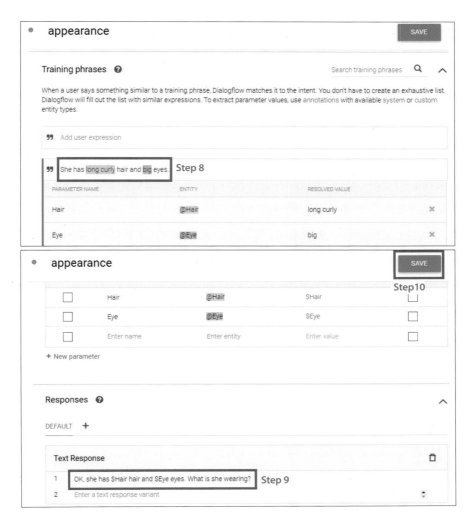

그림 I-29. 하위 Intents 생성하여 Entities 연계하기

예제 2에서는 'sister'라는 Intent를 생성(Step 6, Step 7)하여 두 번째 대화턴을 입력하였다. 그다음, 'sister'의 하위 Intent로 'appearance'를 생성(Step 7)하고 세 번째 대화턴을 입력한다. 대화 시나리오 작성 시 아래의 세 번째 대화턴에는 "Ok, she has long curly hair and big eyes."와 같이 굳이 필요없는 반복적 표현이 포함되어 있다. 이는 학습자에게 핵심 표현을 반복하여 노출시키기 위한 것으로, 초등학생과 같은 기초 학습자가 대상일 때는 가능한 반복적으로 주요 표현을 노출시킬 필요가 있다. 먼저 'Training phrases'에 "She has long curly hair and big eyes."를 입력한다. 입력 후

"long curly"를 드래그하여 지정하면 창이 뜨는데 여기에 @H(H로 시작하는 Entity를 의미)을 입력하면 머리 스타일에 관한 표현을 입력했던 '@Hair'가 나타나고 이를 선택하면 "long curly"는 Entity '@Hair'와 연계된다. 같은 방식으로 "big"을 '@Eye'와 연계(Step 8)한다. Entity와 연계된 표현은 해당 Entity에 포함된 다른 표현으로 교체하여 발화해도 인식할 수 있다는 것을 의미한다. 그 다음은 'Text Response'에 "Ok, she has long curly hair and big eyes. What is she wearing?"을 입력해야 하는데 이와 같이 문자 그대로 입력하면 앞서 Entity와 연계된 표현을 다른 표현으로 교체했을 때 챗봇의 답변에서 이를 반영할 수가 없다. 따라서 'Text Response'에는 "Ok, she has $Hair hair and $Eye eyes. What is she wearing?"과 같이 입력(Step 9)해야 한다. 'Text Response'에 사용되는 $는 'Training phrases'에 사용된 Entity와 매칭하여 반응하라는 명령어로서 $Hair는 '@Hair'와 매칭하여 답변하라는 의미가 된다. 즉 학습자가 "long curly"라는 표현대신 "short straight"라는 표현을 사용하면 챗봇도 답변에서 "short straight"라는 표현을 사용하여 답변하게 된다.

그림 I-30. 동종의 Entities 연계하기

'appearance'의 하위 Intent로 'Cloth'를 생성(Step 7)하여 네 번째 대화턴을 입력한다. 네 번째 대화턴의 특징은 한 문장에 색깔이 두 가지이고 옷의 종류도 두 종류라는 점이다. 앞서 이와 같은 상황에서 동일한 Entity를 복수로 적용할 경우 오류가 발생할 수 있다고 설명하였고 이러한 문제를 해결하기 위해 'Color'와 'Color2' 그리고 'Cloth'와 'Cloth2'라는 Entity를 이미 생성하였다. 따라서 'Training phrases'에는 "She is wearing a yellow(@Color에 연계) T-shirt(@Cloth에 연계) and green(@Color2에 연계) pants(@Cloth2에 연계)."와 같이 Entity를 구분하여 연계(Step 11)한다. 'Text Response'에도 'Training phrases'에 매칭되도록 "Ok, she is wearing a $Color $Cloth and $Cloth $Cloth2. She is cute!"를 입력(Step 12)한 후 저장한다.

끝으로, 'Cloth'의 하위 Intent로 'ending'을 생성(Step 7)한 후 다섯 번째 대화턴을 입력하면 예제 2의 챗봇 과업 제작이 완료된다.

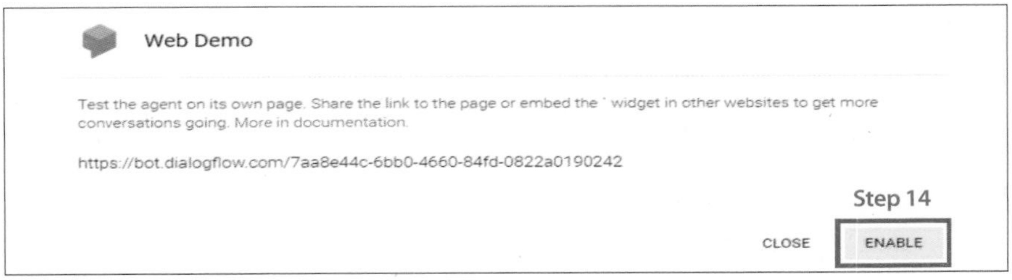

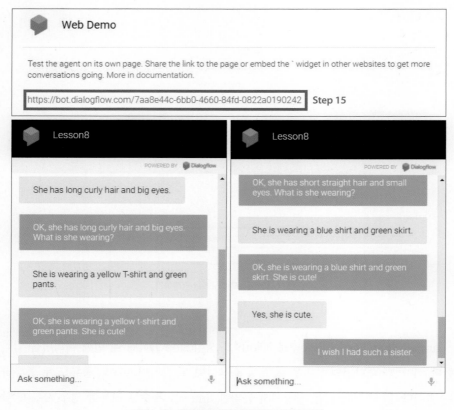

그림 I-31. 예제 2의 챗봇 과업 배포 및 활용하기

챗봇 과업의 제작이 완료되면 좌측 기능 목록에서 Integrations를 클릭하고 Web Demo를 선택한다. Web Demo를 클릭하면 보통 제작한 챗봇 과업의 URL이 나타나는데 만약 그림 I-31의 상단과 같이 URL이 활성화되지 않았다면 Step 14의 'ENABLE' 버튼을 클릭하여 Step 15의 URL을 생성한다. 이후 하단의 대화문과 같이 Entities에 포함된 다양한 대체 표현을 활용하여 챗봇과 대화 연습이 가능하다.

끝으로 챗봇 제작과 관련한 몇 가지 제작 팁을 제시하고자 한다.

(1) Entity 복제하기

위의 그림 I-28에 예시된 바와 같이 한 문장에서 동일한 Entity를 두 번 연계하면 오류의 원인이 된다고 언급한 바 있다. 이 문제를 해결하려면 다소 번거롭지만 Entity의 명칭을 변경하여 동일한 표현들을 포함하는 2개의 Entity를 직접 입력할 수도 있고 기존 Entity를 복제할 수도 있다.

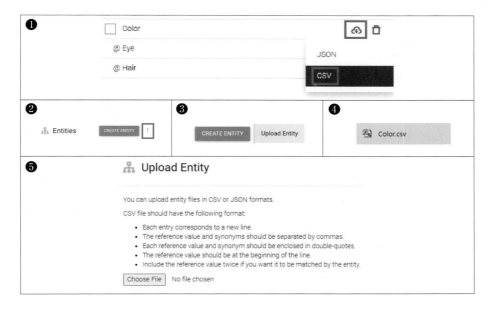

그림 I-32. Entity 복제하기

그림 I-32에 제시된 바와 같이 @로 대표되는 Entity 목록에서 복제하고 싶은 Entity에 마우스를 가져다 대면 오른쪽에 구름 모양의 다운로드 아이콘이 나타난다. 이를 클릭하면 두 가지 형식이 제시되는데 하나는 JSON이고 다른 하나는 CSV이다. 둘 중 하나를 선택하면 그림 I-32의 ❹와 기존 Entity(예, @Color)를 텍스트(JSON) 또는 엑셀(CSV) 형식으로 다운로드 받을 수 있다. 다운로드 받은 파일명을 다른 이름으로 수정한 후(예, Color.csv 〉 Color2.csv) 화면 상단 우측 "CREATE ENTITY" 옆의 :을 클릭하면 'Upload Entity'라는 버튼이 나타난다. 그리고 이를 다시 클릭하면 그림 I-32 하단과 같은 화면으로 전환되며, 'Choose file' 버튼을 클릭하여 명칭을 수정한 복제 Entity(예, Color2.csv)를 업로드 하면 Entity의 복제가 완료된다.

(2) 시스템 Entity 활용하기

Dialogflow에는 굳이 Entity를 새로 생성하지 않아도 이미 시스템 데이터베이스에 저장된 Entity들이 있다. 그 목록은 Entity를 연계할 때 @sys로 검색하면 전체를 검색

할 수 있는데 목록의 주제로는 시간, 지명, 인명, 숫자, 색깔 등이 포함된다. 따라서 위의 예제 2에서도 @Color와 @Color2를 굳이 생성하지 않아도 시스템 Entity의 연계로 대체할 수 있다.

그림 I-33. 시스템 Entity(예, 색깔) 연계하기

위의 예제 2에서 Training phrases에 입력된 "She is wearing a yellow t-shirt and green pants."를 예로 들면, 색깔과 관련된 Entity를 연계해야 하는 곳은 'yellow'와 'green' 두 곳이다. 각 단어를 드래그 한 후 @sys로 검색하면 시스템 Entity 중 @sys.color:color(또는 @sys.color)를 찾을 수 있고 이를 선택하면 기존의 @Color와 @Color2를 대체할 수 있다. 앞서 설명한 바와 같이 Training phases에서 언급된 Entity를 받아 Text Response의 응답에 그대로 매칭하여 활용하기 위해서는 $로 시작하는 Entity의 Value 값을 입력해야 하는데, 시스템 Enity의 Value 값은 @대신 $를, 그리고 sys를 제외한 명칭을 사용한다. 즉 위의 시스템 Entity인 @sys.color:color(=@sys.color)의 Value 값은 $color가 된다. 따라서 기존의 $Color와 $Color2 대신 "Ok, she is wearing a $color $Cloth and $color $Colth2. She is cute!"로 입력할 수 있다.

(3) 로그 기록(History) 활용하기

Dialogflow의 좌측 기능 목록 중 History에는 사용자 로그가 기록되어 있다. 이를 확인하면 학습자가 챗봇과 어떤 방식으로 대화를 나누었는지 확인할 수도 있고, 어떤 부분에서 대화의 진행이 중단되었는지, 어떤 표현의 발음이 부정확하여 오인식 되었는지도 확인할 수 있다. 하지만 사용자의 ID가 확인되지 않기 때문에 실제 학습자에게 과업으로 부여하고 그 수행 여부를 확인하는 것은 한계가 있었다. 이러한 문제점을 해결하기 위해 다음과 같은 방법을 제안하고자 한다.

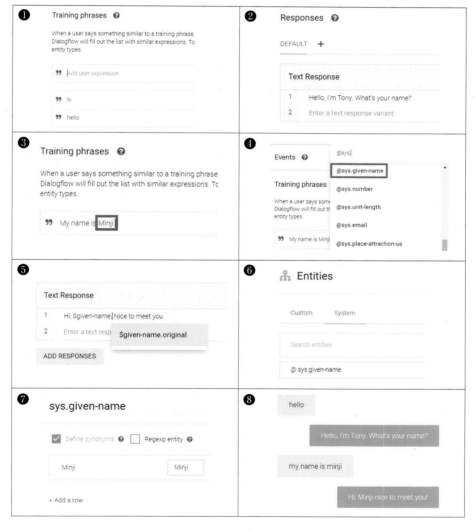

그림 I-34. 사용자의 이름으로 로그 기록 활용하기

그림 I-34와 같이 'Default Welcome Intent'의 Training phrases를 통해 학습자가 ❶과 같이 인사를 했을 때 Text Response에서 모든 인사말을 삭제하고 챗봇이 사용자의 이름을 물어보도록 하면("Hello, I'm Tony. What's your name?") 사용자가 누구인지 확인할 수 있다(❷ 참조). 이어 ❸에서 보듯, 하위 Intent에 이름을 제시하고("My name is Minji.") 이름 부분을 드래그하여 시스템 Entity 중 @sys.given-name 또는 @sys.person을 연계해 준다(❹ 참조). 하위 Intent의 Text Response에는 @sys.given-name의 Value 값인 $given-name(=$given-name.original)을 이용하여 "Hi, $given-name. Nice to meet you."를 입력한다(@sys.person을 적용했을 경우 $person 입력). 즉 앞서 언급한 이름을 응답에서도 그대로 받아 언급하고자 하는 것(❽-2 참조) 'Peter'와 같은 서양권의 이름은 시스템 Entity에 저장되어 있어 바로 구현되지만 'Minji'와 같은 한국식 이름은 Entities로 들어가 'System'을 선택하고 'Minji'를 추가로 입력(❻, ❼참조)해야 ❽-1과 같이 구현된다. 물론 이미 ❸처럼 사용자의 이름을 이끌어냈고 이를 통해 사용자가 누구인지는 파악가능하기 때문에 Text Response에 Value 값($given-name)을 제외하고 "Hi, nice to meet you!"로 단순하게 입력하면 별도의 이름을 추가 입력하지 않아도 자연스런 대화를 유지할 수 있다.

(4) 제작한 챗봇의 백업 또는 공유하기

설정 옵션의 "Export and Import"을 활용하면 제작한 챗봇을 zip 파일 형태로 백업받을 수도 있고 이를 다른 사용자가 공유하여 동일한 챗봇을 손쉽게 구현할 수도 있다. Dialogflow 무료 버전은 Essentials(ES)의 사용량이 제한되어 있기 때문에 채봇을 무한정 제작할 수는 없다. 무료로 제작할 수 있는 용량은 대략 짤막한 대화로 구성된 챗봇을 10개 남짓 제제작할 수 있는 정도이다. 하지만 백업을 받아 놓았다가 필요할 때 다시 업로드 하여 사용하면 거의 무제한으로 사용하는 효과를 얻을 수 있다. 단, 모바일 기기에서 챗봇을 사용하고자 한다면 유료만 가능하다. 다음의 그림 I-35는 제작한 챗봇을 백업하거나 공유하는 절차를 설명하고 있다.

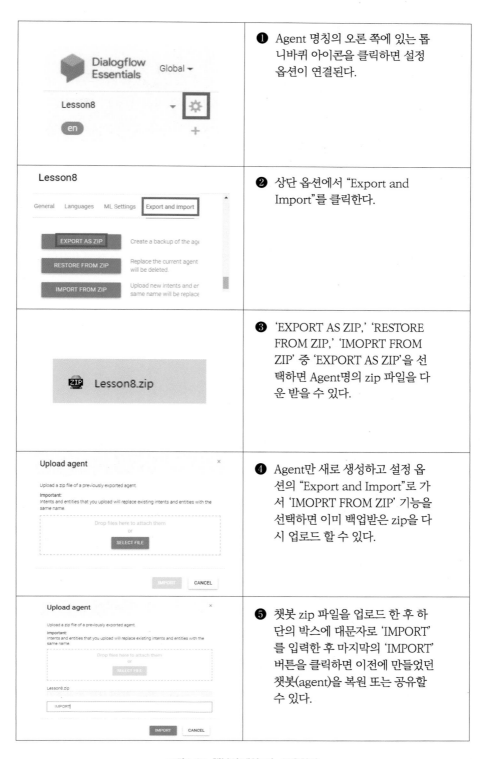

Dialogflow Essentials Global ▾ Lesson8 ▾ ⚙ en ＋	❶ Agent 명칭의 오론 쪽에 있는 톱 니바퀴 아이콘을 클릭하면 설정 옵션이 연결된다.
Lesson8 General Languages ML Settings Export and import EXPORT AS ZIP Create a backup of the age RESTORE FROM ZIP Replace the current agent will be deleted. IMPORT FROM ZIP Upload new intents and er same name will be replace	❷ 상단 옵션에서 "Export and Import"를 클릭한다.
🗜 Lesson8.zip	❸ 'EXPORT AS ZIP,' 'RESTORE FROM ZIP,' 'IMOPRT FROM ZIP' 중 'EXPORT AS ZIP'을 선 택하면 Agent명의 zip 파일을 다 운 받을 수 있다.
Upload agent ✕ Upload a zip file of a previously exported agent. Important: Intents and entities that you upload will replace existing intents and entities with the same name. Drop files here to attach them or SELECT FILE IMPORT CANCEL	❹ Agent만 새로 생성하고 설정 옵 션의 "Export and Import"로 가 서 'IMOPRT FROM ZIP' 기능을 선택하면 이미 백업받은 zip을 다 시 업로드 할 수 있다.
Upload agent ✕ Upload a zip file of a previously exported agent. Important: Intents and entities that you upload will replace existing intents and entities with the same name. Drop files here to attach them or SELECT FILE Lesson8.zip IMPORT IMPORT CANCEL	❺ 챗봇 zip 파일을 업로드 한 후 하 단의 박스에 대문자로 'IMPORT' 를 입력한 후 마지막의 'IMPORT' 버튼을 클릭하면 이전에 만들었던 챗봇(agent)을 복원 또는 공유할 수 있다.

그림 I-35. 챗봇의 백업 또는 공유하기

⟜ 1-3.4 기계독해 활용

Google, NAVER 등 기존 포털에서 제공하는 검색 엔진은 개별 키워드를 바탕으로 정보를 검색하기 때문에 어떠한 키워드로 검색하느냐에 따라 검색의 정확성이 좌우된다. 즉 키워드가 포함된 정보는 모두 제시하기 때문에 사용자가 원하는 정보를 찾으려면 어느 정도의 수작업이 불가피하다. 이러한 비효율성을 극복하기 위해 개발된 것이 질의응답 데이터세트(Question Answering Dataset, QuAD)이다. 이는 애플의 시리, 삼성의 빅스비, 아마존 에코의 알렉사 등과 같이 스마트폰이나 AI 스피커에 탑재된 IPA(Intelligent Personal Assistant)에 주로 활용되고 있으며 사용자의 구체적인 질문, 즉 맥락적 정보를 인식하여 사용자가 원하는 정보에 최대한 근접한 세부 정보를 제공할 수 있다는 장점을 가지고 있다.

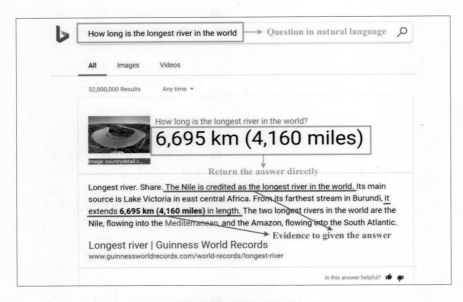

그림 I-36. 기계독해 기능이 접목된 MS의 Bing
(https://cn.bing.com/) 검색 결과 예시(Liu et al., 2019, p. 2)

예를 들어, 그림 I-36에 표시된 것처럼 질의응답 데이터세트를 접목한 검색 엔진은 일련의 관련 웹 페이지가 아니라 자연어로 사용자가 제기한 질문에 대한 정답을 직접 제공받을 수 있다. 또한 기계독해 시스템이 탑재된 스마트 비서가 질의한 정보를 검색하여 읽을 수도 있고 사용자에게 고품질 컨설팅 서비스를 제공할 수도 있다.

질의응답 시스템은 문맥 정보에 대한 이해뿐만 아니라 인과관계에 대한 이해도 필요한데, 인과관계에 대한 연구는 아직까지 미미하며, 그마저도 특정 도메인에 한정된 연구만이 진행되어 왔다(예, https://www.microsoft.com/en-us/research/welcome-to-canada-demo/). 언어적 표현의 다양성도 질의응답 시스템의 구현에서 큰 문제로 작용한다. 사람들은 동일한 의미를 가진 문장이라도 각기 다른 방법으로 표현하기 마련인데 이런 다양한 자연어 표현을 지식 표현으로 매핑(mapping)하는 것이 어렵기 때문이다. 무엇보다 사용자들이 예상하는 질의응답 시스템은 도메인이 제한되어 있지 않은 오픈 도메인 시스템이라는 점도 질의응답 시스템의 구현이 어려운 이유 중 하나이다. 질의응답 시스템은 크게 지식 기반(knowledge-based) 시스템과 정보도출 기반(information retrieval-based) 시스템으로 나뉜다. 지식 기반 시스템은 사용자의 질문에 대해 정형화된 응답을 구축하여 정확한 정보를 제공한다는 장점이 있지만 범용 질문에 대한 응답에는 한계가 있기 때문에 지식데이터베이스의 확장 및 업그레이드가 지속적으로 요구된다. 대부분의 기존 챗봇 개발에 적용되는 AIML(Artificial Intelligence Markup Language)이 지식 기반 시스템의 대표적인 사례라고 볼 수 있을 것이다(Abu Shawar & Atwell, 2010). 반면 정보도출 기반 시스템은 비정형화된 범용 질문에 대한 응답이 가능하며, 질문에 대한 답변 추정이 가능한 간단한 정보를 찾아 제시하는 factoid형과 웹상에서 유사한 질문에 대한 답변을 찾아 제시하는 non-factoid형으로 다시 구분된다. 소위, 기계독해(Machine Reading Comprehension, MRC), 즉 문서의 분량에 상관없이 즉각적으로 질문에 대해 정확한 답변을 찾아내는 이 프로그램의 개발에 적합한 모델로는 질문 범위의 제한이 없고 간단한 응답을 제시할 수 있는 factoid형이 꼽힌다(Iyyer et al., 2014).

한국전자통신연구원(ETRI)을 주축으로 솔트룩스, KAIST 등이 공동개발한 자연어처리 기계독해 기반 질의응답 챗봇 '엑소브레인(Exobrain)'은 2016년 11월 EBS 장학퀴즈에서 퀴즈왕 4명과 대결해 우승을 차지했다(김현기 외, 2017). 이는 교육적인 측면에서 매우 큰 시사점을 제공한다. 대학수학능력시험은 물론 대부분의 평가가 지식암기 형태로 이루어지고 있는 현 시점에서 엑소브레인과 같은 기계독해 기술의 발전속도를 인간이 과연 따라갈 수 있는가에 대한 궁극적인 질문이 제기되는 것이다. 또한 그러한 지식암기의 효용성은 무엇인가에 대한 질문도 수반된다. 이는 크게 두 가지의 상반된 주장으로 이어질 수 있다. 첫째, 인공지능과 같은 기계가 인간보다 더 잘할 수 있는 분야는 과감히 포기하고 인간 고유의 능력을 발휘할 수 있는 응용력과 창의력이 요구되는 분야에 집중하는 방향이다. 예를 들어, 기계독해의 개발은 추론능력을 포함하고 있지만 현재의 기술은 사실정보에 기반한 정답을 제공하는 데에서만 정확성을 확보하고 있다. 따라서 교육의 초점을 지식암기와 같은 사실정보에 두기보다 추론이나 종합적 판단과 같은 상위 능력에 집중하여 교육과 평가를 개선하는 것이다. 둘째는 이를 반박한다. 인공지능이 현재의 기술로도 인간보다 더 빨리 정확한 정보를 찾아 정답을 제공하는 상황에서 더는 사실정보 파악과 같은 능력에 대한 교육과 평가가 필요한가에 대한 의문에 대해 기존 연구들(김동일 외, 2017; 서혁, 1996; Herber, 1970; Kennedy, 1981; Pearson & Johnson, 1978; Smith, 1963)은 이렇게 답한다. 즉, 추론이나 종합적 판단과 같은 상위 능력 또한 사실정보 파악이라는 기초 능력에 기반하여 발전하기 때문에 교육을 단편적인 효용성만으로 판단하는 것은 적절하지 않다는 것이다. 실제 박혜영 외(2018)의 연구는, 현재 읽기 평가에서 읽기의 상위 능력을 측정하는 문항의 비중이 낮음에도 불구하고 사실적 독해 수준의 기초 능력 평가에서도 어려움을 호소하는 학생들이 많다고 보고하고 있다.

지금까지 기계독해는 교육 영역에 적용된 사례가 없다. 그렇기 때문에 기계독해가 어떻게 교육적으로 활용될 수 있을지에 대해서는 아직 논란이 많다. 하지만 교육의 본원적 목적과 효과적 활용을 고려하면 적어도 위에서 언급한 두 번째 입장이 더욱 타당하고 적합해 보인다. 이런 맥락에서 Liu 외(2019)가 분류한 기계독해의 데이터세트 유형 중 'Span Extraction'에 주목할 필요가 있다.

Cloze Tests		
예, CNN & Daily Mail	문맥	the *ent381*producer allegedly struck by ent212 will not press charges against the "*ent153*" host, his lawyer said Friday. *ent212*, who hosted one of the most-watched television shows in the world, was dropped by the *ent381* Wednesday after an internal investigation by the *ent180* broadcaster found he had subjected producer *ent193* "to an unprovoked physical and verbal attack."
	질의	producer X will not press charges against *ent212*, his lawyer says.
	응답	ent193

Multiple Choice		
예, RACE	문맥	If you have a cold or flu, you must always deal with used tissues carefully. Do not leave dirty tissues on your desk or on the floor. Someone else must pick these up and viruses could be passed on.
	질의	Dealing with used tissues properly is important because _____.
	선택지	A. it helps keep your classroom tidy B. people hate picking up dirty tissues C. it prevents the spread of colds and flu D. picking up lots of tissues is hard work
	응답	C
Span Extraction		
예, SQuAD	문맥	Computational complexity theory is a branch of the theory of computation in theoretical computer science that focuses on classifying computational problems according to their *inherent difficulty*, and relating those classes to each other. A computational problem is understood to be a task that is in principle amenable to being solved by a computer, which is equivalent to stating that the problem may be solved by mechanical application of mathematical steps, such as an algorithm.
	질의	By what main attribute are computational problems classified using computational complexity theory?
	응답	inherent difficulty
Free Answering		
예, MS MARCO	문맥 1 ⋮	Rachel Carson's essay on The Obligation to Endure, is a very convincing argument about the harmful uses of chemical, pesticides, herbicides and fertilizers on the environment. (중략)
	문맥 10 ⋮	Carson believes that as man tries to eliminate unwanted insects and weeds; however he is actually causing more problems by polluting the environment with, for example, DDT and harming living things. (중략)
	문맥 15	Carson subtly defers her writing in just the right writing for it to not be subject to an induction run rampant style which grabs the readers interest without biasing the whole article.
	질의	Why did Rachel Carson write an obligation to endure?
	응답	Rachel Carson writes The Obligation to Endure because believes that as man tries to eliminate unwanted insects and weeds; however he is actually causing more problems by polluting the environment.

표 I-8. 기계독해 기능별 데이터세트 유형 분류 및 예시

Liu 외(2019)는 크게 4개의 유형으로 기계독해를 분류하였다. 첫 번째는 질의에 포

함된 빈칸에 적절한 답을 찾아주는 'Cloze Tests'형인데 대표적인 데이터세트로는 CNN & Daily Mail이 있다. 두 번째는 질의에 대한 선택지가 주어지면 적절한 정답을 찾아주는 'Multiple Choice'형이 있으며 RACE라는 데이터세트가 이에 해당된다. 세 번째는 'Span Extraction'형으로 질의에 답이 되는 표현이나 문맥을 찾아 제시하는 데이터세트로 SQuAD가 대표적이다. 끝으로 자유로운 질의에 응답하는 'Free Answering'형으로 MS MARCO가 있다. 여기서 'Span Extraction'형은—위의 표 I-8의 예시에서는 정답을 제공했지만—일정 구간 즉 단어/구/문장/문단 등 제시범위 (span)을 지정할 경우 질의에 대한 답을 찾을 수 있는 핵심 정보가 담긴 맥락을 제시해 주기 때문에 자기주도적 학습 모델에서 학습자가 도움을 요청할 때 가이드 역할을 수행할 수 있을 것이라 판단된다. 다음의 그림 I-37은 2012학년도 수능 영어 39번 문항으로 이 문항의 정답을 찾기 위해 MS에서 개발한 기계독해 프로그램(https://machinereading.azurewebsites.net/)을 활용해 보고자 한다.

다음 글의 요지로 가장 적절한 것을 고르시오.

39. The good news is that it's never too late to start building up muscle strength, regardless of your age. Ideally, though, it's best to start in your mid-forties when muscle mass starts to decline significantly. "Once you've started, it can take just six weeks to see an improvement of up to 20 percent in your muscle capabilities," says Dr. Ward. Studies have found that intense programs of strength training can help even weak older people double their strength, as well as enable them to walk faster and climb stairs more easily. And muscle isn't all you gain — strength training can help combat osteoarthritis, depression, and risk factors for heart disease and diabetes.

* osteoarthritis: 골관절염

① 근력 운동의 효과는 단기간에 얻기 힘들다.
② 근력 운동에 필요한 기초 체력을 길러야 한다.
③ 40대 이후에는 성인병 예방에 주의를 기울여야 한다.
④ 운동량은 연령에 따라 적절히 조절해야 한다.
⑤ 근력 운동은 나이가 들어서도 건강에 유익하다.

그림 I-37. 2012학년도 수능 영어 39번 문항

그림 I-38. Span Extraction형 MS MRC의 분석 예시

박스 1에 위 39번 문항의 지문을 입력하고 박스 2에서 그림 I-38과 같이 "What is the main idea of this passage?"라고 질문하면, MS MRC는 박스 3과 같이 지문의 첫 번째 문장 일부인 "it's never too late to start building up muscle strength, regardless of your age"라고 응답한다. 이 정보를 활용하면 정답은 선택지 ⑤의 "근력 운동은 나이가 들어서도 건강에 유익하다."라는 것을 쉽게 찾을 수 있다. 즉 학습자가 정답을 찾기 힘들거나 정답에 대한 근거가 궁금할 때 그에 대한 정보를 기계독해 프로그램이 제시할 수 있어 일종의 학습자를 위한 "scaffolding" 역할을 할 수 있다(Clark & Graves, 2005; Graves & Graves, 2003)는 점에서 교육적 활용 가능성을 가진다.[8]

─○ 1-3.5 에세이 자동채점 활용

영어권에서는 영어 에세이에 대한 자동채점 연구가 오래전에 시작되었으며, 자동채점 프로그램들이 다양하게 개발되어 왔다. 해외 자동채점 프로그램들은 크게 회귀분석 기반 자동채점, 자연어 처리 기반 자동채점, 인공지능 기반 자동채점으로 나누어 볼 수 있다(시기자 외, 2012). 최초의 자동채점 프로그램이라 할 수 있는 PEG(Page, 1966)는 회귀분석을 활용한 프로그램이다. PEG는 에세이 답안에서 추출된 자질들(features)을 예측 변수로, 인간 채점자가 채점한 점수를 종속 변수로 설정하고 회귀분석을 통해 점수의 예측력이 높은 자질을 선별한 후, 이들 자질을 바탕으로 개발된 에세이 답안 채점 알고리듬을 적용하고 있다. 자연어 처리에 기반한 자동 채점은 ETS

의 e-rater(Attali & Burstein, 2006)가 대표적이다. e-rater도 에세이 답안에서 추출된 자질을 예측 변수로 활용하여 점수를 산출하는 회귀분석 모형을 사용하고 있지만, PEG와는 달리 코퍼스 기반의 회귀모형을 이용한 통계처리 기법과 자연어처리 기법을 모두 사용한다(진경애 외, 2011)는 점에서 구별된다. 다음으로 인공지능에 기반한 자동채점은 Vantage Learning의 IntelliMetric이나 MyAccess 등이 있다. 이러한 자동채점 프로그램들은 에세이 답안을 학습하여 채점모델을 구성하고 이 학습 모델을 에세이 답안 및 채점 데이터와 비교하여 타당성을 검증한 후 자동채점을 시행하는 방식으로 구성된다. 한편, 최근 인공지능 기반 자동채점 프로그램에서는 순환신경망(Recurrent Neural Network; RNN)과 같은 딥러닝(Deep Learning) 계열의 알고리듬들이 널리 활용되고 있다. 하지만 이러한 알고리듬들을 활용한 자동채점 프로그램은 산출한 점수의 근거를 설명하는 데 상당한 한계를 드러내고 있어, 최근 자동채점 연구(예, Kumar & Boulanger, 2020)에서는 이러한 한계를 어떻게 극복할 것인가에 골몰하고 있다. 이처럼 영어 에세이 자동채점프로그램과 관련해서는 다각적 연구들이 진행되고 있고, 이를 토대로 다양한 자동채점 프로그램들이 이미 개발 혹은 상용화되고 있다.

한편, 국내 자동채점 연구로 눈을 돌려 보면 진경애 외(2011), 시기자 외(2012), 신동광 외(2015) 등의 연구를 꼽을 수 있다. 이들 연구에서는 컴퓨터 기반 대규모 말하기·쓰기평가의 채점 부담을 해결하기 위해 자동채점 시스템을 개발하고 시범 적용까지 시도해 본 바 있다. 하지만 아쉽게도 교육정책의 변화를 담아내는 후속 연구가 단절되다 보니 상용화에는 이르지 못했다. 그럼에도 불구하고 이들 연구에서 개발한 자동채점 시스템을 이용하여 채점한 결과와 인간채점 간 상관계수는 0.8 이상, 유사일치도(±1점 차이까지 포함)는 0.9 이상으로 나타나는 등 자동 채점의 가능성을 확인하였다는 점에서 의미가 있다(시기자 외, 2012; 신동광 외, 2015). 이후 자동채점 연구는 국어과 서답(서술형 답안)형 문항 자동채점 시스템 개발로 이어지면서 그 명맥을 유지하였지만(노은희 외, 2012, 2013, 2014, 2015), 문장단위의 자동채점에 그쳐 활용도가 매우 제한적이었다. 한편 초기의 국어과 자동채점 연구들은 알고리듬 측면에서 통계처리 기반의 기계학습 알고리듬(예, 최대 엔트로피)을 적용하였으나, 최근에는 RNN 기반의 딥러닝 방식을 적용한 자동채점 연구로 전환되고 있다. 국내에서 RNN을 적용한 자동채점 연구는 박세진과 하민수(2020)의 연구가 아직까지는 유일한 데,

한국과학창의재단의 지원으로 수행된 이 연구에서는 RNN에 기반한 WA³I(와이)라는 30개의 초등학생용 과학과 서답형 문항을 대상으로 한 자동채점 시스템을 개발하였다. 현재는 과학·사회·역사·정보의 주제를 다룬 총 86개 서답형 문항에 대해 평가 서비스(http://wai.best/student/evaluate_exercise/)를 제공하고 있다. 다음의 그림 I-39는 실제 WA³I에서 서비스하고 있는 예시 문항과 그에 대한 샘플 답안, 그리고 답안에 대한 피드백을 예시한 것이다.

문항	한국에서는 쌀밥과 김치를 많이 먹고, 프랑스에서는 빵과 포도주를 많이 먹습니다. 한국에는 기와집이나 초가집 같은 전통 가옥이 있고 몽골에는 짐승의 털을 덮어 만든 게르라는 전통 가옥이 있습니다. 이와 같은 사례에서 알 수 있는 문화의 특징은 무엇이며, 그러한 특징이 나타나는 이유는 무엇일까요?
답안 작성	**생각을 적어보세요:** 의식주 문화는 그 나라의 자연환경에 영향을 받는다. 즉 주변의 기후와 토양에 적합한 작물을 재배하거나 주변에서 구하기 쉬운 재료로 활용하여 환경에 적절한 주거지와 의복을 만든다.
피드백	**나의 답**　　**도움생각 보기**　　**결과 보기** **문장에 대한 피드백** 좋은 문장으로 정말 잘 작성했어요. **개념에 대한 피드백** 참 잘 설명했어요!

그림 I-39. WA³I(와이)의 서비스 예시

WA³I의 평가 등급은 3개 등급을 기준으로 하고 있으며 문장과 개념에 대한 간단한 피드백 정도만 제공하고 있다.

문장에 대한 피드백	개념에 대한 피드백
1. 핵심어를 사용하여 완결된 문장으로 답안을 잘 작성해 보세요. 2. 잘 작성했어요. 혹시 주어, 서술어, 목적어 등 문장의 주요 성분이 빠진 것은 없는지 다시 한 번 점검해 보세요. 3. 좋은 문장으로 정말 잘 작성했어요.	1. 다시 한 번 설명해 볼까요? 2. 보다 노력하면 보다 좋은 설명을 만들 수 있어요. 3. 참 잘 설명했어요!

표 I-9. WA³I의 평가 등급 및 피드백

박세진과 하민수(2020)는 WA³I 시스템을 활용하여 서울·경기 지역 초등학생들로부터 수집한 쓰기 답안을 바탕으로 프로그램의 타당성 분석을 실시하였다. 채점 결과는 정확도 0.997~0.954, 정밀도 0.997~0.963, 재현율 0.997~0.954, F1 0.997~0.953, Kappa 0.992~0.888의 값을 나타내는 등 매우 고무적인 성능을 보여주었다. 하지만 WA3I 자동채점 서비스는 에세이와 같이 특정 주제에 대해 다양한 의견을 논하는 문항이 아니라 짤막한 정보를 요구하는 설명문 형식의 문항으로 한정하여 정확도를 높이고자 했고 답안을 정답과 오답으로만 구분하여 예측하였기 때문에 변별력을 요하는 평가에서 활용하기 힘들다는 한계도 가지고 있다.

반면 영어과 자동채점 프로그램은 앞서 언급한 바와 같이 여러 시험(예, GMAT, PTE 등)에서 이미 상용화되었고 최근에는 무료로 활용할 수 있는 프로그램도 서비스되고 있다. 대표적인 무료 자동채점 사이트는 Walker(2012)가 개발하여 서비스하고 있는 Virtual Writing Tutor(https://virtualwritingtutor.com/)이다.

그림 I-40. Virtual Writing Tutor 서비스 예시

Virtual Writing Tutor에서 학습자가 가장 쉽게 사용할 수 있는 주요 기능을 살펴보면 다음과 같다. 먼저 'Score Essay'를 선택하면 다음과 같은 팝업창이 나타난다.

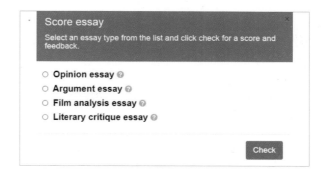

그림 I-41. Virtual Writing Tutor에서 채점 가능한 4개의 장르

Virtual Writing Tutor에서는 기본적으로 그림 I-41과 같이 네 가지 장르를 구분하여 채점 점수와 피드백을 제공하고 있다.

Opinion Essay
Assignment Score: 59.5
Statistics

1. You have written 303 words.
2. I count a total of 3 paragraphs.
3. You have written 28 sentences.
4. Your average sentence length is 10.86.
5. You have written 0 question.
6. You have used 39 first-person pronouns (I, me, my, mine).

Writing quality: 43%

Cohesion:	You have not used very many transition words (2-3) and cohesion devices in your essay to help your reader understand the relationship between your ideas. Add more transition words and phrases for a higher score. Some examples of transitions that you can use are as follows: along the same lines; because of this, as an example, be an illustration, take the case of, to illustrate, as a matter of fact, there is no question that, without a doubt. Your score for this feature = 40/100
Dynamism:	Your writing style is not very dynamic. Increase the variance in your sentence length by writing a combination of short sentences and long sentences to increase your score. Your score for this feature = 40/100
Provocativeness:	Your essay contains just a few words that will provoke an emotional reaction in your reader. Provocative words help to engage and sustain your reader's attention. Add more to increase your score. Here are some examples of words that provoke an emotional reaction in readers: awe-inspiring, brutal, children, danger, explode, fear, gorgeous, hoax, invasion . Your score for this feature = 60/100
Cliches:	I did not detect any cliches in your writing. No penalty was applied.
Exclamation marks:	Do not use exclamation marks in academic writing. They make you sound overly excited and immature. Your penalty for this feature = -10

Essay structure and content: 55%

Paragraph 1 - Introduction 56%

Title:	I could not detect any word with four letters or more in your title that was not capitalized. This tells me that you have capitalized your title correctly. Your score for this feature = 100/100
	Actually I forget the sad moment easily.
Opening:	I was expecting to find a question, a quote, a statistic, or an anecdote in your first sentence of your introduction. There wasn't one. Remember to use either a question, a quote, or a statistic to engage your readers attention at the beginning of your essay. Your score for this feature = 0/100
Context:	I checked your introduction for words and phrases that writers use to establish the importance of their topic. I was unable to find any matches. Establish the importance of your topic with one of these phrases: a vital factor in, the leading cause of, widely considered to be, set to become, undergoing a revolution, is responsible for. There are others. Your score for this feature = 0/100
Thesis:	*I didn't want to say goodbye with the lovely children.*
	The last sentence uses provocative words that will make an impact on your reader. That's good Remember that a good thesis statement should express a debatable claim that you can support with evidence and reasons. Your score for this feature = 100/100

Vocabulary: 60%

Argument-related words: because, so

Feedback: You have used very few words related to argumentation. Use more. Here is an argumentation glossary to help you. Your score for this feature = 40/100

Vocabulary profile:

Feedback: 84% of your essay comprises the most common 1000 words in the language. You possess a very large vocabulary and excellent academic potential. Your score for this feature = 100/100

Academic vocabulary profile: approach, focus

Feedback: 2% of your essay comprises words from the academic words list. This suggests that you possess a small active academic vocabulary. You must increase the size of your vocabulary to improve your academic potential. Your score for this feature = 40/100

Language Accuracy: 80%

Number of errors: 4

Feedback: I was able to detect a few errors in your writing. Do your best to eliminate any avoidable errors in your writing by rereading your essay carefully and by using a spell checker and grammar checker. Your score for this feature = 90/100

Grammar Check Feedback

You wrote: ...o say goodbye with the lovely children. At first I was really worried that the children wo...
Feedback: Put a comma after the introductory phrase "At first".
Suggestion: At first

You wrote: ...f them. I gave presents to each of them and we took a picture together. Some of the...
Feedback: Use a comma before "and" between two independent clauses
Suggestion: , and

You wrote: ...picture together. Some of them cried. I was sad too and I hugged them. It just happened..
Feedback: The past tense is not formed this way. Conjugate the verb correctly.
Suggestion:

You wrote: ..event is a sad but grateful event. They was a gift to me. I will continue to k...
Feedback: Use third-person plural verb with 'they': "are", "were".
Suggestion: are, were

그림 I-42. Virtual Writing Tutor의 'Score Essay' 기능의 채점 점수와 피드백

장르별 채점 영역은 자동으로 지정되며 각 영역은 100%를 만점으로 하여 영역별 평균으로 최종 점수가 부여된다. 예를 들어, 그림 I-42와 같이 'Opinion Essay'를 선택하면 채점 영역은 'Writing Quality,' 'Structure and Content,' 'Vocabulary,' 'Language Accuracy'로 자동 지정되며 각 영역의 점수와 피드백이 최종 점수와 함께 제시된다. 다음으로 'Check Writing'을 선택하면 다음의 그림 I-43과 같이 더욱 상세한 피드백을 제공받을 수 있다.

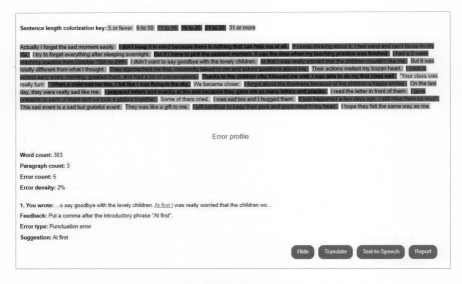

그림 I-43. Virtual Writing Tutor의 'Check Writing' 기능의 피드백

'Check Writing'은 구체적인 어휘 수준별 분포 또는 오류 피드백 제공 시 피드백의 모국어 번역 서비스와 TTS 프로그램을 통해 피드백을 음성으로 확인할 수도 있다. 끝으로, 'Check Essay'를 선택하면 다음의 그림 I-44와 같이 학습자가 받고 싶은 피드백 영역을 직접 지정할 수도 있다.

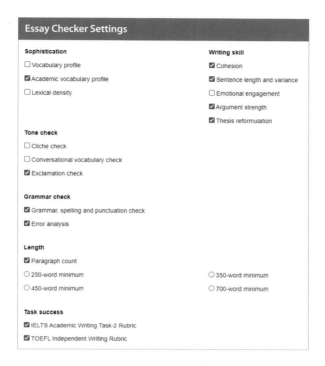

그림 I-44. 학습자가 지정 가능한 Virtual Writing Tutor의 피드백 영역

물론 자동채점이 인간채점을 대체할 수 있을 정도로 완벽한 수준은 아니지만, 학습자의 입장에서는 Virtual Writing Tutor를 사용한 기존 프로그램과 차별화된 피드백을 즉각적이고도 상세하게 제공받을 수 있다. 또한 교수자 입장에서는 Virtual Writing Tutor를 초벌 채점에 활용하고 그 결과를 참고하여 최종 점수를 부여함으로써 채점의 신뢰성을 유지할 수 있을 뿐만 아니라 채점의 속도 면에서도 큰 도움을 받을 수 있을 것으로 기대된다.[9]

─○ 1-3.6 번역기 활용

과거의 번역기는 회귀분석과 같은 통계기반 방식을 적용하다 보니 번역의 정확성에 많은 한계점을 보였다. 하지만 알파고(AlphaGo)의 등장 이후 번역기에도 빅데이터에 기반한 신경망 분석이 적용되면서 그 정확도는 비약적으로 향상되었다. 이처럼 어학 관련 AI 프로그램들이 급속히 발전하면서 학계에서도 언어능력에 대한 정의

(defining)가 재논의되는 추세이다. 물론 언어능력이 과연 어느 범위의 능력까지 포함하느냐는 문제가 여전히 논란의 대상이 되고 있지만, 그럼에도 불구하고 이러한 첨단 기술을 언어교육에 접목하려는 시도는 꾸준히 지속되고 있다(Chon & Shin, 2020).

국내에서 개발된 번역기 중에서는 네이버의 파파고(https://papago.naver.com/)가 가장 뛰어난 성능을 보유하고 있다고 평가되지만 정확도 면에서는 여전히 구글 번역기(Google Translate, https://translate.google.com/?ui=tob)가 우월하다는 것이 일반적인 시각이다.

그림 I-45. 구글 번역기의 번역 예시

번역기의 성능이 최근 들어 크게 향상되었다고 하더라도 번역의 정확성은 여전히 모국어 원문을 어떻게 입력하느냐에 크게 좌우된다. 예를 들어 구글 번역기가 통계 기반 분석에 의존하던 당시에 "나는 육회를 좋아하지만 너무 비싸다"라는 한글 문장을 입력하면 "I like six times but too expensive"라 번역하였다. 이는 문맥을 보지 않고 단어나 표현 위주의 매칭만으로 번역을 하였기 때문에 발생한 오류이다. 대규모 데이터에 기반한 기계학습(machine learning)의 장점은 단순히 표현만 분석하는 것이 아니라 확률 상 특정 단어가 어떠한 단어들과 유기적인 관계를 유지하며 사용되는지를 파악하여 맥락적 의미에 근접할 수 있다는 점이다. '육회'는 이후 생선회인 'Sashimi'로 번역되었고 현재 신경망 버전에서는 'yukhoe'('육회'를 로마자 형태로 표기)를 혼용하여 번역되고 있다. 여전히 '육회'를 제대로 번역하지 못해 고유명사로 처리하는 것은 한계이지만 'six times'나 'Sashimi'를 구사할 문맥이 아니라는 것을 인식할 수 있게 된 점은 향상된 결과라고 할 수 있다. 이처럼 한계는 있지만 실제 사용자가 한글 원문을 보다 쉽고 명료하게 작성한다면 기존의 번역기를 한층 더 정확하게 사용할 수 있다. 예컨대 "나는 생고기를 좋아하지만 그것은 너무 비싸다"라고 입력하면 "I like raw meat but it's too expensive"와 같이 더 자연스럽고 정확한 결과를 얻을 수 있는 것이다. Kim(2019)의 연구에서는 번역기가 여전히 정확하게 번역하지 못하는 부분들로 1) 속담 표현, 2) 동음이의어, 3) 비유적/은유적 표현, 4) 주어 생략 표현, 5) 복잡한 문장 구조의 구문 등을 꼽고 있다. 유사 발음을 가진 단어의 번역 오류 사례를 살펴보면 이런 식이다., "파격적인 행보로 인터넷 조리돌림을 당하던 가수 조이는 루머 기사들에 계속해서 시달려 왔다"라는 문장을 번역기는 "Singer Joy, who was faced with Internet cooking because of his unprecedented move, has been plagued by rumor articles"로 번역한다. 번역기가 조리돌림(being ridiculed)의 '조리'를 'cooking'으로 인식하고 있는 것이다. 주어 생략도 번역기의 정확도를 떨어뜨리는 요인이 된다. 한국어에서는 주어가 생략되는 경우가 빈번한데 영어에서 주어가 생략되면 이는 대부분 비문(非文)이 되기 때문이다. 현재 구글 번역기는 주어가 생략되었을 때 'you'나 'we'와 같은 주어를 임의로 부여하고 있다. 이 밖에도 "I was told that~"이라는 수동태 표현을 번역기를 통해 얻으려면 한국어 표현에서는 부자연스럽지만 "나는 말해졌다"라고 한국어 원문을 작성해야 가능하다. 이는 "나는 들었다"라는 한글 문장을 번역기로 번역하면 "I heard that~"으로 번역될 뿐 "I was told that~"이라는 문장이 나올 수 없고, 그와 같은 수동태 문장을 얻으려면 한글 문장에서 수동태 표현이 사용되어야 하기 때문이다. 그렇다고 해서 한글을 파괴하면서까지 번역기 활용 방법을 지도해야 한다는 얘기는 아니다. 다만 번역기의 오류가 포함된 예문에서 오류를 수정하거나 오류의 원인을 찾는 활동을 통해 학습자들이 한국어와 영어의 다양한 언어적 특성 차이를 인식할 수 있는 기회를 제공할 필요가 있다는 것이다. 이러한 활동은 실제 어떤 방식이 영어식 사고인지를 체험할 수 있기 때문에 영어식 표현에 대한 직관력을 향상시킬 수 있다. 더 나아가 Shin 외(2021)는, 이미 번역기와 같은 보조 도구를 활용하는 것이 일상화된 상황에서 실제적인 영어 쓰기 능력이란 보조 도구를 활용하여 자신의 언어 능숙도를 뛰어넘는 산출물을 작성하는 능력까지 포함하는 것을 의미하며 이것이 시대에 부합하는 언어능력이라고 주장하기도 하였다. 이러한 측면에서 모국어로 에세이를 작성하고 이후 학습자가 번역기의 부족한 부분을 사후 수정 (post-editing)하는 활동이 주목받고 있다. 다음의 표 I-10은 Chon 외(2021)의 연구에서 실제 사후 수정 활동을 학습에 적용해 본 예이다.

한국어 원문	덧붙여 아리조나 대학 연구팀에 따르면 인터넷 중독은 물리적인 사회적인 교류를 단절시켜 우울증의 발병률을 높인다.
번역기 초벌 번역	In addition, according to the University of Arizona research team, Internet addiction breaks down physical and social interactions, increasing the incidence of depression.
최종 수정본	Additionally, according to a research team at the University of Arizona, Internet addiction increases the incidence of depression **by cutting off** physical and social interactions.

표 I-10. 번역기 활용 '사후 수정(post-editing)' 활동 예시

표 I-10에 제시된 초벌 번역에서는 '사회적 교류 단절'과 '우울증 발병률' 간의 관계 즉, 원인과 결과가 명확히 구분되지 않고 동시에 발생하는 부대 상황으로 묘사하고 있는 것을 볼 수 있다. 하지만 최종 수정본에서는 'by~' 구문을 사용하여 원인을 명확히 제시하는 방향으로 수정이 이루어진 것을 확인할 수 있다. 이러한 활동은 실제 전문 번역가들의 번역 과정에도 활용되고 있으며, 영어 학습자가 직접 오류를 찾아 수정해 봄으로써 문법 능력을 포함한 쓰기 능력을 길러나갈 수 있다는 면에서도 유용하다.[10]

─○ 1-3.7 감성분석기 활용

감성분석은 'Affective Computing'(Picard, 1995)이라는 개념에서 시작되었다. Affective Computing은 기계를 통해 인간의 감정 상태를 분석하고 해석하여 그 결과에 적절한 반응을 제시하는 연구라고 정의할 수 있다. 감성분석 방식은 보통 감성사전 (sentiment dictionary)에 따른 사전 기반 기법(lexicon based approach)과 빅데이터에 의한 기계학습 기법(machine-learning approach)으로 구분된다. 최근에는 기계학습 기법의 적용이 더 확대되는 추세이지만 가장 널리 사용되는 기법은 사전 기반 기법과 기계학습 기법을 혼용하여 적용하는 방식이다(Zhou & Ye, 2020). 언어교육에 감성분석을 적용한 사례는 극히 제한적이지만 최근 교육 분야에서의 감성분석 연구들을 살펴보면 주로 학습과정 중 학습자의 감성 상태를 분석하여 피드백을 제공하거나 학습의 성패를 예측하는 연구가 대부분이며, 일부 연구는 학습과정에 대한 학습자의 평가 도구로 사용되는 것을 확인할 수 있다.

학습자의 만족도 분석은 온라인 학습 시스템을 설계하는 데 매우 중요한 과정 중 하나이다. Elia 외(2019)는 온라인 협업 학습 시스템의 만족도를 평가하기 위해 학습자들이 참여하는 콘텐츠, 서비스, 상호작용을 위한 커뮤니티 등에서 생성된 대규모의 학습자 로그 데이터를 감성분석 기법으로 분석하였다. 이들이 제안한 모델은 시스템 만족도 분석뿐만 아니라, 협업 학습 시스템이라는 측면에서 개인 학습자별 기여도도 분석할 수 있도록 고안되었다. 이 연구는 이러한 감성분석 기법이 설문조사와 같은 전통적인 분석 기법에 비해 소요 시간과 노력이 적고 실시간 분석 처리가 가능하며 학습과정 중 자연스럽게 학습자들이 생성하는 데이터를 활용함으로써 분석 결과에 대한 신뢰도 또한 높일 수 있다는 점을 강조하였다.

신동광 외(2021)의 연구는 영어교육 분야에서 감성분석을 기반으로 학습자의 인식을 살펴본 최초의 연구 중 하나라는 점에서 의의를 갖는데, 이 연구는 영어교육 연구과 관련하여 다음과 같은 방향을 제시하였다. 우선, 개방형 설문인 소감문의 감성분석은 기존의 리커트(Likert) 척도의 대체 방법으로 활용될 수 있다. 리커트 척도의 경우 학습자로 하여금 연구자가 작성한 문항에 대해 어떻게 생각하는지에 대해 하나의 척도를 선택하도록 강요하는 방식이기 때문에 학습자가 어떻게 특정 과업 또는 학습활동 등에 대해 인식하는지를 정확하게 살펴보기에는 제한적일 수밖에 없다. 그러나 소감문은 학습자가 본인의 생각을 자유롭게 표현할 수 있고, 여기에 감성분석을 적용하면 연구자의 주관에 따른 오해석의 가능성을 줄이는 동시에 질적 자료를 정량화할 수 있다는 점에서 그 활용가치가 높다고 할 수 있다. 그리고 과업 수행 후 작성한 소감문뿐만 아니라 'think-aloud protocol(사고-발화 프로토콜)'(Jääskeläinen, 2010)과 같이 학습자의 인식을 실시간으로 살펴본 데이터에도 감성분석을 적용할 수 있을 것이다.[11]

─○ 1-3.7-1 Tone Analyzer

Bhuiyan(2017)의 소개에 따르면, IBM의 인공지능 Watson의 서비스 중 하나인 'Tone Analyzer'는 Support Vector Machine(SVM)에 기반한 기계학습을 채택한 감성분석기인데, 텍스트의 문장별 감성 톤을 분석하여 이를 수치화하여 제공한다. 점수의 범위는 0.0~1.0이며 0.0은 감성 톤이 드러나지 않는 상태를 의미하고 1.0은 특정 감성 톤이 100%임을 의미한다. 이러한 수치는 3단계로 강도가 제시된다. 0.5 미만의 경우 매우 약한 감성 톤을, 0.5~0.75는 해당 감성 톤이 보통임을 의미하며 0.75를 초과하는 수치는 해당 영역의 감성 톤이 매우 강하게 나타나는 것을 의미한다. 초기에는 5개 종류의 감성(예, Anger, Disgust)과 3개의 문체(예, Analytic, Confident), 5개의 사회적 경향성(예, Openness, Agreeableness)을 분석하여 정보를 제공했지만 현재는 4개의 감성과 3개의 문체 정보만을 제공하고 있다. 다음의 표 2는 'Tone Analyzer' 가 분석할 수 있는 7개 감성 톤의 정의이다.

감성 톤 종류		정의
감성 (Emotion)	분노 (Anger)	불공정, 갈등, 모욕, 무시 또는 배신 등에 기인한 감성이다. 능동적인 상황이면 구두 또는 신체적으로 상대를 공격할 발생하거나 수동적일 때는 조용히 삐치거나 긴장과 거부감을 느끼는 것도 이에 해당된다.
	두려움 (Fear)	위험에 처한 상황에 대한 반응으로 부적 자극이 발생했을 때 생존을 위한 기계적 반응을 의미한다. 경미한 경계로 나타날 수도 있고 극심한 공포증 유발할 수도 있다.
	기쁨 (Joy)	기쁨이나 행복에는 즐거움이나 만족감이 동반된다. 안락함, 내적 평화, 사랑, 안정감 및 만족감이 이에 해당된다.
	슬픔 (Sadness)	상실감과 불안감을 나타내며 말수나 활력이 없고 위축된 모습을 보이는 경우 슬픈 상태라고 할 수 있다.
문체 (Language Style)	분석적 (Analytical)	특정 대상에 대한 추론 및 분석적 태도
	확신적 (Confident)	확신의 정도
	잠정적 (Tentative)	주저함의 정도

표 I-11. Tone Analyzer의 7개 감성 톤에 대한 정의(Al Marouf et al., 2019)

'Tone Analyzer'가 분석 가능한 데이터 입력량은 3단어 이상부터 최대 1,000개 문장까지 가능하다. 또한 대화문이나 서술문 등 글의 형식에 상관없이 분석 가능하며 데모 사이트(https://tone-analyzer-demo.ng.bluemix.net/)를 통해 누구나 등록절차 없이도 활용할 수 있다. 다음의 그림 I-46은 'Tone Analyzer'를 활용하여 수능 영어영역 '심경·분위기 파악' 문항에 대해 감성분석을 시도한 결과의 예시(신동광, 2020)이다.

❶

❷ 지문 전반부

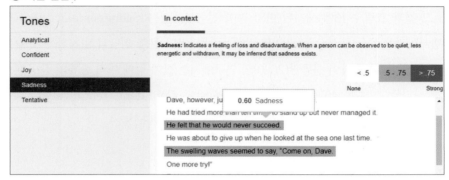

❸ 지문 후반부

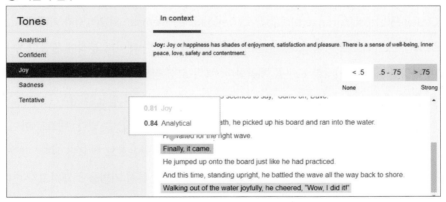

그림 I-46. 2019학년도 수능 영어영역 19번 문항 'Tone Analyzer' 분석 예시

2019학년도 수능 영어영역 19번 문항의 경우 심경변화를 파악하는 문항으로서 2개 종류의 감성을 분석해야 한다. 정답은 'frustrated(좌절한) → delighted(기쁜)'인데 'Tone Analyzer'의 감성 톤 분류기준으로는 'Sadness → Joy'에 해당될 수 있다. 문항

정답과 감성분석 결과 간의 일치 여부를 확인하기 위해 'Tone Analyzer'로 분석한 결과, 위 예시에서 전체적으로는 ❶과 같이 7개 감성 톤 중 'Joy,' 'Sadness,' 'Tentative' 3개의 감성 톤이 유효한 것으로 나타났다. 'Tone Analyzer'는 각 문장별로 감성 톤의 유효성 여부를 분석하며 문장별 개별 수치를 제공하기 때문에, 전체 지문 수준에서는 유효하지 않은 감성 톤일지라도 한 문장이라도 감성 톤이 나타난 문장은 그 수치를 제시한다(예, Analytic, Confident). ❷와 ❸의 분석 예시에서는 지문에서의 심경변화를 파악하기 위해 지문의 전반부와 후반부에 나타난 결과를 비교하였다. 또한 동일한 감성 톤이 여러 다른 문장에서 나타날 경우 그 평균값을 산출하여 최종 수치로 확정하였다. 그 결과 그림 I-46에 제시된 바와 같이 전반부에서는 'Sadness(mean = 0.6)'가, 후반부에서는 'Joy(mean = 0.74)'의 감성 톤이 나타나 문항 정답과 일치하는 것을 확인할 수 있다. ❸과 같이 신동광(2020)의 연구에서는 한 문장에 여러 종류의 감성 톤이 함께 나타날 경우 문체(Language Style: Analytic, Confident, Tentative)보다 감성(Emotion: Anger, Fear, Joy, Sadness)을 우선 적용하였다.[12]

─○ 1-3.7-2 Orange3

Orange3(https://orange.biolab.si/download/)는 Demsar 외(2013)가 개발한 무료 프로그램으로, 텍스트 마이닝(text mining)을 비롯한 다양한 데이터 분석에 활용할 수 있으며 다양한 데이터 시각화 도구를 제공한다. 특히 코딩 작업 없이도 기능별 아이콘의 배열을 통해 데이터 분석이 가능하다. 또한 추가적인 분석 기능이 필요한 경우 Options를 클릭하고 Add-ons를 선택하여 원하는 기능을 프로그램에 추가할 수 있다. 텍스트 마이닝 분석 기능을 추가하려면 Add-ons에서 'Text'를 선택하여 다운로드 받으면 된다. 다양한 분석 기능 중 본 절에서는 감성분석(sentiment analysis)의 분석 기법을 소개하고자 한다. 감성분석은 다양한 영역에서 활용되고 있다. 교육영역에서는 앞서 언급한 바와 같이 설문지의 개방형 질문에 나타난 긍정/중립/부정 등의 감성을 분석하는데 유용하게 활용될 수 있다. 다음의 표 I-12는 챗봇 활용 활동 후 학습자들의 소감을 영문으로 작성한 데이터이다. Orange3은 표 I-12와 같이 엑셀 파일의 형식으로 데이터를 입력해야 한다.

	A	B	C	D	E	F	G	H	I
	St. No.	Text							
	1	I felt that the conversation with Mitsuku helped improve my English skills in that I c							
	2	It is because they gave an appropriate answer to my question. This is because it is a							
	3	I thought that it was similar to having a conversation with a human being in that th							
	4	It seemed that the anger was not natural and he did not understand the point of th							
	5	In general, they answered the question appropriately, but sometimes they could no							
	6	When I was just asking and receiving a question, I felt like I was having a conversat							
	7	It is a part that can be seen as both an advantage and a disadvantage, but as soon							
	8	There were some parts I didn't understand, but there were usually no problems with							
	9	There were many answers where Michuku's answer led to further questions. They ha							
	10	This is because you can freely talk about the subject you want. Knows my heart wel							
	11	This is because you can freely talk about the subject you want. Knows my heart wel							
	12	I felt that I was similar to a person when I exchanged the desired question and ansv							

표 I-12. Orange3 활용 감성분석 데이터 예시

앞서 설명한 바와 같이 Orange3에 'Text'라는 기능을 다운로드 받으면 아래 그림 I-47과 같이 왼쪽 분석 기능을 상징하는 아이콘 모음에 'Text Mining'이란 섹션이 활성화된다. 먼저 아이콘 모음에서 차례로 'Corpus,' 'Preprocess Text,' 'Sentiment Analysis,' 'Data Table'을 드래그(drag)하여 우측 화면에 놓고 선으로 아이콘들을 이어준다. 한쪽 아이콘의 우측에 마우스 왼쪽 버튼을 클릭한 상태에서 다른 쪽 아이콘까지 드래그하면 선이 연결된다.

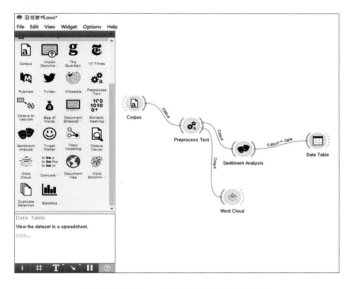

그림 I-47. Orange3 활용 감성분석 결과 예시

추가적으로 워드클라우드(Word Cloud)를 분석하고 싶으면 'Word Cloud' 아이콘을 추가하고 'Preprocess Text'와 연결해 주면 된다. 아이콘 배열이 끝나면 'Corpus'를 클릭하여 표 I-12와 같이 분석할 엑셀 파일을 업로드 한다. 'Preprocess Text'에서는 분석의 정확도를 높이기 위해 기능어 등과 같이 분석에 제외하고 싶은 어휘, 소위 'stop word' 목록을 텍스트 파일(txt, 메모장) 형식으로 업로드 할 수 있다. 다음으로 'Sentiment Analysis'에서는 분석 알고리듬을 선택하면 되는데 본 절의 분석에서는 감성어휘사전을 기반으로 한 Vader 방식을 선택하였다. 그 결과는 그림 I-47 우측 하단의 표와 같다. 긍정/중립/부정의 각 수치는 0~1까지 제시되며 통합값(compound)에서는 1에 가까울수록 '긍정,' 0에 가까울수록 '중립,' -1에 가까울수록 '부정'을 의미한다. 만약 Vader 보다는 다양한 감성을 분석하고 싶다면 SentiArt을 선택하면 된다 SentiArt는 anger/fear/disgust/happiness/sadness/surprise로 나누어 -1~1까지의 강도로 감성을 분석해 준다. 데이터가 한국어일 경우에는 Multilingual Sentiment를 선택하고 Korean을 지정해 주면 된다. 이때 한국어 stop word 목록이 별도로 준비되지 않았다면 'Preprocess Text' 아이콘을 삭제하고 'Corpus'과 'Sentiment Analysis' 아이콘을 직접 연결한다. 한국어 감성분석의 결과는 0~10범위로 제시되며 0은 부정, 10은 긍정을 의미한다. 끝으로 우측 상단은 어휘 사용의 빈도수를 바탕으로 한 워드 클라우드 분석 결과의 예시인데 'Word Cloud' 아이콘을 'Corpus'나 'Preprocess Text'에 연결해 주면 바로 결과를 확인할 수 있다. Orange3는 하나의 데이터에 여러 분석 아이콘을 연결하여 동시에 분석이 가능하다는 장점이 있다. 감성분석 외의 다른 기능들에 대한 활용 방법이 궁금하다면 유튜브(YouTube)에서 Orange3을 검색하여 여러 무료 강의를 참고할 수도 있다(예, 생활코딩).

실제 Orange3의 감성분석 기법을 적용한 연구로는 설득적 에세이(persuasive essay)의 논조분석을 시도한 신동광(2021)의 연구가 있다. 신동광(2021)의 연구에서는 먼저 Vader 방식의 감성분석(긍정, 부정, 중립, 통합)이 긍정과 부정 에세이의 총점에 미치는 영향을 살펴보았다. 그 결과, 긍정 에세이에서는 긍정, 부정, 통합의 감성분석 결과값이 모두 유의한 수준에서 총점에 영향을 미쳤다. 특히 통합 값은 에세이의 전체 총점은 물론 과제수행, 내용, 구성, 언어사용과 같은 각 세부 채점영역 점수를 예측하는 변인으로서 가장 타당한 감성 요인이라는 것을 확인할 수 있었다. 반면 부정 에세이에서는 감성분석의 통합 값이 부정의 감성을 보였다는 것 외에는 모든 분석에서 유의한 결과를 보이지 못했다. 신동광(2021)은 이와 같은 감성분석을 통해, 긍정 또는 부정의 입장 중 하나를 선택하여 설득적 에세이를 작성하더라도 한 쪽 입장을 일방적으로 주장하기보다는 양쪽의 입장을 비교하면서 한쪽의 입장을 강조하는 에세이 전개 방식을 채택할 경우 더 높은 점수를 기대할 수 있다는 것을 시사하였다. 이는 감성분석이 영어의 쓰기지도에 어떻게 활용될 수 있는지를 보여주는 사례로 의미가 있다.[13]

─○ 1-4 빅데이터와 AI 기술의 한계, 그리고 영어교육의 지향점

지금까지 본 장에서는 실제 빅데이터와 AI 기술들을 어떻게 영어교육에 적용할 수 있는지에 대해 여러 적용 사례를 중심으로 살펴보았다. 영어교육은 빅데이터와 AI 기술을 가장 활발하게 적용하는 분야 중 하나이다. 이는 영어가 도구교과로서 다양한 지식과 정보를 전달하는 매개 역할을 하며 내용교과와는 달리 변화를 신속하게 수용하는 경향을 보이기 때문이라고 사료된다. 이러한 선도적인 변화가 새로운 기회의 창출임은 분명하지만, 동시에 많은 영어교사나 영어교육 종사자들에게 불안감이나 위기감을 불러일으키는 요인이 되고 있는 것도 부인할 수 없는 사실이다. 본 절에서는 AI 시대에 이러한 변화의 중심에 서 있는 영어교육 분야에서 빅데이터와 AI 기술의 한계는 무엇이며 영어교육의 지향점은 무엇인가를 전망해 보고자 한다. 2018년 대학수학능력시험(이하 수능)을 기점으로 수능 영어영역은 절대평가로 전환되었고 신경망 번역기(예, Google Translate, 파파고 등)와 같은 첨단 AI 기술이 상용화되면서 일각에서는 영어교육 회의론이 대두되기 시작했다(김기중, 2018). 그렇다면 정말 영어교육은 AI에 의해 대체될 것인가? 통계청과 교육부(2021)가 발표한 2020년 교과별 평균 사교육 현황을 살펴보면 이런 회의론에도 불구하고 영어 사교육비가 설문에 참여한 학생의 사교육비 지출 중 가장 높은 비중을 차지하였다. 과목별 1인당 월평균 사교육비는 국어가 12만 원, 영어 21.7만 원, 수학 20.4만 원, 사회·과학이 0.5.만 원으로 영어 사교육비가 가장 많았다. 전년 대비 증가율은 국어 10.8%, 영어 1.4%, 수학 6.1%, 사회·과학 11.7%로 나타났는데, 수능 영어 절대평가의 여파로 증가폭이 둔화되기는 했지만 영어 사교육비의 총규모는 2016년 기준으로 이미 5조원을 넘어섰다.

이처럼 영어교육의 회의론에도 불구하고 영어 사교육비가 증가하는 이유는 무엇일까? 이는 크게 두 가지로 설명할 수 있다. 첫째는 관성이다. 이미 사회적 습관처럼 해

오던 일이나 경향성은 쉽게 바뀌지 않는다. 변화가 피부에 와 닿기 전에는 쉽게 움직이지 않는 것이 일반적인 대중의 성향이다. 두 번째는 현 시대가 AI 시대의 도래라고는 하나 영어교육 시장에 가장 큰 영향을 미치는 현행 입시정책이 크게 달라지지 않았다. 오히려 빅데이터와 AI가 한때의 유행이라고 믿는 대중 또한 적지 않다. 뿐만 아니라 전 세계의 언어사용 인구 측면에서 살펴보아도 영어의 지위는 기존과 크게 달라지지 않았다. 한때 중국의 경제적 급성장과 최대 인구 규모를 감안할 때 중국어가 세계 최다 언어 사용자를 보유할 것이라는 예측도 있었지만 영어는 이미 세계어로서의 입지를 굳히는 추세이다. 영어와 중국어의 전체 사용 인구 규모는 비슷한 수준이지만, 한 가지 중요한 차이가 그림 I-48의 도표에서 보는 바와 같이 전체 언어 사용자 수 대비 원어민 사용자의 비율에서 나타난다. 영어는 전체 사용자수가 1,132,000,000명이고 이중 33.5%인 379,000,000명이 영어권 원어민 사용자인 반면 중국어(Mandarin Chinese)는 전체 사용자 1,117,000,000명 중 82.3%가 중화권 원어민으로, 영어가 비영어권에서도 얼마나 대중적으로 사용되고 있는 언어인지를 잘 보여준다(Ghosh, 2020). 게다가, 언어 사용자 수에서 중국어의 뒤를 잇는 힌두어, 스페인어, 프랑스어의 경우도 원어민 사용자의 비율이 높아 이들 언어는 결국 지역어(local languages) 수준을 벗어나지 못하고 있다. 반면 영어는 여전히 국제어 또는 세계어로서 높은 위상을 유지하고 있으며 이 같은 이유로 입학 및 취업 등에서 영어능력이 중요한 필수 조건으로 요구되고 있고 이는 영어 사교육비가 좀처럼 감소하지 않는 이유이기도 하다(오호영 외, 2014).

Rank	Language	Total Speakers	Language Origin
1	English	1,132 million	Indo-European
2	Mandarin Chinese	1,117 million	Sino-Tibetan
3	Hindi	615 million	Indo-European
4	Spanish	534 million	Indo-European
5	French	280 million	Indo-European
6	Standard Arabic	274 million	Afro-Asiatic
7	Bengali	265 million	Indo-European
8	Russian	258 million	Indo-European
9	Portuguese	234 million	Indo-European
10	Indonesian	199 million	Austronesian

Rank	Language	Native Speakers	Language Origin
1	Mandarin Chinese	918 million	Sino-Tibetan
2	Spanish	460 million	Indo-European
3	English	379 million	Indo-European
4	Hindi	341 million	Indo-European
5	Bengali	228 million	Indo-European
6	Portuguese	221 million	Indo-European
7	Russian	154 million	Indo-European
8	Japanese	128 million	Japanic
9	Western Punjabi	93 million	Indo-European
10	Marathi	83 million	Indo-European

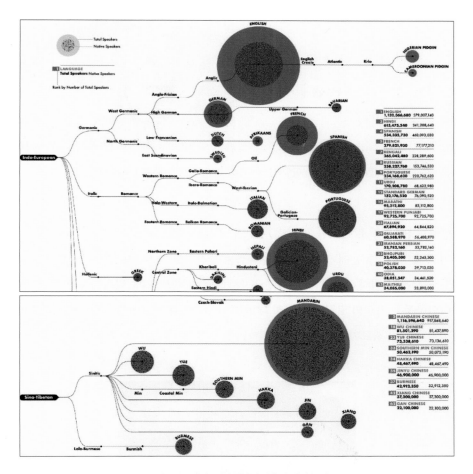

그림 I-48. 세계 주요 언어의 사용자 인구 분석

하지만 이러한 통계적 수치에도 불구하고 영어교육의 회의론이 지속적으로 제기되는 데는 그만한 이유가 있다. 이미 그림 I-49과 같은 언어보조 도구들이 상용화되어 온라인 마켓에서 판매되고 있고 그 정확도 또한 상당한 수준에 이르고 있는데다가 향후 빅데이터에 기반한 AI 기술이 가진 잠재성까지를 감안한다면 그 발전 수준은 실로 무궁무진하다고 보아야 할 것이다.

그림 I-49. 통역기능이 탑재된 이어폰과 번역기능이 탑재된 스마트 글래스

한국형 SF 영화로 주목을 받았던 '승리호'라는 영화에서는 2092년 미래의 모습을 그리고 있다. 이중 눈에 띄는 한 가지 특징은 등장인물 대부분이 귀에 무선 이어폰을 끼고 있다는 것이다. 근거리 통신수단인 동시에 동시통역기다. 영화에서 여러 인종의 등장인물들은 자신의 모국어로 편히 대화를 나눈다. 그런데 이러한 모습을 과연 2092년까지 기다릴 필요가 있을까?

그림 I-50. 영화 '승리호'의 한 장면

아마 현재의 기술로만 미루어 보아도 10년 이내에 이러한 언어보조 도구는 대중화될 것으로 예상된다. 최근 번역기를 기반으로 한 실험인 Shin과 Chon(in press)의 연구에 따르면, 유럽의 언어능력지표인 CEFR을 기준으로 원어민 수준에 가까운 C1에 해당하는 학습자들은 번역기의 초벌 번역을 사후 수정했을 때 쓰기 결과물의 질이 다소 개선됐지만 바로 그 아래 등급인 B2에 해당하는 학습자들은 사후 수정 후 쓰기 결과물의 질이 오히려 번역기의 초벌 번역보다 나빠졌다. 이는 이미 현재의 번역기 수준이 원

어민의 수준에 가까운 C1 수준에 근접했으며, 원어민 수준의 영어를 구사하지 못한다면 그냥 번역기에 의존하는 것이 더욱 정확한 표현을 구사할 수 있다는 것을 말해준다.

위에서 살펴본 다양한 사회적 현상과 변화를 종합하면, 빅데이터와 AI 기술이 영어교육에 가져온 변화는 영어교육뿐만 아니라 언어교육 전반에 몇 가지 시사점을 제시한다. 첫째는 '언어능력의 재정의(re-defining)'가 필요하다는 것이고 둘째는 '교사 역할의 재정의,' 그리고 셋째는 궁극적으로 미래사회에서의 '언어교육의 역할론에 대한 재정의'가 필요하다는 것이다.

먼저 여전히 언어교육에서 있어 논란이 되고 있는 이슈 중 하나는 웹검색, 사전, 더 나아가 번역기와 같은 언어보조 도구의 도움을 받아 산출된 언어의 결과물(output)을 언어능력으로 인정해야 하는가에 대한 부분이다. 이는 2015 개정 교육과정에 소위 '정보처리역량'이라는 핵심역량이 도입되면서 그 논란이 심화되었다. 하지만 이미 교육계에서 디지털 리터러시(digital literacy)나 미디어 리터러시(media literacy) 등의 개념들이 정착되어감에 따라 정보처리역량을 포함한 언어능력은 기존의 언어능력과 차별화된 AI 시대에 요구되는 실제적인 언어능력으로 재정의되고 있는 추세이다. 2012년 주헌우와 신동광이 277명의 영어교사와 55명의 영어교육 전문가들을 대상으로 실시한 설문결과에 따르면, 영어교사의 60.5%가 채팅과 같이 동시성을 요구하는 영어 쓰기 활동이 실제 영어 쓰기 활동에서 차지하는 비율이 10% 미만이라고 응답하였고 영어교육 전문가 또한 45.3%가 동시성을 요구하는 영어 쓰기 활동은 10% 미만이라고 응답하였다. 대부분의 영어 쓰기 활동은 이메일과 같은 비동시성의 활동이며 이러한 비동시성 활동에서는 웹검색, 사전, 번역기와 같은 언어보조 도구를 자연스럽게 활용한다는 것이다. 따라서 평가의 실제성(authenticity)을 고려한다면 앞으로 공식적인 언어평가에서도 언어보조 도구를 활용한 언어평가 문항이 도입될 필요성이 있으며 이러한 정보처리역량 또한 언어능력의 한 부분으로 인정하는 인식의 변화가 필요한 시점이다.

둘째, 과거 컴퓨터가 교사를 대체할 것이라는 논란이 있었듯이 이제 AI가 교사를 대체할 것이라는 불안감은 교사들로 하여금 AI에 대해 부정적인 태도를 가지게 하는 주요 원인이기도 하다. 그러나 지금까지 기계가 교사의 역할을 대체하지 못한 이유는 공감이나 교감과 같은 긴밀한 상호작용과 즉각적인 상황 대응력 등의 면에서 기계가 인간 교사의 능력을 따라가지 못했기 때문이다. 현재 AI 기술을 활용한 에듀테크가 주목을 받고 있지만 가장 경계해야 할 점도 바로 이 부분이다. Kanda와 Ishiguro(2005)의 연구에서 연구자들은 챗봇 프로그램이 탑재된 로봇을 초등학교 복도에 투입하고 로봇과 초등학생들 간의 상호작용을 관찰하였다. 다음의 그림 I-51은 시간에 따른 로봇과 학습자 간 상호작용의 빈도 변화를 보여준다.

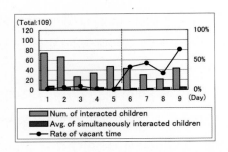

그림 I-51. Novel effect의 한계 예시(Kanda & Ishiguro, 2005, p. 58)

아직까지 챗봇의 효과성이 입증된 사례가 많지 않음에도 불구하고 교육계의 관심이 챗봇에 집중되는 이유 중 하나는 Kanda와 Ishiguro의 실험과 마찬가지로 'Novelty Effect(처음 신기해서 관심을 보이는 효과)'가 주요 원인이라는 것을 부인하기 힘들다. 그림 I-51은 학습자 자율에 맡겨 두었을 때 로봇에 대한 관심도가 얼마나 급격히 떨어지는지를 여실히 보여준다. 즉 AI 프로그램 또한 교사의 수업 디자인 속에서 유기적으로 활용될 때 그 효과를 기대할 수 있다는 것이다. 또한 AI에 기반한 과업은 단순한 기계적 반복이 아닌 학습자의 인지 활동을 요구하도록 고안되어야 지속적인 흥미 유지가 가능하다. 결국, 교사는 이러한 AI 시대에 새로운 교수·학습의 방안을 디자인하고 운영하는 주체가 되어야 하며 그에 따른 역할을 확립해 나아갈 필요가 있다.

이를 고려할 때 메타버스(metaverse)는 새로운 교수·학습 모델로서 크게 세 가지 장점이 있다. 첫째, 메타버스는 줌(Zoom)과 같은 온라인 상호작용 플랫폼으로서 그 자체가 특정한 콘텐츠를 담고 있지는 않다. 따라서 메타버스를 교육에 활용하기 위해서는 이 가상세계에서 활용할 수 있는 교육 콘텐츠를 교사가 준비해야 한다. 즉, 교사는 여전히 수업을 디자인하는 주체로 남아있을 수 있으며 AI 기술을 접목한 다양한 콘텐츠와 교수·학습 도구를 가상세계에서 활용할 수 있다. 지금까지 대부분의 AI 기술들이 인간을 대체한다는 불안감을 조성하였다면 메타버스는 여전히 교사와 같은 사용자가 가상의 공간에서도 교수·학습을 주도적으로 이끌어갈 기회를 제공함으로써 첨단 기술에 대한 거부감을 낮추는데 기여할 수 있다. 또한 머지않아 메타버스의 콘텐츠를 전문적으로 개발하는 시장이 형성될 것이며 이를 통해 교사의 메타버스 활용이 더욱 수월해질 것이라는 점도 메타버스 활용 범위가 확대되는데 긍정적인 요인이 될 것이다. 언어교육에서 메타버스가 가지는 두 번째 장점은, 메타버스라는 공간 안에서는 언어 사용에 관한 목표 상황(예, 뉴욕의 센트럴파크 근처 서점)을 가상으로 설정하여 학습활동을 적용할 수 있고 이러한 학습 환경 속에서 학습자는 소위 'context-dependent memory'를 극대화할 수 있다는 것이다. 이와 관련한 최초의 연구는 Godden과 Baddeley(1975)의 실험이었다. 18명의 잠수부를 대상으로 한 이 연구에서 Godden과 Baddeley는 그림 I-52와 같이 4개 집단으로 나누어 실험을 진행했다. 즉, 'Underwater'와 'On Land'라는 조건을 학습 환경과 시험 환경 모두에 달리하여 학습한 어휘의 기억량을 비교하였다.

During learning	During recall	Average percent of words recalled
 Underwater	 Underwater	32%
 Underwater	 On Land	23%
 On Land	 On Land	38%
 On Land	 Underwater	24%

그림 I-52. Godden와 Baddeley(1975)의 연구 결과

실험 결과에 나타난 공통적인 특징은 학습 환경과 시험 환경이 동일했을 때 학습 결과가 더 좋았다는 것이다. 예를 들어, 잠수부들이 물 밖에서 단어를 암기했을 때는 물 밖의 시험에서 더 좋은 결과를 보였고 물속에서 암기했을 때는 물속에서 평가받을 때

더 좋은 결과를 보였다. 이는 학습 환경과 실제 학습한 내용을 사용할 환경이 비슷할수록 학습 효과가 높다는 것을 의미하며, 이를 'context-dependent memory'라고한다. 세 번째로, 메타버스에서 자신을 대신해 활동하는 아바타(avatar) 또는 페르소나(persona)의 활용은 새로운 언어 자아(language identity)를 학습자에게 부여하게되고 이를 통해 학습자는 상호작용에 보다 적극적으로 참여할 수 있으며 더 나아가 성별, 인종, 계급 및 문화의 제약을 뛰어넘어 학습자가 바라는 다양한 역할과 가상의 경험을 체험할 수 있다. 이러한 제2의 자아 형성은 학습동기의 유발에도 매우 긍정적인영향을 줄 것으로 기대된다(Klimanova, 2021; Turkle, 2005).

끝으로, 지금까지의 교수·학습 모델은 AI 기술이 외국어 사용을 완전히 대체하지 못한 현재의 과도기적 상황을 전제한 논의였다. 하지만 만약 미래의 어느 시점에 AI 기술이 거의 완벽한 통·번역을 제공할 수 있는 시기가 도래한다면 언어교육의 회의론은 다시 제기될 것이다. 산업혁명 이후 국제 무역의 증가로 인해 외국어 교육의 수요가 급증하였지만 과거 라틴·희랍어 등과 같은 외국어 교육은 교양서적을 읽기 위한목적과 함께 외국어 학습이 인지 발달에 도움을 준다는 믿음에서 시작되었다. 그리고 이후 현대의 여러 연구들(예, Bialystok, 1999; Foster & Reeves, 1989; Landry, 1973; Ricciardelli, 1993)이 외국어 학습과 인지발달 간의 관계성을 실험을 통해 입증하였다. 여기서 주목해야 할 부분은 언어학습이 단순히 언어적 의사소통(verbal interaction)만을 목적으로 하는 것이 아니라 인지발달은 물론 한 언어사회(language community)의 문화, 또는 개인의 흥미까지 반영하는 다양한 유무형의 종합 행위라는것이다. 언어 표현의 정확성 면에서 인간의 학습 속도는 절대로 AI의 진보 속도를 따라잡을 수 없으므로 과거 전통적인 언어교육의 관점과 같이 외국어를 단순히 의사소통의 도구로만 바라보고 접근한다면 외국어 교육의 미래는 밝지 않다. 따라서 앞서 언급한 바와 같이 미래사회에 언어교육의 필요성이 유지되기 위해서는 단순히 언어기능에 초점을 둔 독립적인 언어교육이 아니라 여러 학문 및 활동과 같은 다양한 콘텐츠를담는 융합교육의 형태로 운영될 필요가 있다. 예를 들어, BTS가 한류를 이끌면서 한국어 교육의 수요가 급증했듯이 문화와 같은 콘텐츠를 즐기며 소비하는 과정에서 자연스럽게 한국어 교육이 스며들어야 한국어 교육의 필요성이 오랫동안 유지될 수 있을것이다. 이러한 맥락에서 영어교육 또한 문화 콘텐츠라는 옷을 입고 수요자에게 다가가야 그 필요성이 지속될 수 있을 것이라 조심스레 예측해 본다.[14]

신동광

광주교육대학교 영어교육과 교수

- Victoria University of Wellington [박사]
- (現) 한국초등영어교육학회 부회장, (現) 한국영어교과교육학회 책임편집이사,
  (前) 한국멀티미디어언어교육학회 부회장, (前) 한국교육과정평가원 연구위원
- 『영어학습을 위한 인공지능 챗봇 활용 및 제작』 등 다수의 저서
- 코퍼스 분석 프로그램 'ColloGram' 개발, 2015 영어과 개정 교육과정 기본 어휘 개발 등
  국가단위 영어교육정책 연구 및 사업 다수 참여
- AI 챗봇 활용 교수학습, AI 챗봇 기반 평가, 기계번역기, 감성분석, 영어 빅데이터
  (코퍼스) 분석 관련 국내외 저명학술지 논문 다수(https://cafe.daum.net/sdhera 참조)

제 2부

Metaverse와 영어교육

Chapter 2에서는 메타버스의 정의와 사회문화적 가치, 교육적 가능성, 그리고 다양한 유형의 메타버스 플랫폼을 소개합니다. 이를 기반으로 앞으로 다가올 진정한 의미의 메타버스 세상을 상상해 보고 그 너머의 미래교육에 대한 청사진을 제공하고자 합니다.

Chapter 3에서는 메타버스를 활용한 영어교육의 가능성에 대해 논하고 이를 실현하기 위한 메타버스 플랫폼(ifland, Frame VR)과 실감형 콘텐츠(AR/VR) 제작 프로그램(Cospaces)을 소개합니다. 실제 수업 사례를 기반으로 자세한 사용법과 영어 학습과 교육을 위한 과업 예시들을 함께 담았습니다.

CHAPTER 2

메타버스로의 초대

─○ 2-1 원격교육 시대의 도래와 새로운 교육공간의 필요성

　눈에 보이지 않는 바이러스가 가져온 눈에 보이는 우리 사회의 변화는 실로 대단했다. 사회적 거리두기가 일상화되면서 많은 학교가 전염병 전파 방지를 위해 대면수업을 축소 또는 중지하였고 비대면 수업이 교육의 새로운 표준(New Normal)이 되었다. 이러한 상황 변화는 에듀테크(EduTech)의 성장과 원격교육 산업의 전반적인 확대를 가속화하고 있다. 원격교육은 넓은 의미로 전자기기를 사용해 온라인상에서 이루어지는 모든 교육 활동을 포함하지만, 이전의 스마트 러닝(Smart learning)과 이러닝(E-learning)의 교육 틀이 과학기술의 발전에 따라 새로운 에듀테크로 변모하였듯이 그 정의와 범위는 사회문화적인 변화에 따라 조금씩 달라질 수 있다(윤현준, 2021).

　원격교육의 역사적 흐름을 거슬러 올라가 보면 한 가지 흥미로운 사실이 눈에 띈다. 시대별 원격교육의 변모는 대체로 컴퓨터, 인터넷 또는 스마트폰 등의 과학기술 발전에 따라 몇 십 년에 걸쳐 서서히 진행이 되었던 데 비해, 코로나 19 팬데믹 상황은 이 모든 것을 순식간에 바꾸어 놓았다. 코로나 시대 이전에도 온라인 교육의 중요성에 주목해야 한다는 목소리와 여기에 부응하여 교육 패러다임의 전환이 필요하다는 요청은 늘 존재했다. 그럼에도 불구하고 원격교육은 대부분 대면 수업을 돕는 추가 수단이나 효과 증진을 위한 보조 도구로 여겨졌고 그렇게 쓰여 왔다(도재우, 2020). 하지만 비대면 교육이 선택이 아닌 필수가 된 지금은, 수업 설계와 실행, 그리고 평가까지 교육의 전반적인 과정이 온라인상에서 이루어지고 있다. 나아가 이러한 환경에서 더욱 효과적인 원격교육을 제공하기 위해 새롭게 떠오르는 다양한 기술들, 예컨대 화면 녹화 프로그램, 줌(Zoom)과 웹엑스(Webex) 등의 실시간 화상강의 프로그램, 또는 유튜브(YouTube)와 같은 실시간 스트리밍 플랫폼들이 코로나 시대 비대면 교육의 핵심 도구로 주목받고 있다.

　많은 연구들이 유비쿼터스(Ubiquitous) 환경에서 진행되는 온라인 강의나 쌍방향 의사소통을 가능케 하는 실시간 화상강의 플랫폼의 기술적, 교육적 장점에 대해 보고하고 있다(김현지, 김명성, 2021; 박진희, 김수영, 2021; 안정민, 2021; 이혜정, 2021;

황선희, 박매란, 2021). 하지만 이러한 노력에도 불구하고 학생들이 모니터 앞에서 수업 영상을 시청하거나 카메라 속에서 실시간 강의를 듣는 활동은 주로 1차원적인 정보전달 내지 2차원적인 의사소통에만 초점이 맞춰져 있다. 학생들이 학교 현장에서 쌓던 경험과 배움을 그대로 구현하고 있는지에 대한 의문은 여전히 사라지지 않는다. 온라인이라는 가상 환경 속에서도 현실감을 경험하고 싶어하는 학생들의 욕구를 충족시켜주고 있는지는 여전히 미지수로 남아 있다.

많은 실증 연구들이 실시간 화상강의의 여러 문제점들을 지적하고 있다. 예를 들어 이동주와 김미숙(2020)은 학생들의 선호도 설문조사를 통해, 실시간 수업이 시각적인 생생함을 전달하는 장점이 있지만 교수자 및 동료들과의 상호작용과 협력에는 여전히 한계가 있음을 밝혔다. 정유선, 임태형, 류지헌(2021)은 실시간 화상강의 중 교수자가 아닌 누군가 발화를 하더라도 그 학생이 화면상에 어디에 있는지를 쉽게 확인하기 어렵다는 점을 언급하였다. 이 밖에도 교수자는 학습자의 침묵과 같은 수동적 태도(강영돈, 2021), 학생들은 집중력 저하와 카메라에 노출되는 본인의 얼굴 혹은 배경으로 인한 사생활 노출 등의 문제점을 지적하기도 하였다(황요한, 김창수, 2021). 또한 다양한 에듀테크 기술과 상호작용의 수업 활동을 통해 학생들의 참여를 유도하더라도 입체적인 공간감이 형성되기 어려워 학습의 흥미나 몰입의 측면에서 아쉬움이 남을 수 있다(이가하, 김승인, 2021). 실시간 화상 강의들이 대면 수업의 차선책으로 그 빈자리를 메워 나가고 있는 것은 분명해 보인다. 하지만 참여자 간의 공간적인 이동 감각이 없기 때문에 대면 수업을 온전히 보완하는 최선책이 되기에는 여러 가지 한계점을 가지고 있다(임태형 외, 2021). 이러한 단점을 상쇄하기 위한 하나의 방안으로 최근 들어 메타버스(Metaverse) 플랫폼을 활용한 새로운 원격교육의 필요성이 대두되고 있다.

과거의 식상(食傷)함이 얼마나 소중했는지를 깨닫고 있는 요즘, 새로운 기술만을 강조할 것이 아니라 과거의 교육이 주는 장점을 기술적으로 보완할 수 있는 다양한 에듀테크(Edutech)의 아이디어로 미래의 교육을 준비해야 한다. 기존의 대면 교육이 주는 만남의 기본적 가치를 현 시대에 걸맞은 새로운 비대면의 교육 공간에서도 계승할 수 있는 노력과 연구가 필요하다. 자의든 타의든 디지털 사회로의 전환에 대한 사회적 공감대는 이미 형성되어 있다. 본질적으로 위기가 기회를 품고 있듯이, 원격교육 현장에서 발생할 수 있는 문제를 예측하고 교육의 질을 높이기 위한 다양한 시도, 그리고 이를 수용할 수 있는 교육 플랫폼 구축과 제도의 개선이 뒷받침된다면 코로나19 사태가 초래한

위기는 디지털 전환을 선도할 수 있는 교육 분야의 새로운 기회가 될 수 있을 것이다.[1]

─○ 2-2 메타버스의 유래와 사회문화적 가치

메타버스(Metaverse)는 메타(Meta)와 유니버스(Universe)의 합성어로, 실제 세계에서 이루어지는 인간의 사회, 문화, 경제 활동 등을 온라인상의 3D 공간에서 똑같이 가능하도록 구현한 가상의 세계를 뜻한다(한송이, 김태종, 2021). 코로나로 인해 현실 세계에서 교류의 장을 잃은 사람들은 온라인상에서 만남의 의미를 재해석하고 기회를 재탄생 시키고 있다. 자신을 닮은 아바타로 메타버스 세상에 접속해 다른 이들을 만나고, 가상화폐로 물건을 사고팔기도 하며, 유명 연예인의 팬 사인회나 좋아하는 가수의 콘서트를 보러 가기도 한다. 이처럼 메타버스는 물리적 한계를 뛰어넘고 바이러스로부터 안전한 만남의 장을 만들어 줄 수 있다는 점에서 새로운 미래공간으로 급부상하고 있다.

메타버스는 최근 들어 새롭게 주목을 받는 합성어이기는 하지만 신조어는 아니다. 이 용어는 1992년 닐 스티븐슨(Neal Stephenson)의 소설 『스노우 크래쉬』에 처음으로 등장한다. 그는 주인공이 처한 메타버스의 세상과 그 안에서 이루어지는 인간의 활동을 다음과 같이 묘사하고 있다.

"양쪽 눈에 서로 조금씩 다른 이미지를 보여 줌으로써, 삼차원적 영상이 만들어졌다.... 이 삼차원적 동화상을 한 면당 이 킬로픽셀의 해상도로 나타나게 하면, 시각의 한계 내에서는 가장 선명한 그림이 되었다. 게다가 그 작은 이어폰을 통해 디지털 스테레오 음향을 집어넣게 되면, 이 움직이는 삼차원 동화상은 완벽하게 현실적인 사운드 트랙까지 갖추게 되는 셈이었다. 그렇게 되면 히로는 이 자리에 있는 것이 아니었다. 그는 컴퓨터가 만들어내서 그의 고글과 이어폰에 계속 공급해주는 가상의 세계에 들어가게 되는 것이었다. 컴퓨터 용어로는 '메타버스'라는 이름으로 불리는 세상이었다" (닐 스티븐슨, 1992, p. 48-49).

"그들은 빌딩들을 짓고, 공원을 만들고, 광고판들을 세웠다. 그뿐 아니라 현실 속에서는 불가능한 것들도 만들어냈다. 가령 공중에 여기저기 흩어져 떠다니는 조명쇼, 삼차원 시공간 법칙들이 무시되는 특수 지역, 서로를 수색해서 쏘아죽이는 자유 전투 지구 등. 단 한 가지 다른 점이 있다면, 이것들은 물리적으로 지어진 것들이 아니라는 점이었다. 더 스트리트 자체가 실재하는 것이 아니기 때문에, 더 스트리트는 다만 종이에 적힌 컴퓨터 그래픽 규약일 뿐이었다. 아니, 그것들은 광섬유 네트워크를 통해 전세계에 공개된 소프트웨어 조각들일 뿐이었다." (닐 스티븐슨, 1992, p. 50)

그림 2-1. 닐 스티븐슨의 스노우 크래쉬 책 표지와 메타버스 묘사 〈사진 출처: 아마존〉

메타버스는 1990년대 초 공상과학 소설 속 컴퓨터의 기술로 구현된 가상세계를 일컫는 용어로 처음 사용된 후 30년 만에 현실 세계 속 사람들의 새로운 만남의 도구로 그 모습을 다시 드러내고 있다. 그 전과 다른 점이 있다면 메타버스가 단순히 소프트웨어 조각들로 만들어지고 보이지 않는 네트워크를 통해 연결되는 하나의 소설 속 개념이 아니라 인간의 다양한 사회, 문화, 경제 활동이 실제로 가능한 3차원의 또 다른 세계로 주목을 받고 있다는 것이다.

한 가지 흥미로운 사실은, 메타버스 세상을 만드는 각각의 요소가 이미 과학기술의 발전과 함께 우리 삶에 뿌리를 내리고 있었음에도 메타버스 키워드 검색량이 급등한 시점은 2021년 2월이었다는 점이다. 좀처럼 꺾이지 않는 코로나 확진자 곡선과 또 다른 변이 바이러스의 출현을 바라보며 '위드 코로나'의 현실을 받아들이기 시작한 시점과 일치한다.

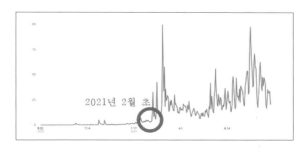

그림 2-2. 2021년 메타버스 검색량(네이버)

위 그래프는 바이러스와 공존하며 살아가야 하는 현 시대에 그만큼 증가한 비대면 문화의 가치적 수요와 그에 따른 공간과 만남에 대한 인식 변화를 잘 보여주고 있다. 어쩌면 14세기 중세 사람들이 흑사병의 암흑기를 끝내고 르네상스라는 인문 중흥의 새롭고 찬란한 시대를 맞이했듯이, 지금 사람들은 코로나라는 비극의 시대를 겪으며 바이러스 없이 안전한 공간에서 새로운 문명을 잉태할 '신 르네상스'가 전혀 다른 차원인 가상세계에서만 가능하다는 것을 깨달아 가고 있는 것은 아닐까.

메타버스(Meta + Verse)의 외래어 표기법에도 이러한 (어찌 보면 간절한) 사회심리적인 요구가 투영되어 있을지도 모른다. 음성학(Phonetics)의 학문에 기대어 변환을 했다면 메타'버스'가 아닌 메타'벌스'여야 하지 않을까. 동음이의어인 랩퍼들의 Verse(노래의 1절, 2절을 일컬음)는 '벌스'로 통용되고 있음을 빗대어 보면 왜 '버스'였을까라는 의구심이 들 수 있다. 하지만 '메타버스 탑승'이라는 구글 검색어가 현재 5만 6천 건에 달하고 대부분 '타다,' '올라 타다' 등과 같은 동사와 하나의 연어(Collocation)로 사용되는 것을 보면, 새로운 운송 수단의 하나로 인류를 오염된 지구로부터 또 다른 우주(Universe)로 탈주시켜 줄 주체로서의 이미지가 쉽게 떠오른다. 코로나 19로 인해 비행기를 못 타는 인류는 날개 달린 메타'버스'라도 타고 다른 세상으로 떠나길 원하고 있는지도 모른다.

메타버스는 이러한 시대적 흐름과 함께 가상과 현실 세계를 연결하며 우리들의 일상 속으로 빠르게 스며들고 있다. 통계자료를 살펴보면 메타버스의 플랫폼 중 대표적인 로블록스, 포트나이트, 제페토 등의 누적 사용자는 2021년 1월 기준 전 세계적으로 8억 명 가까이 된다(김광집, 2021). 주로 디지털 원주민으로 일컬어지는 MZ 세대의 젊은 층에 집중되어 있기는 하지만 평균적으로 지구촌 사람 9명 중 1명은 이미 메타버스 세상에 접속을 해본 경험이 있는 것이다.

시장조사업체 스트래티지 애널리틱스(SA)는 전 세계 메타버스 시장 규모가 현재 460억 달러(약 51조 원)에서 2025년에는 6배에 달하는 2800억 달러(약 326조 원)에 이를 것으로 내다봤다(김준연, 2021; 박현길, 2021). 대한민국 한 국가를 운영하는데 드는 1년 예산의 평균이 550조 정도임을 감안할 때 한 가지 분야에 집중되는 액수로는 엄청난 규모라고 할 수 있다. 기성세대의 자본과 젊은 세대의 관심이 쏠리고 있다는 것은 메타버스가 사회를 구성하는 여러 가지 요소들을 바꾸고 생활밀착형 인프라부터 기존 산업구조까지 사회의 전반적인 틀을 재구성해 나가는 중요한 열쇠가 될 것이라는 뜻이기도 하다.

얼마 전 미국의 대표적인 글로벌 IT 기업인 페이스북(Facebook)이 사명을 메타(Meta)로 변경하였다. 마크 저커버그(Mark Zuckerberg)는 1시간 30분 짜리 발표 동영상에서 사람과 사람을 연결하는 기본적 가치를 강조하며, 그 동안 Facebook을 통해 2D의 온라인 공간에서 사람들의 교류가 이루어졌듯이 이제는 Meta를 통해 3D의 가상세계에서 사람들이 일상의 시간을 소비하고 사회, 문화, 경제의 생활을 할 수 있는 Horizon World를 만들겠다는 포부를 밝혔다. 물론 이와 같은 변화는 Horizon VR이라는 이전 페이스북의 기술 컨셉과 다른 점이 없다고 비판받기도 하고, 기업을 둘러싼 여러 가지 이슈를 덮기 위한 국면 전환용이라고 비판하는 사람들도 있다. 하지만 온라인상의 문화를 주도하고 있는 글로벌 거대 기업이 여러 가지 문제점과 엄청난 비용이 발생할 수 있는 회사명 변경을 감행한 것은 그만큼 메타버스에 사람들의 관심과 융복합 기술, 그리고 막대한 자본이 모여들고 있다는 반증이기도 하다.

그림 2-3. 페이스북의 사명 변경 발표 영상 〈사진 출처: META〉

이병권(2021)은 메타버스 시대와 함께 살아갈 우리의 미래를 상상하며 앞으로는 현실 세계에서 로그아웃을 하고 메타버스에 로그인을 하는 일들이 많아질 것이라고 전망한다. 같은 맥락에서 이현정(2021)은 AI 기술의 시대적 영향력을 언급하며 새로운 공간과 공감에 대한 해결책을 메타버스에서 찾고 있다. 지금의 메타버스 기술이 과거 컴퓨터의 개발이나 인터넷의 도입처럼 하나의 디지털 혁명으로 기능하면서 다음 세계를 견인하는 중추적인 역할을 하게 될지는 아직 정확히 알 수 없다. 메타버스라는 초월 우주와 같은 미지의 세계가 어디까지 팽창할런지는 아무도 모른다. 이전의 수많은 기술과 발명처럼 블랙홀로 빨려 들어가 허무하게 끝이 날 수도 있다. 하지만 한 가지 확실한 것은 사람들의 주된 활동 공간이 점점 거대한 디지털 세상으로 옮겨가고 있다는 사실이다. 이러한 시대적 변화와 사회적 요구 속에 메타버스 플랫폼이 가상과 현실 세계를 연결하며 새로운 만남의 유형을 창출하고 기존의 사회, 문화, 경제 활동의 형태를 무한히 확장하는 공간으로 다가오고 있는 것은 분명해 보인다.[2]

2-3 메타버스 기술의 유형 및 교육적 가능성

김상균(2021)에 따르면 미국의 비영리 기술 연구 단체인 미래가속화연구재단(Acceleration Studies Foundation; 이하 ASF)은 메타버스를 다음과 같이 크게 4가지로 분류하고 있다. 각 요소의 특징을 원격 교육의 효과 측면에서 함께 살펴보면 다음과 같다.

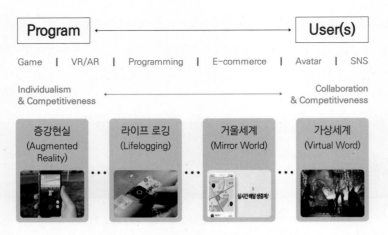

그림 2-4. ASF의 메타버스 기술 분류 〈사진 출처: 구글 검색〉

첫째, 증강현실(Augmented Reality)이다. 증강현실은 실제 공간에 2차원 또는 3차원으로 구현된 가상의 물체를 겹쳐 보이게 하는 상호작용의 기술을 의미한다. 가장 유명한 예시로는 GPS 기반의 게임인 포켓몬고(Pokemon Go)가 있다. 이 기술을 활용하면 가상의 교육 자료에 필요한 정보를 투영하여 제공할 수 있기 때문에 원격교육을 받는 학생들에게 실재감을 제공하는 동시에 몰입감을 높일 수 있다는 정의적 효과가 있다(양은별, 류지헌, 2019; 정희정, 2021). 이뿐만 아니라 증강현실을 적용한 교육을 제공하면 학업 성취도와 같은 인지적인 측면에도 도움을 줄 수 있다는 것을 많은 연구가 밝히고 있다(정희정, 2021, 한송이, 임철일 2021). 원격교육 환경에서 증강현실 콘텐츠들을 적극 활용하면 학생들이 특정한 교육 콘텐츠를 체험하기 위해 특정 장소를 가야 하는 것이 아니라 자기 손 안에서 시간과 장소의 구애를 받지 않고 해당 콘텐츠를 경험할 수 있게 된다는 큰 장점이 있다.

둘째, 라이프 로깅(Lifelogging)이다. 이는 개인이 일상생활을 하면서 경험하는 정보를 디지털의 가상 공간에 저장하고 공유하는 기술을 일컫는다. SNS에 글과 사진을 공유하거나 스마트 워치로 운동 및 건강 정보들을 기록하고 이를 타인과 공유하는 일련의 행위들을 모두 포함할 수 있다(이준복, 2021). 아날로그 시대에 잉크로 종이에 기록(저장)되었던 사람의 생각과 정보들이 라이프 로깅 기술을 통해 디지털 텍스트화되고 사진, 영상 또는 음향의 다양한 형태로 공유될 수 있다(김상균, 2021). 원격교육의 도구로서는 학생들에게 창의적인 쌍방향 의사소통의 틀을 제공하고 SNS상에서 교사와 동료의 적절한 피드백과 반응을 공유할 수 있다는 점에서 그 역할을 기대할 수 있다.

셋째, 거울세계(Mirror World)이다. 이는 문자 그대로 실제 세상을 거울로 비추듯이 가상의 공간에 똑같이 구현해 놓은 것을 말한다. 교통정보를 제공하는 네비게이션이나 승차공유 모빌리티 또는 음식 배달 서비스 앱에서 실시간으로 지도를 보며 내가 원하는 정보를 확인할 수 있는 것들이 모두 이 기술 덕분이다. 실제 세계를 있는 그대로 묘사하되 디지털 정보들이 포함된 확장된 공간을 제공할 수 있다. 교육에 필요한 정보들과 함께 가상의 공간에 구현할 수 있다면 원격교육의 요소로서의 활용도는 무궁무진할 것이다. 또한 가상의 공간을 직접 제작할 수 있는 다양한 프로그램들을 사용하면 학생들이 창의적으로 현실과 똑같은 가상의 공간, 거울 세계를 직접 구축하고 그 안에 적절한 교육용 콘텐츠를 연동하는 등의 창의적인 학습(Creative Learning by Doing)을 실현할 수 있다.

넷째, 가상세계(Virtual World)이다. 증강현실이 실제 세상에 원하는 가상의 정보를 투영하였다면 가상현실은 실제와 똑같은 세상을 디지털 데이터로 구축한 것이다. 거울세계의 메타버스 세상은 2D의 평면이고 이를 3D를 통해 입체적으로 구현한 것이 가상세계인 것이다. 3D의 디지털 공간은 다양한 형태(게임, 영상, 애플리케이션 등)로 이미 우리 곁에 존재해 왔지만, 메타버스 세상은 가상의 공간에 사람들이 아바타를 통해 접속해 실시간 의사소통을 할 수 있다는 중요한 특징이 있다. 앞서 언급한 바와 같이 기존의 화상형 실시간 강의 플랫폼에서도 어느 정도의 상호작용은 가능하지만 참여자 간의 공간적인 이동 감각이 없기 때문에 교육의 실재감을 크게 기대하기 어렵다(임태형, 양은별, 김국현, 류지현, 2021).[1]

하지만 메타버스는 학생들이 아바타를 통해 '같은 공간'으로 함께 접속을 할 수 있기 때문에 그 한계점을 보완할 수 있다. 따라서 학생들이 아바타가 제공하는 시각과 청각의 요소를 기반으로 상호작용을 할 수 있고 3차원적인 경험을 다른 이들과 공유할 수 있어 교육의 실재감과 참여도를 높이는 데 도움이 될 수 있다.

---

1) 줌(ZOOM)이나 웹엑스(WEBEX)와 같은 실시간 화상강의 프로그램을 메타버스의 기술 중 거울세계의 한 종류로 보는 시각도 존재하지만, 본고에서는 이들이 3D 가상의 요소와 아바타의 부재, 참여자들 간의 공간적인 이동감이 전혀 없다는 점 등을 고려하여 메타버스와는 다른 플랫폼으로 설명한다.

　대부분의 관련 서적과 보고서는 앞서 살펴본 네 가지 요소를 메타버스의 큰 틀로 분류하고 있다. 하지만 이인화(2021)는 ASF(미래가속화연구재단)가 내린 이 분류가 스마트폰이 보급도 되기 전인 2007년도라는 점을 지적하면서, 이는 한 단체가 미래를 예측하며 제시한 기준일 뿐이지 현 시대에 맞는 절대적인 기준은 아니라는 사실을 강조한다. 실제로 메타버스는 새롭게 떠오르는 용어이기는 하지만 기술적인 내면을 들여다보면 새로운 개념이라고 보기는 어렵다. 이미 존재하고 있던 기술들, 예를 들어 게임(Game) 증강현실(Virtual Reality), 가상현실(Augmented Reality), 프로그래밍(Programming), 전자상거래(E-commerce), 아바타(Avatar), 소셜네트워크(SNS) 등의 요소들을 가상세계 속에 총망라한 모습이기 때문이다. 따라서 이전의 모든 기술을 메타버스라는 용어 하나로 대체해 버리는 것은 언론과 기업들이 빚어낸 새로운 먹거리에 대한 광풍(frenzy)이라고 지적을 받기도 하며, 현재의 메타버스 열풍이 허울뿐인 신기루라고 비판받기도 한다(황준원, 2021). (필자는 최소한 메타버스 플랫폼과 그 가상세계를 만들어 가기 위한 기술 정도는 구별해서 사용해야 한다고 생각한다.) 정리하자면 메타버스와 관련된 기술 자체는 새로울 것이 없지만 이전까지는 각각의 요소들이 프로그램과 사용자를 연결하는 것 또는 개인적인 경쟁에 주안점을 두었다면 이제는 이제는 하나의 프로그램 안에서 사용자와 사용자를 연결하고 사회문화적인 교류의 장을 마련하기 위해 함께 사용되고 개발되고 있다는 차이를 찾을 수 있다.

　가상세계와 현실세계를 융합하며 한층 고차원적인 인간의 교류를 끌어내고 의사소통을 촉진할 수 있는 기술이라면 모두 메타버스 세상을 만드는 훌륭한 구성품이 될 수 있기 때문에 단순히 하나의 기술적인 개념으로 메타버스의 초월한 세상(Meta + Universe)을 이해하려는 것은 잘못된 시도일 수 있다. 마치 자동차의 바퀴 또는 하나의 부속품을 보고 자동차라고 일컫는 것과 같으며 코끼리의 다리만을 만지면서 코끼리의 전체라고 생각하는 것과 같다. 이는 앞서 살펴본 4가지의 기술을 소개한 ASF조차도 메타버스를 가상세계와 현실 세계를 둘로 나누는 경계로 보는 것이 아니라 가상과 현실 세계의 교차점(Junction), 결합(Nexus), 수렴(Convergence)의 하나의 연결고리로 이해해야 한다고 강조하는 이유기도 하다.

　이시한(2021)은 메타버스를 분류하는 통일된 기준을 세우기가 어렵다는 점을 언급하며 메타버스의 특징을 7가지 필수요소의 앞 글자를 딴 METAPIA(메타피아[2])라는 새로운 용어로 소개한다. 풀어 보면, Multi-Avatar(멀티 아바타), Extended Economy(확장경제), Two-way interaction(쌍방향), Anonymity(익명성), Play mission(플레이 미션), In similar life(유사현실), At the same time(동시간)인데, 이는 결국 메타버스를 하나의 기술로 간주하기보다 사람들에게 다양한 형태의 맞춤형 서비스를 제공하고 타인과의 즐거운 만남의 경험을 제공하는, 즉 유토피아적인 감각과 기억을 선물하는 공간(플랫폼)이라는 사실을 강조한다.

좀 더 기술적인 측면에서 게임형 메타버스 플랫폼 Beamable(비머블)의 CEO인 Randoff(2021)는 메타버스의 플랫폼을 구성하는 계층을 다음의 7가지, (1) Infrastructure(인터넷 망과 컴퓨터), (2) Human Interface(인간과 컴퓨터를 연결해 주는 장치), (3) Decentralization(탈중앙화, 분산 제어 시스템), (4) Spatial Computing(공간 컴퓨팅 기술), (5) Creator Economy(창작자 경제[3]), (6) Discovery(제어), (7) Experience(사용자의 경험)로 소개한다.

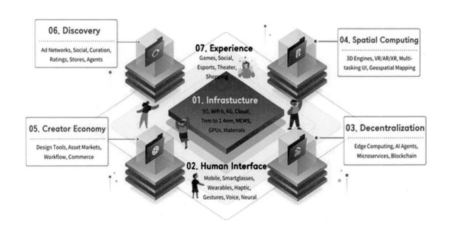

그림 2-5. 메타버스의 7가지 핵심 기술
(출처: Radoff(2021)의 The Metaverse Value-Chain을 새로 이미지화 하였음)

---

2) 저자가 Metapia를 Metaverse 와 Utopia의 합성어로도 풀어내는 점이 인상 깊다.

3) 온라인 상에서 인플루언서 등의 많은 팔로워를 가진 유명인들이 자신만의 콘텐츠를 개발하고 판매하며 이를 통해 수익을 올리는 산업을 일컫는다. 유투버 등의 1인 방송 산업이 대표적인 예시가 될 수 있다.

또한 자오궈둥, 이환환, 쉬위엔중 (2021)은 메타버스 세상의 발전을 견인하는 기술을 6가지, (1) Blockchain(블록체인), (2) Interactivity(상호보완성), (3) Game(게임), (4) Artificial Intellignence(인공지능), (5) Network(네트워크 및 연산 기술), (6) Internet of Things(사물인터넷)로 소개하기도 한다.[4]

모든 것을 종합적으로 고려해 볼 때, 메타버스는 하나의 기술이 아니라 공간의 개념, 더 큰 의미에서 그 공간들이 만들어갈 세상의 모습으로 이해하는 것이 바람직하다. 그럼에도 불구하고 현재 하나의 기술을, 예를 들어 증강현실(AR)이나 가상현실(VR)의 기술을 단순히 메타버스라고 칭하는 사례들이 우후죽순처럼 생겨나고 있다. 특히 메타버스를 클릭을 유도하기 위한 버즈워드(Buzzword)로 사용하는 언론사나 광고 분야에서의 오사용을 보면 메타버스의 정의를 공간이 주는 가치에서 찾고자 하는 시도가 잘못된건가라는 착각이 들기도 한다.

이인화(2021)는 현재는 예비 메타버스의 실험 단계이며 진정한 의미의 메타버스 시대는 아직 오지 않았다고 언급하며 외삽법(Extrapolation)[5]에 기반해 올바른 메타버스 세상을 그리고 꿈꾸는 다양한 예측과 추측들이 결국 온전한 메타버스 세상을 완성시켜 나갈 것이라고 전망한다. 용어의 정의와 관련 언어의 사용도 마찬가지이다. 공급이 수요에 따라 그 양도 모양새도 달라지듯이 많은 사람들의 사용은 (그것이 오사용일지라도) 용어의 의미와 범위를 확장 시킬 수 있다. 예를 들어 아무렇게나 글씨를 휘갈겨 쓴 경우를 가리키는 '괴발개발(고양이와 개의 발)'이라는 표준어가 있지만 실제로는 사람들이 더 편하게 많이 찾는 '개발새발'이라는 표현이 통용된다. 표준어가 있음에도 사람들의 많은 사용에 따라 다른 표현이 추가로 표준어 사전에 등록 되듯이, 현재는 메타버스 세상으로 가는 여러 가지 길과 방법을 탐색하고 준비하는 단계이기 때문에 용어에 대한 정의도 자유롭게 내려지고, 공유되고, 재발견 되고, 재정의 되어 큰 틀의 메타버스 울타리를 완성 시켜 나가야 하는 시기이다.

이러한 관점에서 필자는 공간적인 개념과 세부적인 기술적인 요소 모두를 아우를 수 있는 메타버스 정의에 대한 새로운 접근을 해보고자 한다. 많은 문화인류학자들이 한마디로 정의할 수 없는 거대한 문화의 개념을 Big 'C'ulture와 little 'c'ulture로 층층이

---

4)   저자들은 이를 각 단어의 주요 알파벳을 따서 큰 개미(BIG ANT)라고 칭한다.

5)   "외삽법이란 과거의 추세가 그대로 지속되리라는 전제 아래 과거의 추세선을 연장해서 미래 일정 시점의 상황을 예측하는 기법이다.... 외삽법을 적용할 때 '우리는 나중것이 먼저 것을 설명한다'는 목적론의 설명력을 갖게 된다. 즉, 현재의 예비 메타버스들은 미래의 메타버스로 가는 실험 단계가 된다." (이인화, 2021, p. 84-85)

분류하고 체계화 하였듯이⁶⁾, 메타버스도 Big 'M'etaverse 와 little 'm'etaverse의 두 가지 개념으로 다음과 같이 이원화하여 이해하고자 한다.

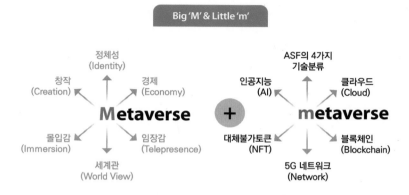

그림 2-6. A Holistic Veiw of Metaverse: Big M & little m

'Big M'의 메타버스는 기존 정의인 공간(place)과 장소(platform)의 개념을 포괄적으로 지칭한다. 'Big M'의 메타버스는 각 공간 안에 있는 사람들에게 또 다른 정체성(Identity)을 부여하기도 하며 이를 기반으로 그들만의 특별한 세계관(World View)을 제공한다. 또한 이러한 추상적인 요소를 구체화하기 위해 다양한 창작(Creation) 활동이 이루어 지고 이를 공유하고 발전시키기 위한 경제(Economy) 활동들이 함께 이루어 진다. 'Big M'이 제공하는 고차원적인 경험은 사용자에게 몰입감(Immersion)과 임장감(Telepresence)을 제공하며 결국 그들이 메타버스 세상을 재방문하고 그 안에서 머무는 시간을 늘려가는 중요한 촉진제가 될 것이다.

반면 'little m'의 메타버스는 'Big M'의 메타버스 세상을 더욱 풍요롭게 만들고 그 안에서 이루어 지는 사람들의 사회문화경제 활동을 편리하게 만드는 모든 기술들을 일컫는다. 여기에는 앞서 살펴본 ASF가 분류한 4가지 기술(증강현실, 라이프로깅, 거울세계, 가상세계)이 해당되며 메타버스 세상의 인프라를 만드는 클라우드(Cloud)와 블록체인(Blockchain), 5G 네트워크(Network) 기술 등이 포함 될 수 있다. 또한 이러한 모든 요소들의 유기적인 작동과 데이터 처리를 보다 쉽게 만들 수 있는 인공지능(AI) 기술과 데이터에 새로운 경제적 가치를 부여하는 대체불가토큰(NFT)의 개념도

6) 'Big C'는 역사, 건축, 음식, 음악, 문학 등과 같이 큰 범주적인 문화의 개념을 일컫는 용어인 반면에 'little c'는 문화가 사람들의 의사소통, 언어의 사용, 사회적 규범과 제도, 상징 등의 요소에 영향을 주는 것을 의미한다.

포함될 수 있다.

이러한 'Big M'과 'little m'의 메타버스는 물리적 세계와 가상세계의 단순한 결합이 아니라 인간의 사회 문화 경제 활동을 새롭게 만드는 기술들이 총망라 되고 의사소통과 만남의 의미가 재탄생하는 새로운 공간을 제공할 수 있다는 점에서 교육적 효과를 기대할 수 있다. 또한 이를 극대화하기 위해서는 (고차원의 메타버스 세상을 만들기 위해서는) 3D의 공간과 새로운 하나의 기술 또는 개념을 단순히 메타버스라고 총칭하고 사용하는 미시적인 시각보다, 가상의 디지털 공간에서 학생과 학생, 그리고 교수자를 함께 연결할 수 있는 기술, 즉 'Big M'와 'little m' 메타버스의 모든 요소를 유기적으로 결합하는 거시적인 상상력이 필요하다.

더 나아가 'Big M'과 'little m'의 메타버스를 교육적으로 활용할 때 단순한 의사소통과 수업의 틀에서 벗어나 학습자 스스로 메타버스의 공간을 재방문하고 그 안에서 지속적인 학습을 유지할 수 있는 적절한 강화와 보상의 요소가 잘 융합되어야 할 것이다. 이는 메타버스 수업의 장점을 극대화하고자 할 때 수업 설계-운영-평가의 총체적인 단계 속에서 결국 인간 교사의 역할이 가장 중요한 이유기도 하다.

생존을 위해 불가피했던 우리 사회의 변화는 만남의 장소를 온라인으로 이전시켰고, 학습자들에게 이전과는 다른 새로운 비대면 교육의 경험을 제공하였다. 배움의 축이 물리적인 공간이 아닌 온라인으로 옮겨감에 따라 우리는 앞으로 발생 가능한 교육 문제의 실타래를 디지털 세상에서 풀게 될 것이다. 그리고 그 실마리의 끝에서는 가상세계와 그에 따라 파생되는 새로운 시스템의 변화와 마주할 것이다. 학교 현장에서는 이러한 변화에 능동적으로 대처하고 원격교육의 효과를 극대화하기 위한 다양한 에듀테크의 신기술을 적극적으로 활용해야 할 것이다.[3]

─◦ 2-4 메타버스 플랫폼의 종류와 그 너머의 세상

현재 수많은 메타버스 플랫폼들이 출시되어 있고 오늘도 계속해서 업그레이드 되고 있다. 사실 2000년대 초 선풍적인 인기를 끌었던 싸이월드를 기억하는 사람들은 이미 메타버스의 초기 모델을 경험해 본 셈이다.[7] 미니 홈피에 사용자가 스스로 꾸밀 수 있는 방(미니룸)이 존재했는데 여기에 도토리(가상화폐의 일종)를 써서 내가 원하는 아

---

7) 최근 싸이월드는 '한글과 컴퓨터'와 협업하여 다시 한번 3D의 메타버스 플랫폼(싸이월드 한컴타운)을 출시하겠다는 사업안을 발표하기도 하였다.

바타와 가구들을 배치하며 방을 꾸미고, 전달하고 싶은 메시지를 텍스트로 추가해 나만의 정체성을 뽐낼 수 있는 가상의 공간이었다. 이 2D의 공간을 3D 세상으로 재구성해 놓은 것이 현재 메타버스 플랫폼의 기본 틀이라고 할 수 있다.

그림 2-7. 20년 전 디지털 공간의 모습 〈사진출처: 싸이월드〉

가장 큰 차이점이 있다면 오늘날의 메타버스에서는 그 공간에 실제 사람들이 본인의 모습이 투영된 아바타를 통해 들어오고 다른 사람들과 상호작용하며 고차원적인 교류를 한다는 것이다. 고선영 외(2021)는 메타버스의 공간이 되려면 다음의 5가지의 구성 요소(세계관, 창작자, 통화, 일상의 연장, 연결)를 갖추고 있어야 한다고 소개한다. 각각의 특징은 다음과 같다.

요소	특징	
세계관 (Canon)	이용자들이 메타버스 내 시공간을 자유롭게 구성할 수 있는가?	
창작자 (Creator)	메타버스 내 콘텐츠를 자유롭게 창작하고 제작 할 수 있는가?	
통화 (Currency)	메타버스 내 생산과 소비가 일어나고 가치 저장과 교환 목적의 화폐가 통용되는가?	
일상의 연장 (Continuity)	현실의 나와 메타버스의 아바타가 상호 작용하면서 일상의 연속성을 보장하는가?	
연결 (Connectivity)	현실과 가상, 개별 가상세계 간의 연결 등을 통해 계속 확장 가능한가?	

표 2-1. 메타버스 플랫폼의 5가지 구성 요소 (고선영 외, 2021, p. 334)

메타버스 플랫폼의 유형은 사회적 교류를 위한 것인지, 산업적인 협업과 개인적인 여가를 위한 것인지 그 목적에 따라 여러 가지 기준으로 분류될 수 있다(고선영 외, 2021). 또한 접속 기반의 유형에 따라 다음의 3 가지, 즉 게임형, SNS 기반형, VR 미팅형으로 분류할 수 있다. 각각의 예시와 대표적인 플랫폼의 주요 특징을 함께 살펴보면 다음과 같다.

유형	종류 예시 및 주요 특징	
게임형	**Roblox (로블록스)** 사진 출처: 로블록스 2006년에 출시된 게임형 메타버스로 사용자가 직접 게임을 만들고 다른 사용자들이 직접 참여할 수 있는 형태이다. 게임 뿐만 아니라 아바타들의 소통을 기반으로 다양한 기업 행사들이 진행되고 있다.	**Fortnite (포트나이트)**  사진 출처: 에픽게임즈 에픽게임즈에서 출시한 배틀로얄식의 게임으로 '파티로얄'이라는 (싸움이 금지된) 소셜공간을 만들어 BTS와 미국 래퍼 트레비스 스캇이 공연을 하는 등 새로운 소통의 메타버스 플랫폼으로 거듭나고 있다.
	Animal Farm (동물의 숲)  사진 출처: 동물의 숲 무인도의 섬에서 마을을 개발시켜 나가는 게임형 메타버스이다. 게임적인 요소가 더 강하긴 하지만 정치인들이 선거 캠프를 이 플랫폼 안에서 열고 홍보를 하기도 하며 기업들이 관련 캠페인이나 홍보를 진행하며 메타버스 플랫폼으로 사용되고 있다.	**Minecraft (마인크래프트)**  사진 출처: 마인크래프트 2011년 발매된 게임으로 채광(Mine)과 제작(Craft)을 하는 게임으로 사실상 정해진 목적이나 스토리가 없기 때문에 사용자가 창의력을 발휘해 수 많은 컨텐츠를 만들고 다른이들과 공유할 수 있다는 점에서 새로운 메타버스 플랫폼으로 주목받고 있다.

Decentraland (디센트럴랜드)	**The SandBox (더샌드박스)**
\n\n사진 출처: 디센트럴랜드	\n\n사진 출처: 더 샌드박스
디센트럴랜드는 블록체인(이더리움) 기반의 메타버스 플랫폼이다. 가상세계에서 사용자는 직접 토지를 구매하고 판매할 수 있으며 경제활동과 연계한 다양한 사회문화 활동을 할 수 있다. 최근에는 삼성전자가 이 곳에 가상매장을 만들기도 했으며 호주오픈의 테니스 경기를 실시간으로 스트리밍하고 가상의 테니스 공을 NFT로 판매하기도 하였다.	더샌드박스는 NFT를 활용한 게임형 메타버스 플랫폼으로서 사용자들은 자신만의 복셀 게임을 만들어 수익을 창출할 수 있다. 현재 전 세계에서 가장 유망한 10가지 게임형 메타버스 플랫폼으로 선정되기도 하였으며 최근에는 제페토와 협업을 하여 제페토의 캐릭터를 더샌드박스에서 NFT로 만날 수 있도록 하였다.
ZEPETO (제페토)	**ifland (이프랜드)**
\n\n사진 출처: 제페토	\n\n사진 출처: 제페토
Naver Z(현재는 Naver에서 분리되었음) 2018년에 출시한 플랫폼으로 2021년 현재 전 세계적으로 2억명 이상의 가입자를 가지고 있다. 유명 브랜드와 연예 기획사들과 제휴를 맺어 다양한 콘텐츠를 만들어 제공(판매)하고 기업행사를 진행하고 있다.	SK 텔레콤의 Jump Virtual Meetup을 업그레이드하여 2021년 9월 새롭게 출시한 앱으로 현재 MZ세대의 취향에 맞는 다양한 활동(노래 부르기, 고민 상담하기, O/X 퀴즈 등)의 방들이 개설되고 있고 학교 및 기업의 단체 행사도 진행되고 있다.
Gather Town (게더타운)	**Ovice (오비스)**
\n\n사진 출처: 게더타운	\n\n사진 출처: 오비스
미국 실리콘밸리의 한 스타트업 기업이 만든 플랫폼으로 8비트 형태의 아바타들이 자유롭게 이동을 하면서 거리에 따라 카메라 사용과 음성공유가 조절된다. 현재 국내에서는 가장 대표적인 메타버스 플랫폼으로 자리를 잡고 있다.	일본의 스타트업 기업이 만든 게더타운과 비슷한 거리 기반의 메타버스 플랫폼이다. 아바타는 얼굴의 이모지 형태로 제공되며 게더타운과의 차이점은 가상의 공간을 다양한 금액에 따라 분양하는 식으로 사용자들에게 제공한다.

SNS형

유형	종류 예시 및 주요 특징	
SNS형	**ZEP (젭)** 사진 출처: 젭 국내에서 게더타운이 큰 성공을 거두자 제페토를 만든 Naver Z가 '바람의 나라: 연' 개발사인 슈퍼캣 회사와 협업하여 출시한 프로그램이다. 게더타운과 거의 비슷한 방식으로 운영되며 현재는 베타버전이다.	**Work Adventure (워크어드벤쳐)** 사진 출처: 워크어드벤쳐 프랑스의 한 스타트업 기업이 출시한 메타버스 플랫폼으로 기본 구조는 역시 게더타운과 비슷한 형태이지만 게더타운에 비해 애완 동물이나 아바타들의 감정 표현이 더 풍부한 편이다.
VR 미팅형	**Spatial (스페셜)** 사진 출처: 스페셜 AR과 VR 협업 플랫폼 개발 기업인 스페이셜이 2020년 출시한 메타버스 플랫폼이다. 뉴욕에 기반을 둔 스타트업 기업으로 한국인 이진하씨가 공동 CEO이다. 나를 닮은 3D 아바타를 만들어 접속할 수 있다.	**Frame VR (프레임 브이알)** 사진 출처: 프레임 브이알 미국의 eXp World Holdings의 자회사가 개발한 플랫폼으로 3D 제작 프로그램인 A-Frame으로 제작된 가상의 메타버스 공간이다. 다양한 수업자료를 공유하며 해당 공간을 직접 꾸밀 수 있다는 장점이 있다.
	Engage (인게이지) 사진 출처: 인게이지 아일랜드 기업이 개발한 3D 가상회의 플랫폼으로 국내외의 다양한 기업들이 행사를 개최하고 있으며 교육기관의 수업뿐만 아니라 컨퍼런스도 진행되고 있다.	**V_Story (브이 스토리)** 사진 출처: 브이 스토리 Frame VR을 만든 eXP Wolrd Hodings의 자회사에서 출시한 ViBELA 플랫폼의 한국판 버전이다. 공간마다 다른 가격이 책정되어 있다.
	기타: Horizon Workrooms(호라이즌 워크룸), Glue(글루), Mozilla Hubs(모질라 허브), Big Screen(빅 스크린), Rumii(루미), AltsapceVR(알츠스페이스 브이알), Rec Room(레크 룸)	

그림 2-8. 메타버스 플랫폼의 유형 및 대표적인 플랫폼 예시

이 밖에도 현재 수많은 프로그램이 메타버스의 플랫폼으로 소개되기도 하고 새로운 메타버스의 정의 안에서 새롭게 재해석되기도 한다. 이는 현재까지 어떠한 프로그램 또는 플랫폼을 메타버스로 볼 수 있을 것인가에 대한 명확한 기준이 성립되지 않았다는 뜻이기도 하다. 특히 메타버스라는 용어가 지금처럼 자주 쓰이기 이전에 이미 존재했던 게임 형태의 플랫폼들은 그 기준을 더욱 모호하게 만들기도 한다. Roblox의 공동 창업자이자 사장인 데이비드 바수츠키(David Baszucki)는 다음 8가지 요소를 메타버스 플랫폼이 되기 위한 필수요소로 소개한다(이진규, 2021).

요소	특징
Identity (신원)	사용자는 아바타의 형태로 자신만의 신원을 갖게 되고 아바타를 통해 자신의 의사를 표현할 수 있어야 함
Friends (친구)	다른 사람들과 가상의 공간에서 만나 상호작용 및 의사소통을 할 수 있어야 함
Immersive (몰입)	3D 세상에서 몰입감이 있는 경험을 제공할 수 있어야 함
Anywhere (어디서나)	어디서나 접속을 할 수 있어야 하며 특히 이용자가 단순 사용자가 아닌 개발자와 창작자의 역할도 수행할 수 있어야 함
Low Friction (낮은 마찰)	이용자가 플랫폼에 쉽게 접근할 수 있어야 하고 해당 콘텐츠를 Cloud 상에서 자유롭게 공유할 수 있어야 함
Variety of Content (다양한 콘텐츠)	이용자가 체험할 수 있는 또는 개발할 수 있는 다양한 콘텐츠가 있어야 함
Economy (경제 활동)	가상화폐 또는 자체 통화를 기반으로 한 경제 활동이 이루어질 수 있어야 함
Safety (안전)	사용자들 간의 안전을 확보할 수 있어야 하며 현실세계에서 집행되는 법의 테두리 안에서 활동들이 용인 될 수 있어야 함

표 2-3. 바수츠키의 메타버스가 되기 위한 8가지 핵심 요소

물론 위의 요소는 Roblox라는 메타버스 게임 플랫폼의 장점을 강조하기 위해 제시된 것이지만 기본적으로 메타버스 플랫폼이 갖추어야 할 여러 가지 요소들에 대해 생각해 볼 수 있는 기회를 제공하기도 한다.

이와 같이 메타버스 플랫폼은 그 가상세계와 현실세계의 경계를 정의 또는 융합하려는 많은 시도와 실패, 그리고 교훈들과 함께 급속도로 성장하고 있다. (이는 새로운

기술이 일상생활에 스며들며 새로움을 잃어갈 때 발생하는 자연스러운 현상이다.) 지금 이 순간에도 많은 기업들이 메타버스 세상의 발전을 선도하고 관련 시장을 선점하기 위해 치열한 경쟁을 하고 있기 때문에 앞으로 첨단 기술의 집약체인 3D의 가상 세계는 점점 정교하게 디자인되고 더욱 빠르게 확장되며 발전해 나갈 것이다. 실제로 이미 국내외 대기업들은 ICT, 인공지능, 사물인터넷(Internet of Things) 기술 등을 이용하여 메타버스 너머 그 이상의 세상을 준비하고 있다.

미국의 Microsoft(MS)는 Mesh for Teams라는 새로운 메타버스 회의 플랫폼을 출시하면서, 기존의 2D 화상 회의 플랫폼인 Teams(팀즈)를 아바타 기반의 3D와 통합하여 디지털과 물리적 공간이 함께 존재하는 생생한 업무 환경을 만들겠다는 사업 비전을 발표하였다. 한 가지 흥미로운 점은 아바타들이 인공지능 기능을 기반으로 상대방의 말투와 태도 등을 고려해 표정이나 몸짓 등을 자동으로 표현할 수 있게끔 개발하였다. (이는 실시간 화상강의에서 카메라에 얼굴이 노출되기를 꺼려하는 학생들이나 이로 인해 학생들의 반응과 감정을 확인하기 어려웠던 교사들, 모두에게 희소식이 아닐까 싶다.)

그림 2-9. Microsoft의 Mesh for Teams의 모습과 인공지능 기반의 3D 아바타들의 반응

미국의 컴퓨터 GPU 디자인 분야의 선두주자인 엔비디아(NVIDIA)도 그들이 갖춘 3D 그래픽 기술과 인공지능 기술의 결합을 통해 메타버스 세상을 현실 세계와 똑같이 구현해내려는 다양한 시도를 하고 있다. 예를 들어 보다 높은 실재감을 갖춘 가상공간을 디자인하기 위해 인공지능 모듈러스(Modulus) 프로그램이 자연법칙을 스스로 학습하여 3D 그래픽의 배경을 만들기도 하고 메타버스 세상의 아바타 제작을 위해 토

이미(Toy-me)라는 제작 툴을 개발 중이기도 하다(다음 그림은 CEO 젠슨 황(Jensen Huang)의 아바타인데 실물과 똑같이 생긴 모습이 인상적이다). 이는 마치 애니메이션 영화 토이 스토리의 장난감 인형들처럼 나와 똑같은 형태의 아바타를 만들어 주는 기능이다. 한 가지 특이점은 이 아바타에 인공지능 모델 맥신(Maxine)[8]을 적용하여 대화형 아바타로 만들었다는 점이다. 같은 맥락에서 국내의 IT 대기업인 네이버는 '아크버스'(Arcverse)라는 새로운 이름으로 인공지능, 로봇, 클라우드, 디지털 트윈 등의 기술을 메타버스 세상에 그대로 융합하겠다는 사업안을 발표하기도 하였다.

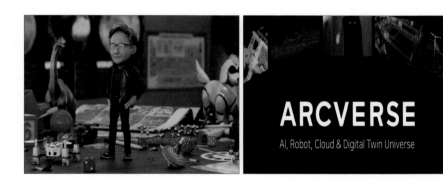

그림 2-10. 엔비디아의 토이미 아바타와 네이버의 아크버스 사업 발표 장면
〈사진출처: 좌로부터 engadget, etnews〉

기술이 또 다른 기술을 낳듯, 메타버스는 기존 과학기술들을 흡수하고 인공지능과 클라우드, 블록체인 기술과의 융복합을 통해 가상과 현실 세계를 더 촘촘히 연결하며 그 너머의 세상을 준비하고 있다. 그러한 시대가 오면 학생들은 점차 현실 세계보다 메타버스 안에서 더 많은 시간을 보내게 될지도 모른다. 그리고 그 기술과 관심의 끝에는 결국 가상과 현실 세계의 구별이 모호해지는 공존현실(Coexistent Reality)이 우리를 기다리고 있을 것이다. 나아가 언어 및 화폐 등과 관련된 공용의 프로토콜을 기반으로 하나의 가상현실에서 또 다른 가상현실로 자유롭게 이동이 가능한 진정한 의미의 메타버스의 세상이 도래할 것이다.

메타버스와 그 너머의 미래를 만들어 가는 기술들은 누군가에게는 거부감을 줄지도

---

8) 맥신은 엔비디아의 이전의 인공지능 기술인 리바(30분만 음성을 들려주면 해당 음성을 그대로 성대모사 하고 실시간 번역을 제공하는 인공지능 모델), 토키오(2명 이상의 다중 대화를 제공하는 인공지능 모델), 메가트론 (5300억개의 샘플을 학습한 언어신경망 모델) 등의 모든 기술을 적용하여 탄생한 AI 로봇이다(이재원, 2021).

모른다. 어쩌면 이는 또 다른 알파벳 세대를 맞이하게 될 현재의 MZ 세대에게도 부담스러운 시도와 변화일 지도 모른다. HP 연구소의 명예 연구원이자 뷰포인츠 연구소의 회장을 맡고 있는 앨런 카이(Alan Kay) 교수는, "내가 태어나기 전에 있었던 기술적인 혁신은 그게 아무리 엄청난 것이라고 한들 그냥 '하나의 무엇(just stuff)'에 지나지 않는다"고 말한다. 수십 년 전 인터넷이 등장하며 인류의 삶을 혁신적으로 바꾸었지만 이제는 일상의 일부분이 되어 버린 인터넷 기술 자체를 혁신이라 이야기하지는 않는다. 인터넷 연결이 된 당연한 세상과 그렇지 않은 불편한 세상만이 존재할 뿐이다. 비대면 일상의 그림자가 짙어질수록 사람들은 결국 보다 인간적인 관계를 중심으로 한 HTTH (High Touch High Tech) 교육에서 그 빛을 찾아갈 것이다. 그리고 그 길 한가운데 메타버스가 서 있다. '아날로그 지구'와 '디지털 지구'를 나눌 미래 교육의 혁신은 이미 시작되었다.[4]

* 본 CHAPTER 2의 일부는 언어연구 37권 3호에 게재된 황요한(2021) 『메타버스(Metaverse로의 초대, 새로운 교육공간의 필요성과 미래교육에 관한 고찰』과 인문사회21 22권 1호에 게재된 황요한, 이혜진(2021) 『메타버스와 NFT를 활용한 메이커교육의 방향 탐색: 오너와 셀러의 대체불가능한 경험 모델(TMIOSS)을 중심으로』의 내용을 토대로 저술되었음.

CHAPTER 3 메타버스 플랫폼 활용 및 실감형 콘텐츠 제작을 통한 영어교육

3-1 메타버스를 활용한 영어교육의 가능성

최근 4차 산업혁명을 기반으로 한 지능정보 시대의 도래와 함께 인공지능(AI), 빅데이터(Big Data), 음성인식과 합성(Speech Recognition and Synthesis), 가상현실(Virtual Reality)과 증강현실(Augmented Reality), 사물인터넷(IoT) 등의 신기술을 교육의 요소로 활용하는 많은 연구가 진행되고 있다. 영어교육 분야에서 ICT 시대의 신기술 중 인공지능 스피커나 챗봇을 활용한 연구와 교육은 비교적 활발히 진행되고 있지만, 메타버스는 최근 들어 새로운 관심을 받고 있기 때문에 상대적으로 많은 선행 연구들이 존재하지 않는다. 비대면 문화의 가치적 수요와 그에 따른 공간과 만남에 대한 인식 변화 속에서 앞으로 메타버스는 원격교육의 도구로서의 기대와 활용이 점점 커질 것이다. 따라서 교육 현장과 특히 온라인 환경에서 활용될 수 있는 매타버스에 대해 더욱 철저한 검증과 교육적인 발전 가능성에 대한 실증 조사가 필요하다. 특히 더 효과적인 교육을 위해서는 메타버스의 주요 특징인 아바타의 상호작용 및 학습의 실재감과 몰입감 등에 관한 연구가 수반되어야 할 것이다.

메타버스를 활용한 영어교육의 모습에서는 크게 두 가지의 장점을 기대할 수 있다. 첫째는 게이미피케이션(Gamification)과 에듀테인먼트(Edutainment)가 주는 효과로부터 시작된다. 이미 수많은 연구가 언어교육에서 게임이 가진 잠재력과 놀이의 심리를 융합한 교육의 장점을 소개하고 있다. 영어교육 분야도 예외가 아니다. 많은 연구자가 게임의 요소를 가미하여 수업의 내용과 교육 방법을 재구성할 때 영어 학습의 다양한 영역, 즉 읽기(김성신, 부경순, 2009; 안덕기, 2021), 말하기(정상문, 김경수, 이갑형, 2013; 최정혜, 2016), 쓰기(정혜옥, 박부남, 2015), 듣기(김정열, 장윤정; 2008), 어휘교육 및 문화교육(정동빈 외, 2010; 진승희, 2021) 등에서 발견된 긍정의 효과를 보고하고 있다. 이와 같은 연구들은 게이미피케이션 기술이 재미를 통해 학습에 대한 몰입감을 향상시키고 학생들의 보상심리와 성취 의욕을 충족시킬 수 있다는 점에서 새로운 체험형 교육을 만들어 가는데 이바지하고 있다.

앞서 언급한 바와 같이 원격교육의 도구로서 메타버스를 다른 플랫폼들과 비교할 때 가장 큰 차이는 바로 학생들이 직접 자신의 실제 모습을 닮은 아바타를 선택하여 수업에 참여한다는 점이다. 우선 학생들이 아바타를 직접 조작하여 가상의 공간을 자유롭게 이동할 수 있으므로 수업 참여를 놀이(에듀테인먼트)의 일환으로 인식할 가능성이 있다. 또한 잘 짜진 수업 활동을 제공하면 학생들이 다른 아바타에게 말을 걸고 함께 주어진 문제를 해결해 나감으로써 게이미피케이션이 주는 장점 또한 기대할 수 있다. 즉, 메타버스 세상에서 에듀테인먼트와 게이미피케이션이 결합해 구현되는 일련의 과정에서 학생들은 스스로 문제를 풀어나가고 협동과 경쟁의 조화 속에서 수업에 참여할 수 있다. 이는 최근 들어 특히 자유도가 높은 게임형 메타버스 플랫폼(마인크래프트, 로블록스, 포트나이트 등)이 새로운 교육의 장으로 주목받는 이유이기도 하다(김준연, 2021; 이병권, 2021).

더욱이 아바타를 통해 영어 수업에 참여하면 학생들의 정의적인 측면에 큰 도움이 될 수 있다. 고선영, 정한균, 김종인, 신용태(2021)는 메타버스 상의 아바타가 현실 세계의 대리인(agent) 역할을 수행하기 때문에 학생들이 더 편안한 마음으로 자신의 활동이나 생각을 수업 활동에 투영할 수 있다고 말한다. 같은 맥락에서 윤현준(2021)은 메타버스 세상을 MZ세대의 부캐(부 캐릭터) 열풍과 문화가 그대로 투영, 확장된 디지털 놀이터라고 일컫는다. 이러한 측면에서 메타버스를 활용한 영어 수업은 학생들의 언어 학습에 대한 부담감을 완화하고 더 적극적인 참여를 독려하면서 정체성 확립까지 가능한 멀티 페르소나(Multi-persona)의 학습 공간이 될 수 있다. 한 가지 예로, 진승희(2021)는 디지털 3D 가상현실 게임(트레이스 이펙트)을 활용하여 한국 대학생 영어 학습자의 어휘 습득과 문화 지식 발달에 어떠한 변화가 있는지를 추적하였다. 그 결과 전통적인 수업 방식과 비교하여 가상현실 게임 기반 수업을 받은 학생들의 정의적 태도(흥미도, 자신감, 학습의욕)에 더 큰 긍정적 변화가 있었다는 사실을 발견했다. 실제로 SNS 기반의 메타버스 플랫폼(제페토, 이프랜드 등)에 영어로만 말하는 English Only의 수많은 방이 따로 만들어지고 있는 것은 이와 같은 기대효과와 심리적 수요를 잘 보여주는 현상이다.

메타버스를 활용한 영어교육의 모습에서 기대할 수 있는 두 번째 장점은 바로 체험형 교육을 제공함으로써 학습의 실재감과 몰입감을 강화할 수 있다는 것이다. 사전 연구들에 따르면 다른 일반형 화상회의들은 학습자들이 2D의 화면에 갇혀 있어서 교육의 실재감을 형성하는 데 어려움이 있다(정유선 외, 2021). 하지만 메타버스 세상에서는 학생들이 실제로 3D 공간을 자유롭게 활보하며 수업에 참여할 수 있어서 한층 높은 교육적 실재감을 기대할 수 있다. 앞서 소개한 바와 같이 메타버스 기술은 실감형 콘텐츠를 제공하는 증강현실(AR)과 가상현실(VR) 기술의 발전에 그 근간을 두고 있다. 영어교육 분야에서 이미 많은 연구가 이러한 실감형 콘텐츠를 활용할 때 학생들의 학습 흥미와 몰입감을 높일 수 있다는 사실을 보여주고 있다(김성연, 2015; 김진원 외, 2017; 이동한, 2017; 정지연, 정희정, 2021).

특히 가상현실 프로그램들은 영어교육 현장에서 학생들에게 개별적으로 영어권 국가의 환경을 생생하게 제공함으로써 실제 상황에서 사용되는 표현을 직접 체험할 수 있게 돕고 있다. 이러한 연구들은 체험형 학습을 위한 다양한 방안을 소개하며 교육의 모습을 빠르게 바꿔 나가고 있다. 하지만 한편으로 일반적인 가상현실 프로그램은 학습자가 HMD(Head Mounted Display) 기계를 쓰고 혼자만의 시야에서 학습이 이루어지는 경우가 많아 동료간 또는 교수자와의 상호작용 측면에서는 아쉬움이 생길 수 있다. 메타버스는 바로 이러한 단점을 보완한다. 실감형 콘텐츠가 주는 체험형 교육의 장점을 그대로 살리면서 교수자가 학습자와 함께 한 공간 안에 존재하기 때문에 임장감(Telepresence)을 기반으로 한 고차원적인 상호작용이 가능하다. 여기서 한 가지 유의할 점은, 학습자 간의 유의미한 활동을 장려하고 그 과정을 중재하는 교사의 역할이 실제 교실에서만큼 가상의 공간에서도 변함없이 중요하다는 것이다. 정유선 외 (2021)는 메타버스 플랫폼을 활용하여 학생들의 학습 실재감에 어떠한 변화가 있는지를 살펴보았다. 흥미롭게도 학습 실재감 중에서 사회적 실재감은 통계적으로 유의미한 차이가 없었다. 이는 메타버스 상에서 아바타의 단순한 이동과 대화가 중요한 것이 아니라 목표 지향적인 움직임 그리고 새로운 의미와 가치를 창출하기 위한 담화의 과정이 반드시 필요하다는 반증이기도 하다.

이와 같은 가능성을 기반으로 메타버스를 활용한 수업을 제공할 때 향후 영어교육 현장에서 도움이 될 만한 제언을 한다면 다음과 같다.

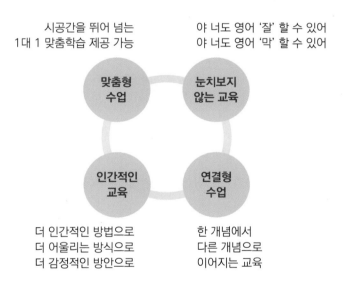

시공간을 뛰어 넘는
1대 1 맞춤학습 제공 가능

야 너도 영어 '잘' 할 수 있어
야 너도 영어 '막' 할 수 있어

맞춤형
수업

눈치보지
않는 교육

인간적인
교육

연결형
수업

더 인간적인 방법으로
더 어울리는 방식으로
더 감정적인 방안으로

한 개념에서
다른 개념으로
이어지는 교육

그림 3-1. 메타버스와 영어교육의 융합

첫째, 코로나19로 도래된 비대면 환경에서 더욱 진일보한 원격교육의 틀을 제공할 수 있을 것으로 보인다. 메타버스 상에서 영어 수업을 설계하면 기존의 원격교육 플랫폼과 마찬가지로 시공간의 제한을 벗어난 교육을 제공할 수 있게 될 뿐만 아니라 실시간 화상 강의들이 제공하지 못했던 실재감이라던가 학생들에게 꼭 필요한 다양한 공간을 교수자가 직접 제작하며 수업을 제공하는 맞춤형 교육을 제공할 수 있을 것이다. 둘째, 아바타를 활용한 수업 참여는 학생들의 정의적 여과(Affective Filter)를 낮추고 더 활발한 수업 참여를 유도할 수 있을 것이다. 두려움이 영어 학습에 있어서 가장 큰 장벽 중에 하나임은 부인할 수 없는 사실이다. 메타버스 수업에서는 학생들이 아바타에 자신의 모습을 투영할 수 있어 보다 적극적인 수업 참여를 기대할 수 있다. 셋째, 게이미피케이션과 에듀테인먼트의 일환으로 다양한 몰입형 콘텐츠와 융합적인 교육 요소들을 체험할 수 있게 돕는 연결형 수업에 대한 아이디어들을 수집할 수 있을 것이다.

넷째, 물론 메타버스는 3D 가상세계를 기반으로 구현된 기술이지만 학습자들이 함께 한 공간에서 지식을 체험하고 의미를 만들어 갈 수 있다는 측면에서 결국은 한층 더 인간적인 관계를 중심으로 진행되는 HTHT(High Touch High Tech) 교육의 도구로 활용될 수 있을 것이다. 앞서 밝힌 바와 같이 기존의 VR과 AR 기술을 영어교육 환경에 적용하면 학습자들의 흥미 및 동기, 만족도, 성취도, 학습 태도, 몰입도와 집중력 측면에서 긍정적인 효과를 기대할 수 있다. 이러한 체험형 콘텐츠는 실제 사람과의 의사소통과 교류를 위해 만들어진 것이 아니기 때문에 인간적인 교육의 효과를 극대화하기에는 한계가 있을 수 있다. 하지만 메타버스를 활용하여 영어교육을 제공하면 상호학습을 위한 다양한 회화 시나리오와 활동 안을 기반으로 학습자들이 실제 동료들과 만나 자유롭게 의견을 나눌 수 있으므로 그 한계점을 보완할 수 있을 것이다.

메타버스가 우리 사회의 만남의 개념과 사회문화 경제 활동의 틀을 바꾸었듯이 영어교육 현장에도 많은 변화를 불러오게 될 것이다. 아직은 여러 가지 교육적인 제한과 기술적인 한계가 존재하지만, 메타버스를 활용한 영어교육은 게이미피케이션이 주는 실재감과 몰입감, 에듀테인먼트가 주는 흥미 속에서 그 실마리를 풀어나갈 것이다. 게임에서 '한판'이라는 단어를 사용하듯이, 메타버스는 아바타를 활용하여 학생들에게 놀이의 문화 속에서 새로운 배움의 판을 깔아 줄 수 있다는 점에서 그 미래 가치를 기대할 수 있을 것이다. 또한 더욱 실감나는 상호작용 요소들을 발전시켜 수업 활동에 적용할 수 있다면, 학습자의 시선을 HMD(Head Mounted Display) 기계 안에 제한하는 것이 아니라 더 넓은 3D의 세상과 더 깊은 만남의 장으로 확장시켜 나갈 수 있을 것이다.[5]

이프랜드

─○ 3-2.1 이프랜드 소개 및 활용 예시

이프랜드는 SK 텔레콤이 기존의 '점프 버추얼 밋업(Jump Virtual Meetup)'을 업데이트하여 2021년 9월에 새롭게 출시한 앱이다. 얼마 전 선풍적인 인기를 끌었던 실시간 음성기반의 SNS 클럽하우스(Clubhouse)를 나를 닮은 아바타를 통해 3D 가상의 현실에서 즐길 수 있는 플랫폼이다. 현재까지는 PC 버전이 없고, 수업 자료로 PDF 파일과 MP4, MOV 형태의 동영상 파일만 공유할 수 있다는 점에서 원격수업의 플랫폼으로 사용하기에는 다소 한계가 있다. 하지만 비슷한 유형의 다른 메타버스 플랫폼(제페토 등)에 비해 상대적으로 직관적이고 이해하기 쉬운 사용자 인터페이스(User Interface)를 가지고 있어 조작이 용이하며, 아바타를 꾸미는 비용과 앱 사용이 모두 무료라는 점, 그리고 한 공간에 수용할 수 있는 인원이 131명이라는 장점이 있다. MZ세대의 요구에 맞춰 사용 편의성을 높이고 현장의 필요에 따라 계속해서 기술적인 업데이트가 되고 있어서, 단순한 취미생활 공유와 소통의 공간에 머무르지 않고 단체 활동과 다양한 기업체 및 정부 단체의 행사를 진행하는 새로운 공간으로도 사용되고 있다. 분야별로 대표적인 사용 사례를 다음과 같이 살펴볼 수 있다.

주요 사용처		
대학 행사	순천향대학교 2021학년도 신입생 입학식	대구한의대 수시 입학 설명회
	백석대학교 스마트 IT학부	성균관대학교 백일장 행사
	영산대학교 패션디자인학과	경남도립거창대학 선배멘토링 콘서트

	안산시 신규공무원 교육	성남시청 2021년 공무원 임용식
기업 및 정부 행사	외교부 유엔 평화유지 장관회의의 서포터즈 발대식	안양시 프로그램 공모전 시상식
기업 행사 및 유명 인사 특강	하나은행	삼성증권
	김미경 작가 특강	연예인 행사 인사

그림 3-2. 이프랜드 주요 사용 예시 〈사진 출처: 구글 검색〉

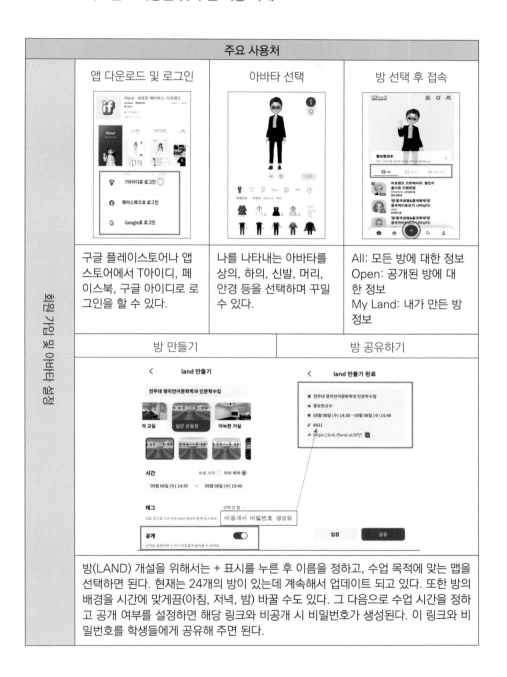

주요 사용처		
앱 다운로드 및 로그인	아바타 선택	방 선택 후 접속
구글 플레이스토어나 앱 스토어에서 T아이디, 페이스북, 구글 아이디로 로그인을 할 수 있다.	나를 나타내는 아바타를 상의, 하의, 신발, 머리, 안경 등을 선택하며 꾸밀 수 있다.	All: 모든 방에 대한 정보 Open: 공개된 방에 대한 정보 My Land: 내가 만든 방 정보
방 만들기		방 공유하기

방(LAND) 개설을 위해서는 + 표시를 누른 후 이름을 정하고, 수업 목적에 맞는 맵을 선택하면 된다. 현재는 24개의 방이 있는데 계속해서 업데이트 되고 있다. 또한 방의 배경을 시간에 맞게끔(아침, 저녁, 밤) 바꿀 수도 있다. 그 다음으로 수업 시간을 정하고 공개 여부를 설정하면 해당 링크와 비공개 시 비밀번호가 생성된다. 이 링크와 비밀번호를 학생들에게 공유해 주면 된다.

환경 가입 및 아바타 설정

랜드 전경		
상단 메뉴	현재 방에 들어온 참석자를 확인할 수 있다. 또한 참석자의 마이크를 켜고 끌 수 있다.	[이 표시는 호스트에게만 보인다] 리모콘을 눌러 수업 자료를 공유하고 제어할 수 있다. 아래에서 다시 설명한다.
	채팅창이다. 2021년 11월 15일에 새롭게 추가된 기능이다. 이와 같이 계속해서 새로운 기능들이 추가되고 있다.	[이 표시는 참여자에게만 보인다] 참여자들은 리모콘 자리에 이 표시가 보이게 되는데 클릭 시 스크린에 공유되는 화면을 전체화면으로 크게 볼 수 있다.
	방에 대한 정보를 확인할 수 있다. 방의 링크 또는 비밀번호를 다시 확인할 수 있고 복사하여 공유할 수 있다.	방 안에서 사진 촬영이 가능하다. 찍힌 사진은 바로 모바일 기기의 사진첩에 저장된다.
	ifland 안에 개설된 다른 방에 대한 정보이다. 다른 방으로 이동 시 현재 방에서는 나가게 된다.	마이크를 켜고 끌 수 있다.
	현재 진행되는 ifland 방에 초대할 수 있는 팝업창이 뜨게 된다. 문자, 이메일, 카카오톡 등으로 링크를 보낼 수 있다.	방에 대한 여러 가지 설정, 소리 듣기, 랜드 수정, 공지 등록, 마이크 권한 설정, 채팅권한 설정, 참여모드 등을 수정할 수 있다.
하단 메뉴	방향키이다. 아바타의 움직임(전후좌우)를 조정할 수 있다.	스크린에 띄운 수업 자료를 다음 장으로 넘길 수 있다.
	아바타의 감정표현을 제어할 수 있다. 음표 표시가 붙은 이모티콘으로 춤을 추게 할 수 있다.	
수업 자료	 	
	상단의 리모콘 표시를 누른 후 자료 공유를 할 수 있다. 현재는 PDF 파일과 동영상(MP4, MOV) 파일만 공유가 가능하다. 수업 시 사용하는 모바일 또는 태블릿에 수업 자료를 미리 옮겨 두어야 한다.	

미리 PDF 파일로 변경해 둔 PPT 파일을 공유하는 모습이다. 그리고 나서 우측 상단의 네모 표시를 누르면 랜드 안의 스크린에 수업 자료가 공유되고 있는 것을 볼 수 있다.

#이프랜드 수업 설계 및 적용

필자는 이프랜드가 원격교육의 플랫폼으로 학생들에게 어떠한 도움이 되는지 또한 어떠한 한계점이 있는지를 조사하기 위해 실제 대학 수업에 적용해보았다. 해당 교과목은 전라북도 지역의 한 인문대학 영문과 1학년 학생들을 대상으로 2021년 2학기에 진행된 수업이다. 과목명은 인문학기초 II이며 전체 수강생은 34명이다. 수업 기간은 15주이고 한 주에 1차시 동영상(1.5시간)과 2차시 실시간(1.5시간)의 원격수업으로 구성, 진행된다.

해당 수업의 개요와 목표는 다음과 같다. 인문학의 의미와 세부 연구 주제를 탐색함으로써 인문학적인 시선으로 세상을 바라보고 타인과 타문화를 이해하는 공감능력을 기르는 것을 목표로 한다. 구체적으로는 다문화와 인종차별, 장애인식 개선, 환경보호 및 재활용제품의 가치, 코로나 시대의 새로운 일상, 감사와 사랑 등에 대한 다양한 주제 학습을 통해 인문학적 감수성을 기르며 관련 공모전에 참가함으로써 창의적인 문제해결 역량을 강화한다. 영어 전공 신입생들을 대상으로 한 수업이기 때문에 인문학적인 개념과 현상은 주로 영어 표현들과 함께 설명되었다.

학기 초 1주차 1차시에서 수업 소개를 한 후 2차시에 수업의 핵심역량인 타문화 이해 과정으로 메타버스 수업이 필요한 이유에 대한 공감대를 형성하고자 동영상 강의를 제공했다. 구체적으로 메타버스 수업을 왜 해야 하는지를 설명하고 메타버스가 새로운 사회문화적 교류의 공간으로서 지닌 가치, 이를 인문학적인 시선과 사고로 바라보며 어떠한 미래를 예측하고 준비해야 하는지에 관해 설명을 진행했다. 2주차 1차시 동영상 수업에서는 메타버스의 다양한 플랫폼을 소개하고 본 수업에서 첫 번째로 경험하게 될 이프랜드 앱의 사용법과 특징에 관해 설명하는 50분가량의 동영상 수업을 제공하였다.

그림 3-3. 메타버스 및 이프랜드 설명 동영상 강의 일부 캡쳐본

이프랜드 앱을 활용한 메타버스 수업은 2주차 2차시와 5주차 2차시에 걸쳐 2회 진행되었다. 수업 전 접속 안내 포스터(그림 3-4)를 추가로 제작, 배포하고 LMS(사이버 캠퍼스)에 자세한 수업 안내(그림 3-5)를 제공하여 학생들에게 메타버스 수업 참여에 대한 지속적인 공감대를 형성하려는 노력을 기울였다.

그림 3-4. 메타버스 원격강의 안내 포스터

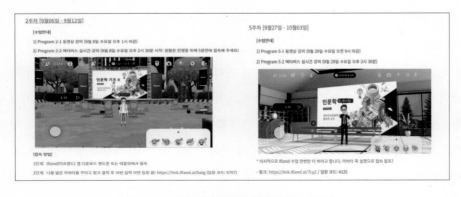

그림 3-5. 메타버스 원격강의 일정 안내 LMS 게시판

 메타버스 강의는 태블릿 PC(아이패드)를 사용하여 2회, 각 60분 동안 진행되었으며 수업의 모든 과정은 태블릿의 화면 녹화 기능을 활용하여 기록되었다. 이프랜드 수업의 몇몇 주요 장면(2주차 22개와 5주차 10개)을 수업 내용과 앱 사용의 주의점 등과 함께 이야기 형식으로 소개하고자 한다.

수업 장면 및 주요 내용	
Scene #1	**Scene #2**

드디어 기다리던 메타버스 수업의 시작, 최대한 나와 비슷하게 아바타를 꾸미고 과잠도 실제와 같은 색인 회색으로 입혔다. 학생들에게 인사를 건네는데 대면 수업이 아님에도 불구하고 실제 강의를 하는 것처럼 긴장이 되었다.	출석체크를 위해서는 학생 한 명씩 이름을 부르며 확인하는 것이 가능하다. 하지만 원활한 출석 체크를 위해서 왼쪽 상단의 참여자 리스트를 클릭 후 이름을 확인하였다. 여기서 출석을 위해 학생들에게 반드시 실명으로 접속하라고 언급을 해주어야 한다.
Scene #3	**Scene #4**
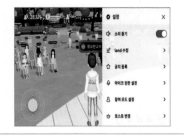	
이프랜드는 모든 참여자가 핸드폰 또는 태블릿으로 접속을 하기 때문에 별도의 마이크 설정 없이 이야기를 하는 것이 가능하다. 다른 화상 강의 플랫폼처럼 개인이 마이크를 켜고 끌 수도 있고 호스트가 전체 인원의 마이크를 켜고 끌 수도 있다.	소음 방지를 위해 마이크 권한 설정을 전체에서 호스트만으로 변경 후 (줌의 전체 음소거 기능과 비슷) 수업을 진행하는 것이 좋다. 필요한 경우 다시 해당 학생의 이름을 직접 호명하여 그 학생만 마이크를 켜고 발화할 수 있도록 유도하는 것이 좋다.

수업 장면 및 주요 내용	
	Scene #5

<table>
<tr><th colspan="2" style="text-align:center">수업 장면 및 주요 내용</th></tr>
</table>

수업 자료 공유 방법 및 영상 공유 예시

Scene #5

수업 자료 공유는 현재는 PDF와 MP4, MOV 형태의 동영상 파일만 가능하다. 따라서 PPT 파일을 PDF로 변환 후 사용해야 하는 번거로움과 전체 화면 공유 기능 등을 사용할 수 없는 단점이 있다. (업데이트가 빠른 앱이기 때문에 곧 화면 공유 기능도 추가 될 것으로 기대된다.)

Scene #6

수업 초반에 학생들에게 BTS의 Permission to Dance 뮤직비디오 영상을 보여 주며 수업 자료 공유 방법에 관해 설명해줬다. 이프랜드 공간 속의 스크린 내용이 잘 안 보일 경우 오른쪽 상단의 네모 표시를 클릭하면 마치 Zoom의 전체 화면 공유처럼 콘텐츠를 전체 화면으로 크게 볼 수 있다.

사용 주의사항 소개 및 이모티콘 사용법 안내

Scene #7

메타버스 수업 전 1차시 동영상 강의에서 앱의 사용법에 대해 설명하였지만 아바타 작동법, 마이크 사용법, 이모티콘 사용법, 감정 표현 방법, 의자에 앉는 방법 등의 기본 조작법을 다시 한번 안내를 하였다. 학생들에게 실제로 따라하게끔 하니 효과가 더욱 컸던 것 같다.

Scene #8

특히 다양한 감정표현과 행동, 춤 동작 등이 가능한 이프랜드의 장점을 살리기 위해 몇 가지 대표 이모티콘을 소개해 주었다. 마지막에는 메타버스 수업에 잘 참여해 준 학생들에게 고맙다고 말하며 엎드려 큰 절을 올렸다. 다른 몇몇 학생들도 나를 따라 맞절을 하는 모습을 발견할 수 있었다.

수업 장면 및 주요 내용	

<table>
<tr>
<td rowspan="2" style="writing-mode: vertical-rl;">본 수업 시작 전 몸풀기 게임 I (보물찾기)</td>
<td colspan="2" style="text-align:center;"></td>
</tr>
</table>

본 수업 시작 전 몸풀기 게임 I (보물찾기)

Scene #9

본 수업 내용을 시작하기 전에 학생들이 아바타의 조작법에 익숙해질 필요가 있기 때문에 첫 번째 몸 풀기 게임으로 보물찾기 게임을 진행하였다. 공원 벽에 붙어 있는 해당 포스트를 찾는 활동이었는데 포스터를 직접 붙였다고 했지만 원래 기본 맵에 붙어 있는 포스터이다. 이프랜드는 맵을 실제로 수정할 수 없다는 점에서 다른 플랫폼(게더타운, Frame VR 등)과 큰 차이점을 가지고 있다.

Scene #10

실제 보물찾기 게임이 시작되자 활발히 움직이는 학생들의 모습을 볼 수 있다. 자세히 보면 오른쪽 상단 카메라 표시 밑에 한 학생이 시작한지 얼마 되지 않아 벌써 포스터를 찾고 손을 들고 있는 것을 확인할 수 있다. 처음 하는 학생들이 아바타의 조작에 미숙하지 않을까 걱정했는데 역시 젊은 세대들은 게임 조작을 금방 배우는 것 같다.

본 수업 시작 전 몸풀기 게임 II (O/X 퀴즈)

Scene #11

두 번째 몸 풀기 게임은 10개의 O/X 퀴즈를 준비했다. 5개는 일반 상식, 5개는 수업 내용과 관련된 문제로 구성하였다. 나를 기준으로 학생들이 좌측(O) 우측(X)로 이동하게끔 유도하였다.

Scene #12

O/X 퀴즈의 반응이 상당히 좋았는데 맵 자체가 O/X 퀴즈를 하기에 최상의 맵은 아니었던 것 같아 아쉬움이 남는다. 이프랜드에는 24개 가량의 맵이 있기 때문에 다음 수업에서는 더 적절한 다른 맵을 선택해야겠다.

수업 장면 및 주요 내용

<table>
<tr>
<td rowspan="2">수 업 관 련 안 내</td>
<td>Scene #13
</td>
<td>Scene #14
</td>
</tr>
<tr>
<td>본 교과목은 학습 내용을 기반으로 관련 공모전 참여를 기본 구조로 하고 있다. 따라서 학생들에게 꼭 맞는 공모전을 선택하는 것이 중요하다. 두 가지 공모전 (코로나 시대에 소상공인을 돕는 아이디어 백신 공모전과 장애인식 공모전) 중에 어떠한 공모전에 참석을 원하는지 파악하기 위해 손을 들어 보라고 했다.</td>
<td>개인적으로는 소상공인을 위한 공모전을 더 선호할 것으로 예상했지만 결과는 정반대였다. 한눈에 보기에도 장애인식 공모전 참석을 선호한다는 것을 알 수 있었다. 정확한 설문조사는 아니었지만 학생들의 의견을 바로 확인할 수 있어서 좋았다. 전반기 수업 내용은 '장애인식 개선하기'로 준비해야겠다.</td>
</tr>
<tr>
<td rowspan="2">수 업 내 용 진 행</td>
<td>Scene #15
</td>
<td>Scene #16
</td>
</tr>
<tr>
<td>해당 차시의 수업 내용인 감사의 인문학의 콘텐츠 중 자존감을 키우는 방법에 대해 열심히 강의를 진행 중이다. 자존감이 영어로 무엇인지 질문하였는데 아무도 대답을 하지 않아 Self-esteem의 어원과 관련된 문화에 대해 설명을 해 주었다. 너무 혼자 얘기만 하는 것 같아서 남과 비교하지 않는 방법에 관련된 유튜브의 영상 하나를 틀어줬다.</td>
<td>남들과 비교하지 않는 방법이라는 영어 통역사의 영어 스피치 영상을 모두에게 보여줬다. MP4의 파일만 보여줄 수 있기 때문에 영상을 미리 다운받아 준비해 둬야 하는 번거로움이 있기는 했지만 학생들의 반응이 좋았다. 역시 학생들은 지루한 내 설명보다는 재밌는 영상을 보는 걸 좋아하는 것 같다.</td>
</tr>
</table>

학생들 반응 확인 및 상호작용	Scene #17 	Scene #18 
	수업 내용 중 마르틴 하이데거의 '언어는 존재의 집'이라는 다소 어려울 수 있는 개념을 소개하였다. 또한 우리가 감사의 표현을 써야 하는 이유를 영어로 부연 설명하였는데 순간 학생들이 잘 이해하고 있는지가 궁금해졌다.	바로 카메라 앵글을 학생들에게 맞추고 방금 설명한 개념을 이해한 학생들은 OK 이모티콘을 날려 보라고 요청했다. 많은 학생들이 OK 표시로 감정 표현을 하는 걸 보면 잘 이해하고 있는 것 같다.
기념 촬영및 댄스 타임	Scene #19 	Scene #20 
	수업을 마친 후 기념 촬영을 하기 위해 학생들에게 강단으로 올라 오거나 앞으로 나와 달라고 했다. 가상 세계의 아바타이지만 실제감을 높이기 위해 슬라이드에 학생 한명 한명의 이름을 적어두었다. 수업 종료 후 해당 사진을 학생들에게 카카오톡 단체창을 통해 나누어 주었다.	그리고 우리만의 조촐한 댄스파티 시간을 가졌다. 이무진의 신호등 뮤직비디오에 맞춰서 열심히 춤을 추고 있는 모습이다. 평소에 정말 내성적인 학생이라고 생각했던 학생이 춤을 가장 신나게 추는 모습을 보니 이렇게 메타버스를 활용한 원격교육의 장점이 될 수 있을 것 같다는 생각이 들었다.

그림 3-6. 2주차 수업 주요장면 및 주의사항

수업 장면 및 주요 내용	
Scene #21  이번 5주차 수업은 카페를 배경으로 진행하였다. 학생들에게 자유롭게 맵을 구경하고 돌아다니면서 친한 친구들에게 감정표현 인사를 해보게끔 유도하였다.	Scene #22  Bar에 서 있는 학생을 발견하고 바리스타냐고 물어보면서 Can I get a cup of iced americano?라고 물어보니 Okay 이모티콘으로 답을 하는 모습이 인상적이었다.
Scene #23  실제 수업은 다 같이 야외로 나와서 수업을 진행하였다. 이 맵[볕 좋은 카페]의 가장 큰 장점은 스크린이 뒤에서도 그대로 보여 학생들과 수업 자료를 한 눈에 확인할 수 있었다.	Scene #24  학생들이 야외에 준비된 소파에 앉아서 수업을 잘 듣고 있다. 이 맵은 스크린과 소파 사이가 상대적으로 가까워서 학생들의 집중도가 상대적으로 높았던 것 같다.
Scene #25  오늘의 수업 내용은 장애인식 개선이다. 학생들에게 Humanities 의 3가지 영어 정의를 보여 주고 학생들에게 손을 들고 따라 읽게끔 하였다. 아무도 손을 들지 않아	Scene #26  직접 학생들 앞에 가서 지목을 한 후 해당 학생에게 마이크 권한을 주고 영어 문장을 따라 읽게끔 하였다. 그리고 잘 읽은 학생에게는 하트 이모티콘으로 칭찬을 해주었다.

그림 3-7. 5주차 수업 주요장면 및 주의사항

수업 장면 및 주요 내용		
	Scene #27	Scene #28
수업 질문 및 학생 대답	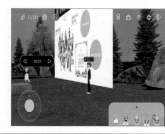	
	장애인을 칭하는 올바른 영어 표현에 대한 토론을 진행하였다. Handicap과 Disabled의 정확한 뜻을 알려주고 어떠한 문제점들이 있는지를 물었다. 아무도 대답을 하지 않아 역시 지목을 하러 학생들 사이로 뛰어 들어갔다.	역시 아바타로 직접 학생들 앞에 가니 한결 활발하게 대답을 하기 시작했다. 3명의 학생이 장애인의 영어 표현과 올바른 해석에 대한 의견을 잘 이야기해 주었고 그 학생들에게 직접 칭찬의 이모티콘을 보내 주었다.
 영상시청 및 단체 사진 촬영	Scene #29 	Scene #30
	수업 자료를 공유할 때 학생들이 실제로 그 영상을 집중해서 보는지를 확인할 수 없는 단점이 있다. 그래서 이번에는 뒤쪽에 앉아 있는 학생들에게 일부러 다가가서 영상을 잘 보고 있는지를 물었다.	수업을 끝내기 전에 역시 학생들과 단체 인증샷 촬영을 하였다. 두 번째 수업이어서 그런지 교수자인 나도 학생들도 이프랜드 안에서 더욱 실제 같은 수업을 진행한 듯한 느낌이 들었다. 학생들의 설문조사 결과가 벌써 궁금하다.

* 3장의 일부는 한국콘텐츠학회 논문지 22권 3호에 게제된 황요한(2022) 『메타버스를 활용한 원격교육 인식 및 만족도 사전조사: 이프랜드(ifland) 앱 사용을 중심으로』의 내용을 토대로 저술되었음.

─○ 3-2.3 이프랜드를 활용한 영어 과업 설계

이 장에서는 앞에서 살펴본 이프랜드를 활용한 영어 과업의 설계 예시를 소개하고자 한다. 다음은 고등학교 영어 교과서(엔이능률 김성곤 외)의 Unit 1 The Party You Play에 나오는 수업 내용을 활용한 이프랜드 적용 수업의 예시이다. 해당 유닛에서는 다양한 취미 활동의 종류와 특징을 설명하고 있는데 그 중 읽기 지문(p. 20-24)은 미식축구(American Football)와 관련된 이야기로 구성되어 있다.

#교육 대상 및 목표
• 수업 대상: 고등학교 1학년
• 수업 시간: 50분
• 적용 교과서: 고등학교 영어 엔이능률(김성곤 외) Unit 01. p. 18-26

구분	내용
수업목표	1) 풋볼의 사회문화적 요소를 파악할 수 있다. 2) 교재 읽기 이전 단계(Before you read)에 나오는 풋볼의 특징과 관련 내용을 설명할 수 있다. 3) 관련 학습 어휘를 활용해 풋볼을 한 문장으로 정의할 수 있다. 4) 터치다운을 위한 풋볼 달리기를 직접 해볼 수 있다.

#아바타 설정과 이프랜드 방 개설

구분	내용
이프랜드 아바타 설정 및 방 개설	

아바타는 최대한 풋볼 복장과 비슷하게 설정하고 방을 개설한다. (최근 이프랜드에서 메타버스 고연전(연고전)이 진행되고 있어 고려대의 빨간색 유니폼을 골랐다. 완벽

하진 않지만 그래도 풋볼 유니폼의 느낌이 난다.) 수업 활동 중 2팀으로 나누어 게임을 하는 시간이 있기 때문에 학생들에게 미리 아바타의 옷 색깔을 두 가지(ex. 빨강 vs. 파랑)로 정해 준다. 이프랜드는 수업의 목적에 맞게 방을 잘 선택하는 것이 중요하다. 여러 가지 맵 중에서 풋볼 스타디움의 느낌을 줄 수 있는 '넓은 운동장'을 선택한다. 비록 실제의 풋볼 운동장은 아니지만 가장 큰 공간을 제공하기 때문에 학생들과 다양한 움직임을 기반으로 한 활동들을 진행할 수 있다.

#교육안 예시 (Lesson Plan)

구분	내용
도입 (15분)	1) 수업 목표 설명: 이프랜드 스크린에 수업 자료(PDF)를 띄운 후 오늘의 수업 목표에 대해 소개한다. (3분) 2) 풋볼의 특징: 풋볼의 사회문화적인 특징을 간략하게 소개하는 수업 자료를 보여준다. (7분) 3) 신나는 댄스 타임: 2021년도 NFL의 슈퍼볼 하프타임 공연 뮤직비디오를 스크린에 틀어주고 아바타들의 신나는 댄스 타임을 갖는다. (5분)
수업 활동 (25분)	4) 풋볼 O/X 퀴즈: 앞서 설명한 풋볼의 사회문화적 특징과 교재 18페이지 1번(Before You Read)에 나온 풋볼 설명 영어 정보를 포함하는 10문제의 O/X 퀴즈를 진행한다. (13분) [활동지 1번 참조] 5) 좋은 운동 선수의 조건 말하기 스피드 퀴즈: 운동장 가운데 둥근 원을 만들고 선후 교재 18페이지 2번(Think about what a good athlete needs and share it with your partner)에 나오는 좋은 운동 선수의 조건에 대해서 영어로 한 단어씩 이야기를 한다. 이때 교사는 60초짜리 Online Bomber 타이머를 작동하며 시간을 이야기해주고 폭탄이 터질 때까지 이야기를 못 한 사람은 벌칙을 받는다. (7분) [활동지 2번 참조] 6) 선생님을 잡아라 (feat. 터치다운을 위해 달리는 풋볼 맛보기): 학생들을 2팀으로 나누어(아바타 옷 색깔 별로) 운동장의 왼쪽과 오른쪽 끝에 각자 모이게 한다. 선생님은 운동장 중앙에 있고 출발 소리와 함께 학생들은 선생님 아바타를 잡으러 뛰기 시작한다. 잡은 후 이미티콘으로 감정 표현을 하거나 터치다운이라고 소리치는 팀이 승리한다. (5분)
정리 (10분)	7) 풋볼 한 문장으로 말해요: 교재 19페이지에 나온 핵심 어휘 (dedication, rewarded, valuable, inspiration, encouraged, effort, bring out, in return)들을 활용하여 풋볼을 한 문장으로 정의하는 영작 활동을 진행한다. 완료한 학생은 채팅창에 본인의 영어 문장을 공유한다. 8) 다음 차시 수업 소개: 해당 유닛의 리딩 지문 (Final Touch Down)을 미리 읽고 다음 수업에서 진행될 이프랜드 도전 골든벨 활동을 소개하며 수업을 마무리 한다.

#활동지 1 예시

구분	O/X 퀴즈 문제	비고(정답 및 해설)
문제 예시	1. 풋볼은 미국의 4대 스포츠(야구, 농구, 하키, 풋볼) 중 하나이다.	(O) 축구의 인기는 유럽과 다름
	2. 미국 풋볼 리그의 이름은 NFL이다.	(O) National Football League
	3. NFL의 결승전을 Super Ball이라고 부른다.	(X) Bowl이 맞음
	4. 2020 시즌에 풋볼의 결승전인 슈퍼볼의 동시간 시청자는 1천 200만명이었다.	(X) 1억 200만명이었음
	5. NFL의 쉬는 시간의 광고료는 1초당 2.5억이다.	(O)
	6. A touchdown is scored when a player carries the ball into the end zone of the opposing team.	(O) 교재 내용 정답
	7. Each team is allowed to have thirteen players on the field at a time.	(X) 교재 내용 변경 thirteen 이 아니라 eleven이 맞음
	8. The role of the defense is to stop the ball carrier and try to take the ball away.	(O) 교재 내용 정답
	9. The football field is divided into sections by white lines every five yards.	(O) 교재 내용 정답
	10. 미식 축구의 경기 시간은 10분 씩 4번의 쿼터(quarter) 총 40분으로 구성되어 있다.	(X) 15분씩 4쿼터 총 1시간이 맞음

#활동지 2 예시

구분	좋은 운동 선수의 조건 말하기 게임
게임 참여 순서	(1안) • 1단계: 좋은 운동선수의 조건에 대해서 Brain Storming을 해보세요. (교재 18페이지 2번 Think about what a good athlete needs and share it with your partner 참조) • 2단계: 아바타를 움직여 운동장 한 가운데 친구들과 큰 원을 그리고 서 주세요. • 3단계: 선생님 왼쪽에 서 있는 학생부터 좋은 운동 선수의 조건을 영어로 말해보세요 (단 이미 다른 친구들이 이야기한 조건은 안 돼요) • 4단계: 60초 짜리 폭탄이 터지고 있어요. 폭탄이 터질 때까지 이야기를 못한 학생은 벌칙 당첨!

게임 참여 순서	(2안) - 1안이 빨리 끝났을 경우 추가로 활동 진행 가능 • 왼쪽 친구가 말한 좋은 운동 선수의 조건을 기억하고 단어들을 연달아 말해 보세요 (예시: 옆에 친구가 'Tall Height' 라고 했으면 난 'Tall Height' + 'Big Muscle' 이런 식으로 단어를 붙여서 이야기하면 돼요. 그 다음 친구는 'Tall Height' + 'Big Muscle' + '새로운 단어 하나 추가' 이런 식으로 이어 나가면 되겠죠? 기억력에 의존하기 보다는 단어의 의미와 이미지를 잘 생각해 보면서 해보세요!

이프랜드는 아바타로 수업에 참여하므로 정의적인 측면에서 영어 학습에 도움이 될 수 있다. 특히 주위 사람들의 시선을 신경 쓰지 않고 아바타를 통해 자신의 생각을 영어로 말할 수 있어, 다양한 말하기 활동을 설계하여 수업 활동을 진행할 때 더욱 활발한 참여를 기대할 수 있다. 다음은 이프랜드 공간에서 진행 가능한 영어 말하기 수업 활동들을 예시로 재구성한 것이다.

#이프랜드를 활용한 영어 말하기 활동

| 영어로 자기소개하기 | 영어 발란스 게임 |
| 영어로 고르는 이상형 월드컵 | 영어로 면접하기 |

프레임 브이알

─○ 3-3.1 Frame VR 소개 및 활용 예시

Frame VR은 미국의 eXp World Holdings의 자회사에서 최근에 개발한 메타버스 플랫폼이다. 이 회사는 이미 2012년에 Frame VR 기술의 시초인 메타버스 플랫폼 VirBELA를 출시하였는데, 오픈 캠퍼스라는 가상의 공간에 학교 강의실, 강당, 휴게실, 미팅 룸, Expo Hall 등 다양한 형태의 활동을 위한 공간들을 만들어 두고 프로그램의 목적에 맞는 강의, 회의, 행사 등을 진행하고 있다. VirBELA는 다른 메타버스 플랫폼과 마찬가지로 사용자가 본인을 나타내는 아바타를 선택하여 3D로 재현된 가상의 캠퍼스에 접속할 수 있다. 아바타를 통해 다른 사용자들과 직접 대화를 할 수 있을 뿐만 아니라 다양한 움직임(인사, 악수, 박수 등)을 통해 비언어적 의사소통을 할 수 있다.

그림 3-8. 비에라 오픈 캠퍼스의 전경 및 컨퍼런스 홀에서의 교육 모습

현재 미국에서는 많은 교육기관과 학교, 기업에서 이 플랫폼을 사용하고 있다. 국내에서는 2020년 12월 전남대학교에서 한·중·일 3개국이 참여한 국제 심포지엄(주제: 디지털 혁신과 교육의 미래)이 ViBELA의 오픈 캠퍼스에서 개최된 바 있다. 교육적 활용 사례를 살펴보면, 임태형 외(2021)는 VirBELA에 여러 학생들이 모일 수 있는 대강당과 그룹별 멘토링을 제공할 수 있는 개별공간을 만들고 고교-대학 연계 진로체험 및 교육 프로그램을 진행한 후 이에 대한 경험을 프로그램 만족도(흥미도, 유용성, 만족도, 참여의향), 플랫폼 사용 경험(참신성, 현실감, 용이성, 안정성) 등 8가지 요인의 설문조사로 분석하였다. 연구 결과를 보면, 대다수 학생들은 가상의 공간이기는 하지만 자신과 관심사가 비슷한 다른 학생들과 함께 이야기하고 관련 분야의 선배, 멘토

들에게 조언을 구하는 활동 등에 상당히 높은 수준의 만족감을 드러냈고, 특히 아바타를 이용한 상호작용 체험은 행사 참여도에 긍정적인 영향을 끼쳤다. 이 연구에서는 VirBELA 플랫폼을 사용할 때 컴퓨터 시스템의 과부하를 방지할 수 있는 운영 측면의 안정성 확보, 교육의 효과를 극대화하기 위한 사회자의 세부적인 운영 전략 마련, 세밀한 교사의 준비와 지도가 중요하다는 사실을 강조하고 있다.

그림 3-9. 비에라를 활용한 고교 온라인 진로 상담 및 멘토링 (임태형 외, 2021, p. 684)

이처럼 VirBELA는 가상의 공간에서 행사 자료들을 공유하고 상호작용을 하는데 특화되어 있어 주로 기업의 행사와 업무처리, 컨퍼런스용으로 널리 사용되고 있다. 통계 자료에 따르면 eXp World Holdings는 VirBELA 플랫폼에서 부동산 사업을 진행하였는데 전 세계의 43,000여 개 에이전트들이 Open Campus 안에서 업무를 원격으로 처리하기도 하였으며 나스닥에 상장하여 2021년 2월 시가 총액 12조를 기록하였다(유인춘, 2021).[9]

하지만 교육적 활용에 있어서는 교사가 직접 교육의 공간(맵)을 수정하고 학생들과 자유롭게 교육용 자료들을 공유하고 체험하는 데 어려움이 있어, 이를 보완할 수 있는 Frame VR(ViBELA의 베타버전) 플랫폼의 가능성이 주목받고 있다. 이는 eXp World Holdings의 자회사가 개발한 플랫폼으로, 3D 제작 프로그램인 A-Frame으로 제작된 가상의 메타버스 공간이다. 이프랜드나 게더타운과는 달리 PC와 모바일, VR(오큘러스 퀘스트2 기기 필요)에서 모두 접속이 가능하다. 또한 다른 VR 미팅형의 플랫폼과는 다르게 별도의 프로그램 다운로드나 설치 없이 인터넷 브라우저에 주소만 입력하면 바로 접속할 수 있어 학생들의 컴퓨터 사양에 상관없이 시스템 운영의 과부하를 최

9) STARTUP N 뉴스기사: 비대면 온라인 협업 솔루션 VirBELA 한국 진출
http://www.startupn.kr/news/articleView.html?idxno=11012

소화할 수 있다는 장점이 있다. 무엇보다 교육적 측면에서 수업 공간에 다양한 자료를 공유하고 3D 형태로 불러오는 것이 다른 메타버스 플랫폼에 비해 수월하여, 교사와 학생이 직접 배움의 공간을 만들고 함께 공유하는 체험형 교육을 만들어나갈 수 있다는 큰 장점이 있다.[6]

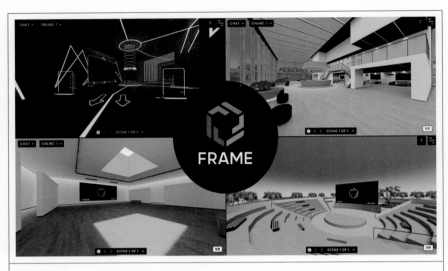

개발회사: eXp World Holdings의 자회사
접속주소: https://framevr.io/
공식 홈페이지: https://learn.framevr.io/
공식 유투브: https://www.youtube.com/c/VirBELAMedia/playlists

그림 3-10. Frame VR 접속 주소

Frame VR은 교육용 목적에 맞는 수많은 콘텐츠(사진, 음악, PDF, 비디오, 360도 사진, 360도 영상, 화이트보드, 3D 모델 파일 등)를 수업 공간에 자유롭게 배치할 수 있을 뿐만 아니라 다른 실시간 화상강의 플랫폼과 똑같이 화면 공유가 가능하다 보니, 실제 교육 현장에서 수업과 전시 기타 등등 수업 목적에 맞는 상호작용의 공간으로 널리 사용되고 있다. Frame VR의 전 세계적 사용 예시를 살펴보면 다음과 같다.[7]

(미국) University of Massachussets, Boston

(호주) Knox Grammar Preparatory School

(미국) Massachusetts Institute of
Technology Media Lab

(호주) Knox Grammar Preparatory School

(인도) India National Institute of
Science Education and Research

(인도) The Department of Electrical
Engineering at IIT Jodhpur

(그리스) The Erasmus Students
Network at the Department of Thrace

(한국) 광주 유안초등학교 최만 교사의
Frame VR 실제 수업 사례

그림 3-11. Frame VR의 교육적 활용 예시
〈사진출처: Frame VR / Man Choi 유튜브 채널(마지막 사진)〉

#회원가입 및 로그인

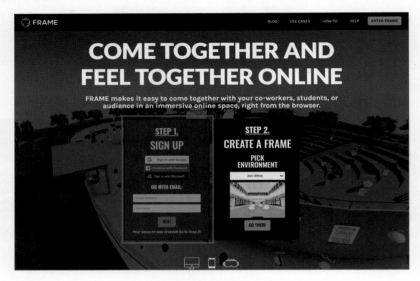

그림 3-12. 회원가입 및 로그인 화면

Frame VR의 [회원가입]은 해당 사이트(https://framevr.io/)에서 하면 된다. [소셜 계정 로그인]은 구글, 페이스북, 마이크로소프트 아이디로 가능하며 해당 계정이 없을 경우는 이메일 주소로 아이디를 새롭게 만들 수 있다. 학생들은 별도의 로그인 없이 교사가 만든 수업 공간(여기서는 Frame이라고 부르지만 이해를 돕기 위해 '방'이라고 칭하겠다)의 링크만 클릭하여 참여할 수 있다. 하지만 아바타의 이름 설정, 수업 자료 공유 등 원활한 플랫폼 사용과 체험을 위해서는 회원 가입을 해야 한다. 첫 접속 화면에 [COME TOGETHER]와 [FEEL TOGETHER]라는 문구가 눈에 띈다. [Immersive online space, right from the browser]라는 문구로 다른 3D 메타버스 플랫폼과 달리 별도의 프로그램 다운로드가 필요 없다는 사실도 강조한다.

#로그인 후 첫 화면 (Frame VR 설명 갤러리)

첫 시작은 Frame VR을 설명하는 갤러리 형태의 작은 홀에서 하게 된다. 게임의 조작키처럼 [W(전)A(좌)S(후)D(우)]를 누르거나 방향키를 움직이면 방향 이동이 가능하다. 카메라의 앵글(나의 시선)을 왼쪽으로 돌리려면 [Q]를, 오른쪽으로 돌리려면 [E] 키를 누르면 된다. 마우스를 클릭한 채로 드래그하여 이동하거나 카메라 앵글을 바꿀 수도 있다. 전시홀의 6개 벽면을 통해 [WELCOME TO FRAME] - Frame의 특징 및 다른 플랫폼과의 차이점, [IMAGES] - 일반 사진과 360도 사진 공유 기능, [3D MODELS] - 3D 오브젝트 공유 기능, [TOOLS] - 웹캠, 화이트 보드, 화면공유 기능, [LEARN AND RESOURCES] - 사용설명 블로그, [USE CASES] - 실제 사용 예시 등에 대해 소개한다. 또한 벽 사이에 세워진 배너를 통해 PDF 파일 삽입 방법, 채팅 기능, 관리자 모드에 대해 간략한 설명을 제공한다. Frame VR 시작을 위해서는 각 벽면에 있는 [GET STARTED]의 파란 박스를 클릭해도 되고, 오른쪽 위 끝의 표시(⬛)를 클릭하면 된다.

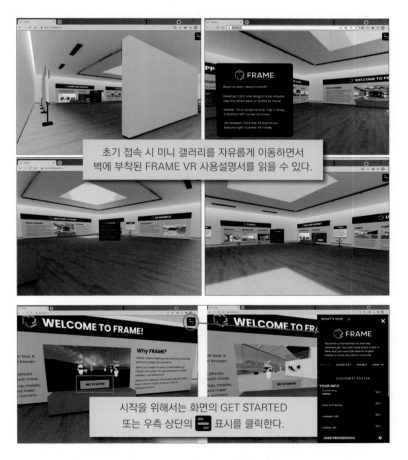

그림 3-13. FRAME VR 사용설명 갤러리

시작 후 메인 설정 페이지에서 4개의 Tab을 확인할 수 있다. 1) [PROFILE]에서는 사용자의 이름과 회사, 사진, SNS 계정 정보를 입력할 수 있다. 이를 통해 아바타로 방에 접속했을 때 다른 사용자가 나에 대한 정보를 확인할 수 있다. 2) [INVENTORY]에서는 개설한 방 공간에 추가할 자료 및 콘텐츠(업로드, 배치, 이동, 수정 등)에 대한 모든 작업을 할 수 있다. 3) [FRAMES]은 방 개설과 수정 및 공유에 관한 모든 활동을 하는 곳이며 4) [HOW-TO]는 사용 설명서이다.

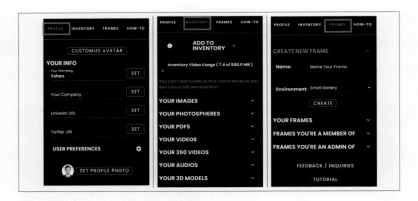

그림 3-14. 기본 4가지 메뉴 설명

Frame VR 웹 사이트는 영어 버전으로만 사용할 수 있지만 HOW-TO 설명서의 경우는 구글 자동 번역기 기능을 활용하여 (비교적 정확한 번역으로) 한글로도 관련 내용을 확인할 수 있다.

그림 3-15. 한글 사용설명서 변환

#CUSTOMIZE AVATAR (아바타 설정)

아바타를 설정하는 방법은 [PROFILE]의 [CUSTOMIZE AVATAR]를 클릭하거나 키보드의 [C]키를 누르면 아바타의 설정을 변경할 수 있는 창이 팝업된다. 아바타는 로봇(Android) 또는 사람(Human)으로 선택할 수 있다. 로봇 아바타의 경우는 색깔만 변경할 수 있지만 사람 아바타를 선택할 때는 Eyebrows(눈썹), Eye Shape(눈 모양), Cheeks(뺨), Nose(코), Jaw(턱), Shoulders(어깨), Chest(가슴), Belly Waist(허리) 등 여러 신체 정보를 바꿀 수 있을 뿐만 아니라 원하는 악세사리(안경, 모자, 수염, 자켓 등)를 설정할 수 있다. 아바타가 상반신만 있는 건 Frame VR 사용에 있어 (필자가 현재까지 경험하고 느낀 바에 의하면) 유일한 아쉬움으로 남는다. [P] 키를 누르면 아바타가 레이저로 포인터를 할 수 있다.

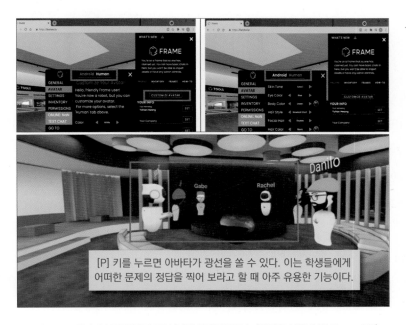

그림 3-16. 아바타 설정 방법과 로봇/사람 아바타의 모습 〈마지막 사진 출처: Frame VR〉

#FRAMES (방과 관련된 모든 정보)

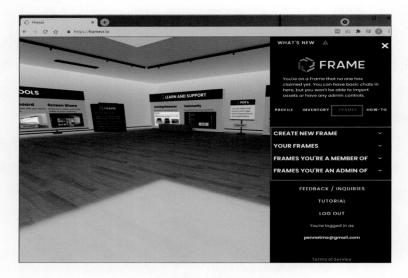

그림 3-17. 방 만들기의 시작 FRAMES 탭

[FRAMES](방 개설 및 설정) 탭의 하위 구성 내용을 살펴보면, [CREATE NEW FRAME]에서 새로운 수업을 위한 방을 개설할 수 있다. [YOUR FRAMES]은 내가 개설한 방들의 목록을 보여 주고, [FRMAES YOU'RE A MEMBER OF]는 내가 멤버로 참여 중인 방, [FRAMES YOU'RE AN ADMIN OF]은 내가 관리자로 되어 있는 방을 보여 준다.

1) CREATE NEW FRAME (새로운 방 만들기)

새로운 방을 만들기 위해서는 [NAME](방의 이름)을 정하고 공간의 배경이 될 [Environment](환경)를 선택하면 된다. 방의 이름을 만들 때 주의할 점은 대문자와 띄어쓰기를 사용할 수 없고 '소문자와 숫자, 하이픈'의 구성만으로 방 이름을 개설해야 한다는 것이다. 이는 방 이름이 https://framevr.io/ 뒷 부분에 주소로 추가되어 해당 방에 대한 접속 링크가 만들어지기 때문이다. 그 다음 환경(Environment)에서 내가 사용하고자 하는 수업 공간을 고르면 된다. 기본적으로 제공하는 맵은 16가지이며 Empty Scene을 고르면 직접 원하는 배경을 업로드하는 것도 가능하다(이는 마지막에 다시 설명한다). 또한 다른 플랫폼은 한번 공간을 선택하면 중간에 바꾸는 것이 불가능하지만 Frame VR은 콘텐츠를 그대로 유지하면서 언제든지 배경만 변경할 수 있다. 시중에 출시된 기존의 메타버스 플랫폼을 활용할 때 가장 중요한 것은 교육에 적합한 공간을 선택하는 것인데, Frame VR의 이러한 맵 선택의 유연성은 큰 장점으로 다가온다. 학생들의 수업 과제물이나 작품을 전시하는 경우 [Gallery]를 추천하고, 강의식 수업이면 [Outdoor Theater], [Floating Hall], 팀별 활동을 많이 해야 하는 경우라면 [Zen Office], [Lounge], [Team Suite], 움직여야 하는 활동 요소가 많은 수업이라면 [Solarium], [School] 등을, 여유로운 수업 분위기를 원한다면 [Resort], [Island] 등을 추천한다.

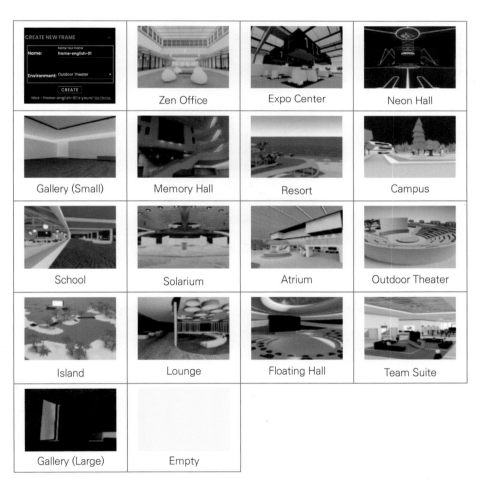

그림 3-18. FRAME VR 방 환경(Environment)의 종류

2) 방 링크 학생 공유 방법

방의 이름을 정하고 환경을 설정하면 방 개설이 완료되고 해당 접속 링크가 생성된다. 수업 참여를 위해서는 교사가 학생들에게 해당 링크만 공유하면 된다. (이 단계에서는 방의 비밀번호 설정이 불가능하다. 이는 5번에서 다시 설명한다.) 학생들은 별도의 로그인을 하지 않고 링크를 클릭해 수업에 참여하는 것이 가능하지만, 다른 기능의 사용과 원활한 수업 진행을 위해서는 회원 가입 후 로그인을 하는 것이 좋다. 또한 학생들이 방에 입장했을 때 알람을 받을지 말지를 세팅을 통해 설정할 수 있는데, 알람을 원할 때는 이메일, 문자 또는 SNS(Slack) 메시지 중 하나를 선택하면 된다.

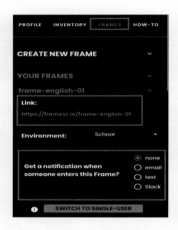

그림 3-19. 방 설정 후 링크 공유 방법

그 바로 아래 파란색 박스에 [Switch to Single-user]라고 되어 있는 것을 볼 수 있다. 학생들이 Frame VR 수업에 참여할 때 [Single] 또는 [Multi-user Mode](기본 설정)를 선택할 수 있는데, [Multi-user Mode]는 전체 학생들이 함께 모여서 수업을 진행할 때 사용하는 것을 말하며 [Single-Mode]는 학생들이 개별적으로 방에 접속할 필요가 있을 때 사용할 수 있다. [Single-Mode]로 되어 있는 경우 많은 인원이 동시에 접속하더라도 사용자는 다른 사람들이 보이지 않고 (대화 또는 상호작용도 불가) 혼자 방에 들어와서 웹 사이트를 구경하듯이 그 공간 안에 담겨 있는 교육 콘텐츠를 체험할 수 있게 된다. [Multi-user mode]는 일반적인 수업을 진행할 때, [Single-user mode]는 학생 개인이 예습이나 복습할 때 쓰면 유용하다. 수업이 진행 중인 상황에도 두 가지 모드를 자유롭게 변경할 수 있지만 한 공간의 모든 참여자가 '새로고침'되어 로딩 화면을 기다려야 하므로 지양하는 것이 좋다.

3) 방 동시 접속 및 수용 가능 인원

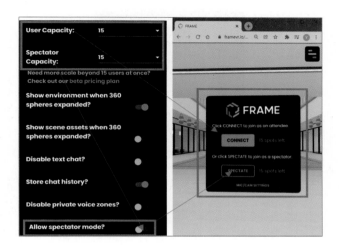

그림 3-20. User(참여자) and Spectator(관람자) 수용 가능 인원

Frame VR의 무료 버전은 동시 참석 가능 인원이 15명이다. 하지만 이 15명은 교수자 또는 관리자처럼 방을 꾸미거나 콘텐츠를 추가하는 역할을 할 수 있는 인원수로, 수업에 단순 참여하는 학생들이라면 Spectator(관람자) Capacity로 15명을 추가하여 참가시킬 수 있다. 즉 무료 버전으로는 30명(교사 1명 포함)까지 수업에 참여할 수 있다. 관람자로 참가 시 방 안의 모든 콘텐츠를 똑같이 경험하고 다른 사람들과 대화할 수 있지만 공간 안에서 아바타는 따로 보이지 않는다. 이 기능을 사용하려면 제일 마지막 부분의 [Allow spectator mode?]를 On으로 바꿔 두어야 한다.

이 보다 더 많은 학생들과 수업을 진행하려면 https://learn.framevr.io/pricing 에서 유료 버전을 구매해야 한다. Founders 버전은 한 달에 50불로 User Capacity를 50명까지(게더타운과 비슷한 2D의 메타버스 플랫폼인 OVICE가 한 달에 50불임을 감안하면 비싼 가격은 아니다.), Founders Plus는 한 달에 100불로 75명까지, Founders Primium은 한 달에 200불로 100명까지 인원을 수용할 수 있다.

4) 참가자 및 참여 학생 권한 설정

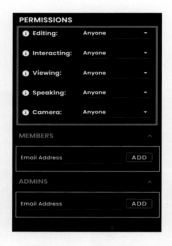

그림 3-21. 방과 관련된 권한 부여

[PERMISSIONS] 탭에서 참여자들의 활동 권한을 설정할 수 있다. 예를 들어 [Editing](방 수정 및 자료 공유), [Interacting](상호작용), [Viewing](관람), [Speaking](말하기), [Camera](카메라 켜기)의 권한을 [Anyone](누구에게나), [Members](멤버만), [Admins](관리자만)으로 각각 설정할 수 있다. 실제 수업 때 학생들이 수업 공간에서 자료를 자유롭게 공유하고 수정하게끔 하려면 [Editing]을 [Anyone]으로 표시해두는 것이 좋고 단순 강의만 진행하려면 설정을 [Admins]로 바꿔 두고 교사만 자료 공유가 가능하게끔 해 두는 것이 좋다.

특정 학생(예를 들어 팀 활동의 조장)에게만 [Editing] 기능을 부여하려면 [Editing]을 클릭 후 [Admins]로 세팅을 바꾸고 [Admins] 박스 아래 팀장의 이메일 주소(회원 가입 시 입력했던 이메일)를 추가해 관리자의 권한을 따로 부여할 수도 있다.

5) 방 접속 비밀번호 설정

Frame VR의 방 입장 비밀번호는 처음 방을 개설할 때 설정하는 것이 아니라 방을 개설한 후 [FRAME SETTINGS]에 가서 따로 등록해야 한다. 비밀번호 설정 시 학생들은 링크를 클릭 후 다음과 같은 화면에서 비밀번호를 입력하고 접속하게 된다. 이때 태블릿이나 모바일로 접속한 학생들은 타이핑 칸이 바로 뜨지 않아 당황할 수 있는데 키보드를 화면에 불러온 후 비밀번호를 넣을 수 있다.

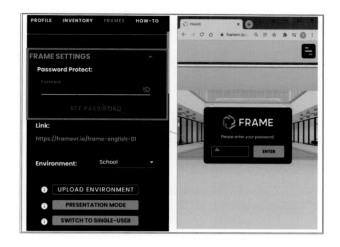

그림 3-22. FRAME SETTINGS에서 비밀번호 설정하기

6) 방 입장 전 카메라와 마이크 설정하기

해당 방 주소를 클릭하면 다음과 같은 접속 화면이 뜬다. 참가자는 [CONNECT]를 눌러 방에 들어가기 전에 [MIC/CAM]을 세팅할 수 있다. 또는 방에 접속한 후에도 오른쪽 위 끝의 줄 3개(▤)를 클릭한 후 [Avatar Cam]과 [Microphone Enabled]의 표시 여부에 따라 설정을 바꿀 수 있다. [Avatar Cam]을 켜두면 아바타 위에 카메라가 뜨게 된다. 줌이나 웹엑스의 실시간 화상강의처럼 교수가 개별 학생의 마이크와 카메라를 켜거나 끌 수 있어서 일단 초기 접속 시에는 카메라와 마이크 세팅을 On 상태로 하고 들어오도록 하는 편이 좋다.

그림 3-23. 카메라와 마이크 설정

#FRAME 안에서 아바타 조정

Frame 방 안에서 아바타의 이동은 [WASD] 방향키로 전후좌우를 조절할 수 있다. 빠르게 움직이고 싶으면 [Shift] 키를 누르고 방향키를 누르면 된다. 카메라 앵글(아바타의 시선)은 [Q] 키를 누르면 왼쪽으로, [E] 키를 누르면 오른쪽으로 돌아간다. 또한 방향키와 단축키 이외에도 마우스를 클릭하여 드래그 함으로써 방향과 시선을 자유롭게 조절할 수 있다. 방 안에 입장 후 아바타를 보거나 변경하고 싶을 때 [C] 키를 누르면 아래와 같이 세팅 창이 팝업되어 나타난다.

그림 3-24. 방 안에서 아바타 모습 확인하기

수업 진행 및 방 공간 사용 설명

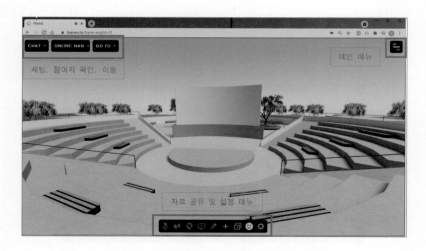

그림 3-25. FRAME 공간 메뉴 기본 메뉴 (Outdoor Theater 예시)

각각의 기능을 설명하기 위해 [Outdoor Theater]로 방을 하나 개설하였다. 이 공간을 꾸미기 위해서 하단 중앙의 아이콘을 순서대로 살펴보자. 첫 번째 마이크(🎤)는 마이크를 켜고 끌 수 있는 아이콘이다. 옆의 스피커(🔊)는 기본적으로 거리에 따라 소리 크기가 달라지는 소리의 공간화 기술이 적용되어 있다. 따라서 학생들이 교수자에게서 일정 거리 이상으로 멀어지면 목소리가 들리지 않게 된다. 하지만 이 확성기를 켜 두면 거리가 멀어져도 학생들이 모든 소리를 다 들을 수 있다. 다른 메타버스 플랫폼인 게더타운이 특정 공간에 들어가야 이 기능을 사용할 수 있는 것에 비해, Frame VR은 확성기만 켜 두면 되기 때문에 매우 편리하다. 그 옆의 웹카메라(📷)는 카메라를 켜고 끌 수 있고 모니터(🖥)는 화면 공유를 시작할 수 있는 아이콘이다.

그 옆의 표시(✏️)는 [EDIT] 모드이다. 이는 Frame VR에서 가장 중요한 기능인데 수업 공간 안에 다양한 수업 자료들을 불러오는 기능을 작동하는 것이라고 생각하면 된다. 오른쪽 상단의 줄 3개의 아이콘(☰)을 클릭하여도 [Edit Mode]로 들어 갈 수 있다. 그 다음으로 추가(➕) 표시를 눌러 방 안에 다양한 [ASSET] 수업 자료들을 업로드 할 수 있는데 이 또한 오른쪽 상단의 메뉴에 들어있는 [ADD TO THIS FRAME]의 기능을 쉽게 접근할 수 있도록 해 둔 추가 아이콘이다. 그 다음의 화면 아이콘(🖼)은 다양한 장면(공간을 여러 개 만들기)을 만들 수 있는 기능이다. (이건 마지막 부분의 장면 추가에서 다시 설명할 것이다.) 마지막으로 스마일 표시(😊)를 누르면 다양한 이모티콘으로 아바타의 감정을 표현할 수 있으며 톱니바퀴(⚙️)를 클릭해 설정 탭을 열 수도 있다.

1) CHAT (채팅 기능)

좌측 상단의 첫 번째 탭은 [CHAT](채팅 기능)이다. 수업 참가자들은 자유롭게 채팅창에서 대화를 나눌 수 있으며 채팅과 관련된 기본 세팅은 [FRAME SETTINGS]에서 바꿀 수 있다. [Disable text chat?]을 클릭하면 채팅 기능을 끌 수 있고 [Store chat history]를 통해 채팅 내용을 저장할 수도 있다.

또한 [CHAT SETTINGS]에 직접 들어가면 [Speech-to-Text] 음성인식 및 문자 변환 기능을 활용할 수도 있는데, 이 기능을 켜고 채팅창을 열어 둔 채 말하면 해당 내용이 자동적으로 채팅창에 입력된다. 한국어뿐만 아니라 생각보다 다양한 언어들이 잘 인식되는 편이다.

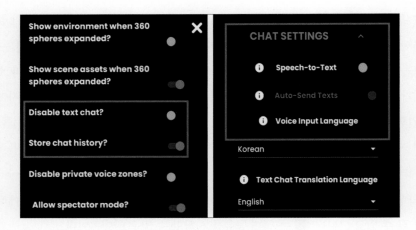

그림 3-26. 채팅창 기능 설정

Frame VR의 채팅창에는 인공지능 기술 기반의 자동 번역기 기능도 탑재되어 있다. 예를 들어 [Voice Input Language]를 한국어(Korean)로 설정하고 [Text Chat Translation Language]를 영어(English)로 설정하면 한글로 이야기한 것을 영어로 바로 번역해서 채팅창에 표시해 준다. 실제 채팅창의 번역기능 사용 예시를 보면, 다음 그림에서 "안녕하세요. 만나서 반갑습니다. 영어 수업에 오신 걸 환영합니다." 라는 대화가 영어로 바로 번역이 된 것을 볼 수 있다. 영어뿐만 아니라 다양한 언어(Afrikaans, Albanian, Arabic, Armenian, Bengali, Chinese, Danish, Dutch, Finnish, French, German, Greek, Hebrew, Hindi, Icelandic, Italian, Indonesian, Japanese, Korean, Malauy, Norwegian, Polish, Portuguese, Punjabi, Romanian, Russian, Serbian, Spanish, Swahili, Swedish, Thai, Turkish, Vietnamese, Welsh, Zulu)도 번역이 가능하기 때문에 교육적인 활용뿐만 아니라 국제 행사를 진행하는 데에도 도움이 될 수 있다.

그림 3-27. 채팅창 자동 번역 예시

2) ONLINE (참여자 정보)

접속 중인 참가자들에 대한 정보를 확인할 수 있다. 참가자를 클릭하면 이름과 역할, 개인정보 등을 확인할 수 있으며 여기서 실시간 화상강의 플랫폼처럼 개인별로 마이크를 켜고 끌 수 있다. 앞서 소개한 오비스나 게더타운 등의 비슷한 거리 기반 음성 플랫폼에서는 수업 참여자가 많을 수록 해당 학생이 어디 있는지를 교사가 직접 찾기 어려운 단점이 있는데, [Gather to me]를 누르면 해당 학생을 바로 교사 옆으로 데리고 올 수 있다. 또는 참가자를 클릭하면 [Go to this user]라는 팝업창이 나오는데, 이를 클릭하면 교사가 해당 학생 앞으로 순간이동 할 수 있다.

그림 3-28. 참가자들과 모이기 기능

3) GO TO (장면 또는 방 이동)

그림 3-29. GO TO 메뉴를 활용해서 장소 및 방 옮기기

이 기능을 사용하면 참여자들은 원하는 장소와 방으로 순간이동을 할 수 있다. [EDIT]를 누르면 오른쪽에 설정 창이 나오는데 여기서 이동 장소의 이름을 입력하고 두 가지 경로를 설정할 수 있다. 첫째는 [Spot link]로, 방 공간에 미리 지정해 둔 특정 장소로 이동할 수 있다(Frame VR에서는 [Spawn Spot] 기능을 활용해 방 안에서 학생들이 클릭 한 번으로 자동으로 모일 수 있는 지점을 곳곳에 설정할 수 있는데 이는 추후 다시 설명한다). 두 번째는 다른 Frame 방으로 이동할 수 있는 [Frame Link]이다. 이 기능을 잘 활용하면 팀별로 다른 Frame 방을 만들어 주고 서로 자유롭게 이동하면서 협력과 경쟁 기반의 활동을 구성할 수도 있고, 학생들이 실제 대학에서 수업 강의실을 옮겨 다니듯이 자유롭게 이동하게끔 하는 것도 가능해진다.

#수업 준비와 진행 (프레임 공간에 수업 자료 올리기)

[ADD TO THIS FRAME]을 클릭하여 다양한 수업 자료를 프레임의 공간 안에 업로드할 수 있다. 공간에 삽입되는 모든 사물과 자료는 [ASSET]이라고 칭한다. 한 가지 주의할 점은 [ASSET]을 추가, 수정, 이동시키고자 할 때 반드시 [EDIT MODE]를 켜두고 작업해야 한다는 것이다.

각각의 기능을 1) IMAGE, 2) VOICE ZONE, 3) 360 PHOTO, 4) PARTICLES, 5) PDF, 6) VIDEO, 7) 360 VIDEO, 8) TEXT, 9) STREAMING SCREEN, 10)

WHITEBOARD, 11) 3D MODEL, 12) SPAWN SPOT, 13) POLL 순으로 자세히 소개하고자 한다.

그림 3-30. FRAME VR 수업 공간

1) ADD IMAGE

[ADD IMAGE]를 누른 후 원하는 사진(png와 jpg 파일 10MB 까지 가능)을 수업 공간에 넣을 수 있다. [My files]은 내 컴퓨터의 파일, [Camera]는 바로 사진을 찍어서 올릴 수 있고, [Image Search]는 구글에서 이미지를 검색해서 방 안에 사진을 바로 띄울 수 있다. 이미지를 넣은 후에는 더블 클릭하여 크기[Scale]를 조절하고 방향 [Rotation]을 조절할 수 있다.

그림 3-31. 구글에서 이미지 불러오기 및 이미지 이동시키기

이미지를 불러왔다면 해당 이미지를 방 안의 적당한 장소에 부착해야 한다. 이미지를 클릭하고 방향키 또는 [WASD]키를 누르면 이미지가 함께 이동한다. 또는 [Snape to Surface]를 체크한 후 부착하고 싶은 해당 공간을 클릭하면 그 이미지가 자동으로 붙게 된다. [Lock to Position]은 해당 이미지를 고정, [Zoomable]은 해당 이미지를 확대 축소할 수 있도록 설정하는 것을 의미한다. [Add a link]는 해당 이미지를 클릭했을 경우 원하는 링크로 사용자를 이동시킬 수 있는데, 다른 Frame VR 방, 웹 사이트 링크, 다른 장면(Scenes), 또는 같은 방 안의 다른 지정 장소(Spawn Spots)로 이동시킬 수 있다(이 기능들은 추후 다시 설명한다).

그림 3-32. ASSET에 추가기능 입력하기

2) ADD VOICE ZONE

[ADD VOICE ZONE]을 설정하면 그 영역에 들어가 Private 대화를 할 수 있게 된다. 이전의 이미지 추가와 마찬가지로 해당 [ASSET]의 크기와 방향을 조절할 수 있으며 각 색깔 선을 클릭한 후 드래그하면서 원하는 방향으로 이동시킬 수도 있다. 아래 그림을 보면 수업 공간의 한 가운데 설정을 해 놓는 것보다 뒷 편에 설정을 해 두는 것이 좋을 것 같아 수업의 뒷공간으로 보이스 존을 이동시켜둔 모습을 볼 수 있다.

그림 3-33. 보이스 존 설정 예시

보이스 존을 방이 여러 개로 나뉘어 있는 공간에 따로 설정해 두면 그 방에 들어간 학생들끼리만 대화를 나눌 수 있어 팀 협업이 필요한 수업에 꼭 필요한 기능이다. 보이스 존에 입장하거나 퇴장할 때는 [금전출납기]의 딸랑 소리가 효과음으로 출입을 알려준다.

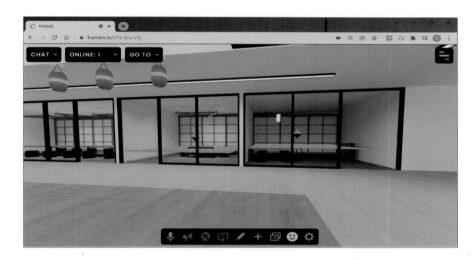

그림 3-34. 보이스존 설정 예시

3) ADD 360 PHOTO

Frame VR은 일반 사진뿐만 아니라 [360도 사진]을 수업 공간에 넣을 수 있다는 것이 큰 장점이다. 역시 내 컴퓨터에서 가지고 올 수도 있고, [Web Address]에서 사진의 온라인 링크를 입력하거나 [Google Drive], [Dropbox]에 저장된 사진을 가져오는 것도 가능하다. 또한 [Facebook]이나 [Instagram]의 SNS 계정, [Shutterstock]이나

[iStock] 등의 무료 이미지 사이트에서 바로 가져올 수도 있다. 다음 그림은 인스타그램과 연동하는 모습이다.

그림 3-35. 360도 사진 업로드 과정 (인스타 그램과 연동)

프레임 공간에 360도 사진을 삽입하면 일반 이미지와 달리 구(Sphere) 모양의 [ASSET] 형태로 들어간다. 다른 [ASSET]과 마찬가지로 크기와 방향을 조정할 수 있고 더블 클릭하게 되면 전체 화면으로 학생들을 360도의 이미지 세상 속으로 초대할 수 있다.

그림 3-36. 360도 사진 업로드 및 전체화면으로 감상하기

한 가지 흥미로운 기능은 [FRAME SETTINGS]에서 [Show scene assets when photosphere expands?]에 체크 하면 [ASSET]은 투명하게 사라지고 해당 360도의 이미지가 Frame VR 공간 안의 배경으로 뜨는 것을 확인할 수 있다. 이 기능을 활용해

서 교육공간의 배경을 얼마든지 수업 목적에 맞는 곳으로 바꿀 수 있다.

그림 3-37. 360도 이미지를 Frame 공간의 배경으로 설정하기

4) ADD PARTICLES

[PARTICLE]은 말 그대로 입자이다. 이 기능을 활용하여 공간에 다양한 입자들이 흩날리는 효과를 줄 수 있다. [ASSET]에서 [OPEN PARTICLE EDITOR]를 클릭하면 입자의 형태를 다양하게 변경할 수 있다. (2022년 1월 버전 이후에는 [EFFECTS ASSET]으로 간단하게 파티클을 삽입할 수 있게 업그레이드되었다.)

그림 3-38. 입자(PARTICLES) 설정 및 스모그와 눈꽃 입자 적용〈사진 출처 Frame VR〉 예시

5) ADD PDF (방 변경해서 다른 곳에 부착해 보기)

[ADD PDF]를 클릭 후 PDF 형태의 파일을 불러올 수 있다. 역시 다른 [ASSET]과 같은 방식으로 크기와 위치를 조정하고 원하는 장소로 이동 및 부착할 수 있다. 한 가지 특이한 점은 PDF 파일을 투명하게 만들어 공중에 글씨만 보이게 만들 수도 있다는 것이다.

그림 3-39. PDF 불러오기

앞서 설명한 바와 같이 [ASSET]을 벽면에 붙이는 방법에는 두 가지가 있다. 아래의 그림 중 왼쪽 사진은 PDF 파일을 클릭 후 방향키를 눌러 벽에 가지고 간 후 [Rotation]으로 각도를 조절해서 실제로 벽에 붙어 있는 것처럼 만들어 놓은 모습이고, 오른쪽 사진은 [Snap to surface] 기능을 켠 후 벽을 클릭해서 바로 붙인 모습이다. 여기서 주의할 점은 두 번째 방법의 경우 PDF 파일의 일부가 벽에 들어가 있는 상태로 보인다는 것이다. 이는 이 맵의 스크린 자체가 곡선의 모양을 띠고 있기 때문이다. 따라서 좀 더 평평한 스크린을 사용하고 싶다면, 맵을 교체하면 된다. (서두에서 언급한 바와 같이 중간에도 자유롭게 배경을 바꿀 수 있는 것은 Frame VR의 큰 장점 중 하나이다.)

그림 3-40. PDF 벽면에 붙이기 및 방 환경 변경

방을 바꾸는 방법은 간단하다. [FRAME SETTINGS]에 들어가 [Environment]를 클릭하면 다양한 방(16개)을 선택할 수 있다. 이번에는 School 방으로 들어가 보고자 한다. School을 선택하니 이전에 이미 넣어 두었던 PDF 파일과 360도 이미지 Sphere가 그대로 따라온 것을 확인할 수 있다. 방 변경이 잘 된 후에 PDF 파일을 클릭한 후 [Snap to Surface]를 설정하고 앞에 있는 평평한 게시판을 클릭하니 깔끔하게 잘 붙은 모습을 확인할 수 있다.

그림 3-41. 방 변경 및 PDF파일 평평한 게시판에 부착하기

6) ADD VIDEO

동영상 파일을 넣을 수 있다(100MB 이하 mp.4, avi, webp 형태의 파일만 가능). 역시 다른 [ASSET]과 마찬가지로 크기와 방향을 조절할 수 있으며 원하는 곳 어디에든 부착할 수 있다. 사용자가 직접 영상을 클릭하여 재생시킬 수도 있고 교사가 [Auto play] 설정을 해 자동 재생되도록 할 수도 있다.

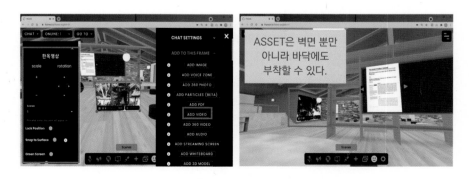

그림 3-42. 동영상 삽입 및 벽에 붙이기

7) ADD AUDIO

MP3 파일의 음원을 추가할 수 있다. 파일을 추가하면 하얀색 동그라미로 오디오 스피커가 나타나고 노래가 시작되면 이 동그라미는 펌핑이 된다. 한가지 특이점으로, [ASSET]의 세팅에서 [Positional Audio]를 설정하면 사용자가 스피커에 가까이 갔을 때 음악이 커지고 멀어졌을 때 음악 소리가 작아진다. 이를 앞서 소개한 보이스 존과 함께 방마다 따로 설정하면 팀별로 다른 음원을 듣게끔 하는 듣기 활동 등을 설계할 수도 있다.

그림 3-43. 오디오 파일 업로드 및 위치 이동 시키기

8) TEXT

[ADD TEXT]를 클릭하여 원하는 글씨 정보를 바로 입력할 수 있다. 다른 ASSET들과 마찬가지로 크기와 각도, 위치를 자유롭게 조절할 수 있으며 원하는 링크를 추가할 수도 있다. 글씨와 바탕의 색상을 바꿀 수 있고 텍스트를 입력 후 [UPDATE TEXT]를 클릭하면 된다. 그 바로 위의 [Transparent]를 클릭하고 업데이트할 경우 투명한 글씨로 만들 수도 있다.

그림 3-44. Text 추가 하기

[ADD TEXT] 기능은 아직까지 글꼴을 변경할 수는 없다. 또한 한글은 타이핑할 수 없고 영어로만 적을 수 있다. (텍스트 추가 기능은 이미지로 텍스트 정보를 넣어야 했던 불편을 보완하기 위해 추가로 업데이트된 기능이다. 이를 미루어 보아 영어가 아닌 다른 언어로 글을 적을 수 있는 기능도 곧 업데이트될 것으로 예상된다.)

9) ADD STEAMING SCREEN (+ WEBCAM)

다른 실시간 강의 플랫폼과 마찬가지로 카메라와 스크린 공유가 모두 가능하다. 화면 하단 중앙의 모니터 표시를 누르거나 [ADD STREAMING SCREEN]을 누르면 화면 공유 창이 하나의 [ASSET]으로 들어가는 것을 확인할 수 있다. 역시 다른 [ASSET]들과 마찬가지로 크기와 회전을 조정하여 원하는 위치 또는 스크린에 붙여둘 수 있다.

그림 3-45. 화면 공유 후 원하는 위치에 붙여 두기

Frame VR에서 이 기능의 가장 큰 장점은 또 다른 [STREAMING SCREEN] ASSET 을 공간에 추가한 후 다른 화면들을 동시에 공유할 수 있다는 것이다. 다른 실시간 화 상강의 플랫폼에서는 화면 공유가 하나 밖에 되지 않는다.

10) ADD Whiteboard

화이트보드를 [ASSET]으로 추가하여 PC, Phone, VR 버전에서 모두 판서가 가능하 므로 공동 작업에 탁월한 수업 환경을 만들 수 있다. 색상 및 굵기 조절이 가능하고 지 우개 기능도 있다. Zoom을 누르면 전체 화면으로도 볼 수 있고 다운로드를 누르면 화 이트보드에 학생들이 입력한 결과물을 PNG 파일로 다운로드할 수 있다.

그림 3-46. 화면 공유 후 원하는 위치에 붙여 두기

학생들이 PC로 접속을 했을 경우 판서 태블릿이 없으면 글씨를 잘 쓰는 것이 어려 울 수는 있지만, 다음과 같은 VR모드로 접속했을 때는 실제 손으로 글씨를 쓰는 것과 같은 효과를 기대할 수 있다.

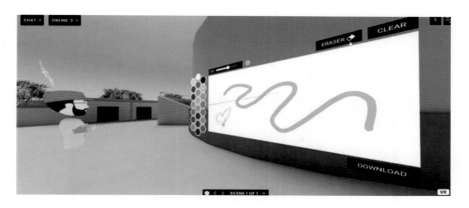

그림 3-47. VR 모드로 접속했을 경우 판서를 하는 모습 〈사진 출처: Frame VR〉

11) ADD 3D MODEL

Frame VR의 또 다른 장점 중 하나는 수업 공간에 다양한 형태의 3D 모델을 불러올 수 있다는 점이다. 파일을 업로드하는 방법은 두 가지이다. 하나는 내가 다운로드받은 3D 파일을 컴퓨터에서 직접 불러오는 것이고(이 경우에는 glb 파일만 가능), 다른 하나는 [BROWSE LIBRARY]를 클릭하여 [Sketchfab]이라는 3D 오브젝트를 불러올 수 있는 사이트와 자동 연결되도록 하는 것이다. 해당 사이트를 구글 로그인으로 연동시킨 후 검색어에 원하는 것을 입력해 해당 오브젝트를 불러오면 된다.

그림 3-48. 3D 모델 업로드하기 (Sketchfad 사이트와의 연동)

예를 들어 Dog을 검색하니 여러 가지 오브젝트가 나왔는데 My Doge라는 귀여운 강아지가 눈에 띄어 선택 후 [IMPORT]를 하였다. 그 후 [ADD]를 클릭하면 [YOUR

MODEL IS LOADING]과 [OPTIMIZING YOUR MODEL]이라는 메시지와 함께 3D 모델이 업로드된다.

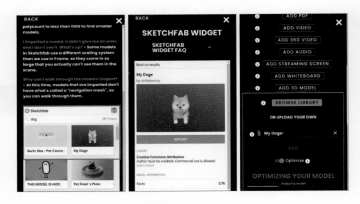

그림 3-49. 3D 모델 업로드 과정 (Sketchfad 사이트와의 연동)

이제 다음 그림과 같이 Doge 3D 오브젝트가 공간 안에 놓여 있는 것을 볼 수 있다. 다른 [ASSET]들과 마찬가지로 크기와 회전을 조절할 수 있고 복사하여 여러 개의 오브젝트를 원하는 곳에 이동 및 배치할 수 있다. 이와 같은 기능을 활용하면 다양한 3D 오브젝트들을 수업 공간에 적용하여 체험형 교육을 강화할 수 있다.

그림 3-50. Doge 3D 모델이 공간에 업로드 된 모습

그림 3-51. 파리 에펠탑 3D 모델을 업로드한 모습

12) ADD SPAWN SPOT

[ADD SPAWN SPOT]을 클릭한 후 이름을 지정(역시 소문자와 하이픈의 구성만 가능함)하고 나면 공간 안에 원 모양의 영역이 설정되는 것을 볼 수 있다. 좁은 공간의 방이라면 그럴 일이 없겠지만 넓은 영역의 맵 같은 경우에는 학습자들이 많은 장소를 빠르게 왔다 갔다 하는 데 어려움이 있을 수 있다. 이때 [SPAWN SPOT(닭이 알을 낳는 듯한 느낌의 공간)]을 설정해 두고 사용자가 화면 좌측 상단의 [GO TO]를 누르면 해당 영역으로 순간 이동하는 것처럼 바로 이동할 수 있다. 앞서 소개한 대로 [GO TO] 메뉴에서는 [Spawn Spot Link] 뿐만 아니라 다른 Frame VR 방으로 이동하는 [Link]도 만들 수 있다.

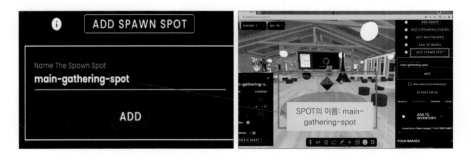

그림 3-52. Spawn Spot 이동 지점 설정하기

그림 3-53. GO TO MENU에서 다른 SPOT 또는 FRAME으로 이동하기

13) ADD POLL

[ADD POLL]을 클릭 후 [Question]에 질문을 넣고 [Choice]에 보기를 넣으면 바로 설문조사 ASSET을 만들 수 있다. (현재 버전에서는 영어만 지원을 한다.) [ADD CHOICE]를 클릭하여 보기를 추가할 수도 있고 [Make this poll anonymous?]를 선택하여 익명 설문조사로 설정할 수도 있다.

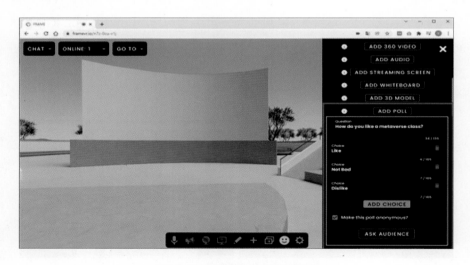

그림 3-54. 설문조사 질문과 문항 만들기

[ASK AUDIENCE]를 클릭하면 원 형태의 설문조사 ASSET이 삽입된다. 해당 ASSET을 클릭하면 보기가 나오고 학습자들이 선택한 질문은 해당 ASSET에 %로 바로 표시가 된다.

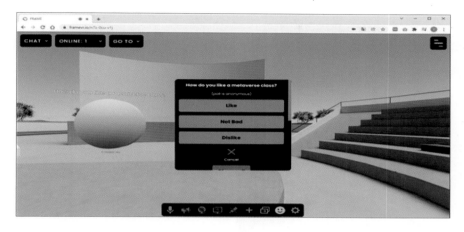

그림 3-55. 설문조사 질문과 문항 만들기

#Add to your Inventory (INVENTORY에 ASSET 자동 저장, 500MB까지만)

앞서 살펴본 13가지의 [ASSET]을 수업 공간에 업로드할 때 제일 밑에 있는 [Also add to your inventory] 박스에 체크를 해 두면 그 해당 [ASSET]은 [INVENTORY]에 바로 저장이 되고, 추후 같은 [ASSET]이 필요할 경우 별도의 업로드 과정 없이 [INVENTORY] 안에서 바로 가져올 수 있다. 현재까지는 [500MB]까지 파일들을 저장할 수 있다.

그림 3-56. ADD TO INVENTORY (업로드한 파일 저장소)

#FRAME 안에서 여러가지 씬(장면) 만들기

FRAME VR 공간 안에서는 마치 드라마나 영화에서 여러 장면이 전환되듯이 방의 배경을 여러 개 만들어 놓고 이동할 수 있다. 예를 들어 아래 그림을 보면 이전까지 다양한 수업 자료를 추가하는 과정을 설명하느라 FRAME VR 공간 안에 여러 가지 [ASSET]들이 놓여 있는 걸 확인할 수 있다. 이런 경우 아래의 [SCENES MENU]를 클릭하거나 중앙(➕) 옆의 슬라이드(🖻) 표시를 누르면 장면을 나눌 수 있다. 각각의 Scene에 이름을 부여할 수 있고 드래그하여 순서를 바꿀 수도 있다.

그림 3-57. Scene 장면 구성하기 설정 방법

아래 그림을 보면 [Scene 1]에서는 이 전에 올렸던 [ASSET]들이 보이고 다음 [Scene 2]로 이동하면 아무 [ASSET]도 보이지 않는다는 걸 확인 할 수 있다. 이와 같은 기능을 잘 활용하면 수업의 장면들을 시간별 또는 활동 별로 나누어 진행할 수 있다. 예를 들어 수업의 전반부는 [Scene 1], 후반부는 [Scence 2]에서, 또는 언어 기능의 영역별로 나누어 수업의 장면을 구성할 수도 있다.

그림 3-58. Scene 1번과 Scene 2번 공간의 차이점

기본적으로 모든 [ASSET]에는 링크를 삽입할 수 있다. 링크의 종류는 다음과 같다. [Frame Link]는 다른 프레임으로 순간 이동할 수 있고, [Scene Link]는 다른 씬으로, [Notification Link]는 다른 사람이 클릭하면 이메일이나 텍스트를 받을 수 있으며, [Link to Spot]은 같은 Frame 안에서 다른 방으로 순간 이동하고, [Web Link]를 설정하면 다른 웹 사이트의 창이 열린다.

그림 3-59. Scene 1번과 Scene 2번 공간의 차이점

아래 그림은 뉴욕의 사진을 이미지의 [ASSET]으로 넣어 두고 뉴욕에 대한 위키피디아 정보 웹 사이트 주소를 링크로 걸어 둔 모습이다. 학습자가 사진을 클릭하면 다음과 같이 팝업된 메시지에서 [Link]를 클릭하여 해당 웹페이지로 접속할 수 있다.

그림 3-60. 뉴욕에 대한 사진에 WIKIPEDIA 사이트를 연동한 모습

방 환경(Environment)에 원하는 배경 업로드 또는 직접 배경 만들기

그림 3-61. 3D 배경 업로드 하기

Frame VR에는 16개의 기본 방 구조가 있지만 내가 원하는 방의 구조와 배경이 없다면 수업 목적에 맞는 3D 파일을 불러올 수 있다. 3D 배경 파일 검색은 Sketchfab(https://sketchfab.com/) 사이트를 추천한다. 물론 높은 질의 배경은 돈을 지불해야 하지만 괜찮은 무료 버전의 3D 배경 파일들도 내려받을 수 있다(15MB 이하의 .glb 확장자를 가진 파일만 불러올 수 있다.) 예를 들어 다음 그림처럼 공항에서 사용되는 영어 표현을 다루는 수업이라면 공항의 3D 배경을, 미식축구에 관한 문화 체험 수업이라면 Football Field를 검색하여 배경을 다운로드 받은 후 Frame 공간에 그대로 삽입하는 것이 가능하다. (앞의 장에서 설명한 이프랜드 플랫폼을 적용한 풋볼 관련 수업에서 해당 필드를 직접 사용하지 못했던 단점을 Frame VR에서는 보완할 수 있다.)

그림 3-62. 공항과 풋볼 경기장 3D 파일을 다운로드 후 배경으로 설정하기

필요한 3D 배경의 가격이 너무 비싸거나 파일을 찾을 수 없다면 [ASSET]의 [IMAGE]와 [360 PHOTO]를 통해서도 원하는 수업 환경을 직접 꾸밀 수 있다. 예를 들어 [Environment]를 [Empty]로 해두고 [IMAGE]로 풋볼 경기장의 사진을 불러온 후 [Snap to the surface]로 바닥을 클릭 후 크기를 키우면 제법 그럴듯한 풋볼 경기장의 바닥을 만들 수 있다.

그림 3-63. 풋볼 경기장처럼 배경 직접 꾸미기

그 후 [ADD 360 PHOTO]를 클릭해 경기장 배경의 360도 사진을 넣어주고 [FRAME SETTINGS]에서 [Show scene assets when 360 spheres expanded?]에 클릭을 해 두면 다음과 같이 실제 풋볼 경기장과 흡사한 모습으로 수업 환경을 꾸밀 수 있다. (풋볼 경기장의 느낌을 더 살리기 위해 공과 헬멧도 [ADD 3D MODEL]로 업로드 해 보았다.)

그림 3-64. 공항과 풋볼 경기장 3D 파일을 다운로드 후 배경으로 설정하기

원하는 360도 사진의 검색이 어렵다면 Photooxy(https://photooxy.com/)와 같은 2D의 이미지를 360도로 변환해 주는 사이트를 활용하는 것도 좋다.

방 환경(Environment)에 원하는 지도(Map) 업로드 하기

Frame VR에는 원하는 지도(Map)를 불러올 수 있다. 메인화면에서 [C]키를 클릭하면 다음과 같은 창을 불러올 수 있는데, 제일 마지막의 [MAP]을 선택하고 원하는 장소의 이름을 입력한 후 크기를 조절하면 Frame VR 공간 안에 해당 지역의 지도가 업로드된다. 아래의 정보 칸에서 [Street]을 선택하면 거리뷰 일반 지도가, [Satellite]을 선택하면 위성 지도가 나온다.

그림 3-65. 지도(Map) 추가 하기 〈사진 출처: Frame VR〉

그림 3-66. 위성 사진 지도와 거리뷰 지도 추가 예시 〈사진 출처: Frame VR〉

#Frame VR 수업 설계 및 적용 사례

　3D의 메타버스 플랫폼을 사용할 때 어떠한 모습으로 수업 활동이 이뤄질 수 있는지를 확인해 보고자 대학 전공 수업에서 Frame VR을 적용해 보았다. 해당 교과목은 전라북도 지역의 인문대학 영문과 학생들을 대상으로 한 수업으로 수업명은 인문학기초II이다. 수업 구조는 3학점 3시수로 1주일에 2번, 비대면과 대면의 혼합 방식으로 진행되었다. 한 학기 동안 진행된 해당 수업의 활동은 크게 두 가지로 나뉜다. 첫째는 인문학적인 사고와 시선으로 다양한 사회 문화를 이해하고 특정 주제와 관련된 창의적인 콘텐츠를 제작한 후 이를 각종 공모전에 제출하는 것이다. 둘째는 메타버스의 정의와 가치에 대한 이해를 기반으로 메타버스 열풍을 인문학적인 시선으로 재해석하는 훈련을 하고 그 일환으로 메타버스의 3가지 플랫폼(이프랜드, 게더타운, Frame VR)을 차례로 체험해 보는 것이다.

　Frame VR을 활용한 수업은 13-14주차 2주에 걸쳐 총 3회(13주차 1-2차시, 14주차 1차시)가 진행되었다. 13주 1차시(비대면)에는 Frame VR 프로그램과 간략한 사용법에 대해 설명하는 50분가량의 동영상 강의를 제공했고 2차시(대면)에는 컴퓨터실에 모여 직접 Frame VR에 접속해 보면서 사용법을 익히고 다음 차시 수업을 준비했다. 그 후 14주차 1차시 수업(비대면)에서는 Frame VR 공간에서만 메타버스 수업을 진행하였다. 14주차 2차시(대면)에는 다시 학교에 모여 Frame VR 사용에 대한 후기와 의견을 나누고 메타버스와 미래교육의 모습에 대해 토론을 진행하였다. 이제 각 차시별 수업의 내용과 주요 활동을 사진들과 함께 설명하고자 한다.

　13주차 2차시 수업은 한 학기 동안 진행했던 수업 내용과 과업들을 복습하는 활동을 준비했다. 본 수업 시작 전 Frame VR 공간을 꾸미고 수업 자료들을 올려 두기 위해 [Team Suite]로 방을 개설하였다. 이 맵에는 다양한 소그룹 방이 따로 있어서 팀 협업에 탁월하다. 우선 각 방마다 주차별로 진행했던 활동사진 및 영상, 학생들의 과업 결과물들을 업로드 해 두었다.

그림 3-67. Frame VR을 활용한 전체수업 리뷰

위의 그림을 보면 왼쪽 벽에는 학생들이 경험했던 메타버스 플랫폼의 로고를 [ADD TO THIS FRAME] → [ADD IMAGE]를 통해 벽에 부착하였고 오른쪽에는 같은 방식으로 한 학기 동안 학생들이 참가하였던 공모전 포스터와 공모전에 제출한 작품들을 붙여 두었다. 각 방의 입구와 내부 모습을 자세히 보면 다음과 같다.

1주차(편지쓰기 공모전)	방 내부 모습

학생들이 학기초에 참여한 '나에게 쓰는 편지' 공모전의 포스터를 방 입구에 붙여 두고, 공모전에 제출한 각자의 편지 표지 사진을 방 내부 한 쪽 벽면에 부착해 두었다.

2주차(한옥 공모전)	방 내부 모습

방 내부 한쪽 벽에는 학생들이 직접 촬영하여 '대한민국 한옥 공모전'에 제출한 동영상 파일을 업로드 해 두고 반대편 벽에는 콘텐츠 제작을 위해 방문했던 전주 한옥마을에서 찍은 단체 사진을 붙여 두었다.

7주차(장애인식 개선 공모전)	방 내부 모습

학생들은 중간고사 프로젝트로 '장애인식 개선' 공모전에 포스터 및 영상으로 참가하였다. 방 내부 한쪽 벽에 학생들이 제출했던 포스터를 다른 벽에는 영상을 업로드 해 두었다.

공모전 방들의 반대편에는 그동안 체험했던 메타버스 플랫폼들에 대한 추억을 담아 두었다. 방 입구와 내부 사진을 살펴보자면 다음과 같다.

2주차, 5주차(이프랜드)	이프랜드 방 내부 모습

방 내부 한쪽 벽에 이프랜드 수업을 진행하며 학생들과의 찍은 단체 사진과 수업 녹화본 영상을 부착해 두었고 다른 벽에는 수업과 관련해서 공유했던 포스터들을 붙여 두었다.

6주차(게더타운)	게더타운 방 내부 모습

방의 내부에 게더타운으로 진행했던 수업 안내 이미지와 실제 수업 영상 녹화본을 벽면에 부착해 두었다.

13-14주차(Frame VR)	Frame VR 방 내부 모습

Frame VR의 사용설명서 영상을 한쪽 벽에 붙혀 두었다.

그림 3-68. Frame VR을 활용한 수업 공간 소개

[Team Suite]에 있는 소그룹 방은 총 12개이며 중간 지점 공간을 기준으로 6개씩 양분되어 있다. 따라서 반대쪽의 6개 방은 수업 당시 학생들이 팀으로 환경보호 공모전에 제출할 UCC를 기말고사 프로젝트로 제작 중이었기 때문에 각 팀을 위한 방을 하

나씩 지정해 두었다.

그림 3-69. 반대편 팀 공간 룸 설정 모습

수업 진행을 위한 Frame VR 공간 세팅이 완료된 후 실제 수업은 학생들과 직접 대면하여 Frame VR 공간을 체험하는 내용으로 진행되었다. 학생들은 컴퓨터실에서 각자의 컴퓨터로 접속을 하였고 교수자와 함께 각 방을 투어하면서 한 학기 활동과 추억을 돌아보았다. (내가 마치 여행 가이드가 된 듯한 기분이 들었다.)

그림 3-70. Frame VR 수업 체험 예시

그 후 바로 Frame VR에 콘텐츠를 올리는 방법을 익힐 수 있도록 팀 활동을 진행하였다. 학생들에게 모든 팀원들을 담은 단체 사진을 찍어 각 팀 방 안의 벽에 부착하고 입구에 팀 이름을 이미지 [ASSET]으로 업로드하도록 하였다.

그림 3-71. Frame VR 수업 체험 예시

그 후 수업을 마무리하면서 학생들에게 다음 차시 수업 하루 전까지 현재 팀으로 제작 중인 환경보호 UCC 영상의 초안을 교수자에게 제출하도록 안내하였다. 다음 수업 (14주차 1차시) 시작 전 Frame VR 방(환경)을 [Solarium]으로 새롭게 만든 후 학생들의 영상 제출본을 함께 리뷰하는 수업을 준비하였다.

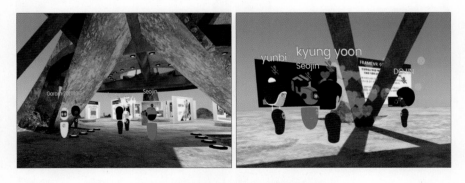

그림 3-72. 학생들의 접속 모습 및 감정표현(이모티콘) 사용 모습

수업 시작 초반에 과업의 진행 순서를 [ADD STREAMING SCREEN]으로 교수자 화면을 공유하면서 소개하려고 했으나 한꺼번에 많은 학생들이 접속하다보니 과부하가 걸려 화면이 공유되지 않았다. 당황스럽기는 했지만 재빨리 수업 진행 순서를 [ADD IMAGE]로 넣은 후 진행 순서에 대해 구두로 설명을 해주었다. (※ 주의사항: Frame VR 수업 진행 시 학생들이 동시에 많이 접속하면 서버 랙이 걸릴 수 있어요! 학생이 많을 경우 노트북보다 데스크탑에서 사용하길 권장 드립니다.)

그림 3-73. Frame VR 수업 진행 순서 소개 모습

실제 수업은 다음과 같은 순서로 진행되었다.

① 각 방에 부착한 6개 팀의 동영상을 플레이 버튼을 누른 후 감상합니다. (동영상이 끊길 경우 사이버 캠퍼스(LMS)에도 영상을 올려 두었으니 거기서 시청하면 됩니다.)

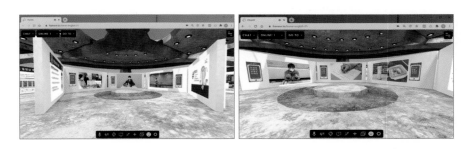

그림 3-74. 동영상 갤러리 모습 (양 쪽에 3개 팀의 영상을 넣어 두었다.)

② 동영상 관람이 끝난 후 동영상 방 뒤편의 다른 벽면으로 가서 『최고의 영상 투표 하기』안내지를 읽고 앞의 하트 모양의 3D 모델을 클릭하면 패들릿 사이트가 연 동됩니다. 거기서 가장 잘한 팀의 영상에 투표하고 수정 및 보완해야 할 점에 대 한 의견을 남겨 줍니다.

그림 3-75. 3D 모델에 링크 설정 후 패들릿 사이트와 연동하는 모습

③ 그 후 반대쪽의 다른 벽면을 찾아가 거기에 있는 『메타버스 설문조사』안내판을 읽고 그 앞의 강아지 3D 모델을 클릭하여 설문조사를 진행합니다.

그림 3-76. 3D 모델에 링크 설정 후 구글 온라인 설문조사 사이트와 연동하는 모습

─○ 3-3.3 Frame VR을 활용한 영어 과업 설계 예시

본 장에서는 Frame VR의 여러 기능을 활용하여 설계할 수 있는 영어 과업을 소개 하고자 한다. Frame VR을 활용하여 수업을 설계하면 2D의 교육 콘텐츠와 공간을 3D

로 전환할 수 있다는 장점이 있다. 또한 학생들이 단순히 교사가 준비한 수업에 참여만 하는 것이 아니라 다른 팀원들과의 협업을 통해 직접 교과서의 내용을 소개하고 입체감이 있는 콘텐츠들을 만드는 창의적인 활동을 진행할 수 있다.

#과업 예시 1 (리딩 지문을 활용한 방탈출 게임 – 대상 고등학생 2학년)

• 과업 목표: ① Frame VR에 접속하여 각 방마다 제시되어 있는 리딩 교재 Reading for the Real World(Worcester, Janzen, and Malarcher, 2004)의 지문에 대한 24문제 정답 맞추기 → ② 문제를 모두 풀고 지정 장소에 이미지의 [ASSET]으로 공유하는 학생만이 Frame 방을 탈출

• 수업 시작 전 준비사항: ① 교재 Reading for the Real World에 나오는 읽기 지문을 활용해 영어 문제 만들기 → ② Frame VR 방을 [Zen Office]로 개설하기 → ③ 해당 교재 이미지와 과업을 안내하는 PPT 슬라이드를 공간의 제일 앞부분에 [IMAGE]로 넣어 두기 → ④ 읽기 영어 문제를 준비하기 위해 Frame 공간의 각 방에 지문과 문제를 [IMAGE]로 넣어 두기 → ⑤ 듣기 영어 문제를 준비하기 위해 해당 방에 지문과 문제를 [VIDEO]와 [3D MODEL]로 넣어 두기 → ⑥ [SPAWN SPOT]을 만들어 정답 공유하는 모임 장소 지정하기

그림 3-77. 교재 표지 및 방탈출 게임 설명 안내판 부착

• 방 탈출 방법 안내판 내용

① 안녕하세요, 여러분은 현재 Zen Office라는 밀실에 갇혀 있습니다.

② 이 밀실에는 총 12개의 방이 있습니다.

   - 8개의 방에는 교재 리딩 지문에 대한 영어 읽기 문제가 2개씩 들어 있습니다.

   - 4개의 방에는 교재 리딩 지문에 대한 영어 듣기 문제가 1개씩 들어 있습니다.

③ 각 방을 돌아다니면서 총 24개의 영어 문제에 대한 정답을 찾으세요.

   - 방을 탈출하기 위해서는 반드시 24개의 문제를 모두 풀어야 합니다.

④ 여기서 끝이 아닙니다. 방을 탈출하려면 문제를 모두 풀고 나서 [GO TO]를 눌러 [Answering Spot]으로 이동한 후 그 공간의 벽면에 본인의 정답지를 [IMAGE]로 업로드해야 합니다.

그림 3-78. Spawn Spot 만들기 예시

• 읽기 문제 방 예시: 교재의 지문과 해당 읽기 문제 2개씩을 벽에 [ADD TO THIS FRAME] → [IMAGE]로 붙여 두었다.

그림 3-79. 리딩 지문 읽기 문제 방

- 듣기 문제 방: 리딩 지문과 문제를 벽에 [IMAGE]로 부착하였고 인터넷에서 (Colorado River - I Am Red)라는 제목의 영상을 다운로드 받아 [VIDEO]로 방에 업로드해 두었다.

그림 3-80. 리딩 지문 퀴즈 듣기 방 예시

그리고 듣기 문제 방의 입구에 Colorado River 협곡의 일부를 체험할 수 있는 [3D MODEL]을 업로드하여 학생들이 문제를 풀러 들어가기 전에 실제 협곡의 느낌을 체험할 수 있는 요소를 강화하였다.

그림 3-81. 리딩 지문에 나오는 콘텐츠 3D 모델 업로드 예시

협곡 3D 모델은 [ADD TO THIS FRAME] → [ADD 3D MODEL] → Sketfab 웹사이트와 연동 → Grand Canyon 검색어로 입력 → Colorado 협곡 모델 하나 선택 → [IMPORT] 순으로 불러오면 된다.

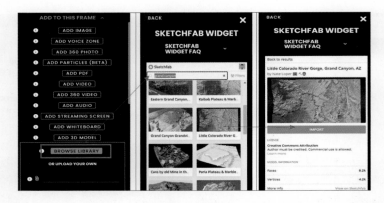

그림 3-82. Colorado River 협곡 3D 모델 업로드 방법

읽기 문제(18개)와 듣기 문제(4개)를 다 푼 학생들은 [GO TO]를 눌러 [Answering Spot]으로 이동 후 그 공간의 벽면에 본인의 정답지를 [IMAGE]로 업로드해야 한다고 다시 한번 이야기해주고, 완료한 친구들의 정답을 확인해 주며, 다 맞춘 학생들이 Frame VR을 나가게끔(방탈출 성공) 허락하면 과업이 마무리된다.

#과업 예시 2 (고등학교 영어 천재교육 이재영 외 Unit 6 Enjoy Arts, Connect Hearts, p. 134-135)
• 과업 목표: 교재 p. 135에 나오는 유명 예술가들의 작품 전시 갤러리 만들기

| Paik Nam June | Diego Velazquez | Billie Holiday | Evelyn Glennie | Andy Warhol |

• 수업 시작 전 Frame VR 방 개설 및 설정하기

① 학생들을 5팀으로 나눈다. 그리고 각 팀의 팀장이 Frame VR 방을 개설하게 한다(무료 계정에서는 Frame 방을 3개까지만 개설할 수 있어 교사가 직접 5개의 방을 만들 수는 없다). 이때 방은 [미니 갤러리]를 선택해도 좋고 팀원들이 원하는 공간을 자유롭게 선택하게 할 수도 있다.

② 모든 참여 학생들이 방에 자유롭게 자료를 공유할 수 있도록(갤러리를 꾸밀 수 있도록) [PERMISSIONS] 세팅 중 [Editing]을 [Anyone]으로 설정해 두어야 한다.

③ 각 팀마다 다른 팀원들의 갤러리를 방문하고 구경하게끔 하기 위해서는 각 Frame 방마다 다른 Frame 방의 링크를 [GO TO] → [EDIT] → [Frame Link] 추가의 순으로 반드시 연동시켜 주어야 한다. 예를 들어 [방 1번]은 [다른 방 2-5번]의 모든 프레임 링크를 지정해 주어야 한다.

그림 3-83. Frame 방마다 연동 방법

④ Frame VR 방의 링크를 각 팀에게 공유하고 [GO TO] 기능을 통해 다른 방을 구경하러 갈 수 있다는 것을 설명한다.

• 과업 진행 순서

① 5개의 팀이 제비뽑기로 교재 135페이지에 나온 5명의 화가(Paik Nam June, Diego Velazquez, Billie Holiday, Evelyn Glennie, Andy Warhol) 중 1명을 선택한다.

② 각 팀은 본인의 화가/예술가의 일대기와 미술/예술 작품을 전시하는 갤러리를 만

든다. (사진 및 동영상 필수)

③ 해당 화가의 일대기를 탄생, 유년 시절, 중년, 노년 시절 등 시대별로 구분하여 작성해야 하며, 교재 135페이지의 Model Dialog를 참고하여 대화 형식으로 작성한다. 일대기 정보는 Frame 공간의 가장 앞 쪽에 부착하여 실제 갤러리의 입구와 같은 느낌을 준다.

(천재교육 이재영 외, p. 135 대화 예시)

A: Have you heard about Paik Nam June?

B: Sure, He was a famous video artist.

A: Can you tell me more?

B: He's called the father of video art. He worked with a variety of media. Dadaikseon is one of this most famous works.

④ 다음으로 화가/예술가의 작품과 관련된 다양한 콘텐츠로 갤러리 공간을 꾸민다. 이때 반드시 다음 [ASSET]을 최소 1개씩 포함하고 있어야 한다. [이미지, 3D 모델, 동영상, 소리]

⑤ 팀원들이 협력해서 갤러리를 꾸미는 과정에서 의사소통이 필요할 때에는 직접 음성이나 채팅창을 활용할 수 있지만 [화이트보드] [ASSET]을 추가하여 의견을 나누게끔 장려한다.

⑥ 완료된 후에는 [GO TO] 메뉴를 클릭 후 다른 팀원들의 Frame VR 방으로 이동하여 다른 화가/예술가들의 일대기와 작품 전시회를 구경한다.

⑦ 교사와 모든 학생들이 함께 가장 창의적으로 제작된 갤러리 우승 팀을 선정한다.

#과업 예시 2 (고등학교 영어 천재교육 이재영 외 Unit 6 Enjoy Arts, Connect Hearts, p. 150-151)

• 과업 목표: p. 150 리딩 지문에 나오는 두 나라 축제 소개 갤러리 만들기

Edinburgh International Festival, U.K.	Festival Cervantino, Mexico

① 1안: 앞서 소개한 과업 예시와 같은 방식으로 팀을 나누고 각 팀에게 교재 150 쪽에 나오는 UK(Edinburgh International Festival) 또는 MEXICO(Festival Cervantino) 국가를 하나씩 배정하고 해당 축제의 기원, 역사, 활동 등을 체험할 수 있는 갤러리를 만들게 한다.

② 2안: 각 팀에게 UK와 MEXICO의 축제뿐만 아니라 더욱 많은 나라의 축제를 직접 선택하게 하여 갤러리를 꾸미게끔 한다.

③ 완료 후 [GO TO] 메뉴를 클릭하여 다른 팀원들의 Frame VR 방으로 이동한 후 다른 팀이 소개하는 축제를 구경한다.

④ 교사와 모든 학생들이 함께 가장 생생한 축제를 소개한 우승 팀을 선정한다.

#과업 예시 3 (중학교 2학년 미래엔 최연희 외, Lesson 2 Where Do People Live? p. 37-41)

• 과업 목표: 교재 p. 41에 각 나라의 주거 양식 소개 갤러리 만들기

| Norway | Southern Italy | Southern China |

① 1안: 각 팀에게 교재의 리딩 지문에 나오는 3개의 지구촌 집 건축 유형 – 노르웨이(Grass Roof), 이탈리아(Cone-shaped Roof), 중국(Big Round Roof) – 하나씩을 배정하고 해당 나라의 주거 양식과 거주 문화를 체험할 수 있는 갤러리를 만들게 한다.

② 2안: 교재에 나오는 3개의 나라뿐만 아니라 더욱 많은 나라를 직접 선택하게 하여 해당 국가의 주거 문화를 소개하는 갤러리를 만들게 한다.

③ 완료 후 [GO TO] 메뉴를 클릭하여 다른 팀원들의 Frame VR 방으로 이동한 후 다른 팀이 소개하는 건축물과 거주 문화를 체험한다.

④ 교사와 학생들이 함께 가장 창의적인 갤러리를 만든 우승 팀을 선정한다.

─○ 3-4 Cospaces(코스페이시스)

Cospaces는 가상현실(Virtual Reality)과 증강현실(Augmented Reality)의 콘텐츠를 제작할 수 있는 프로그램이다. 앞서 살펴본 이프랜드나 Frame VR과 달리 아바타를 통해 학생들이 동시에 가상의 공간으로 접속하는 것은 아니기 때문에 메타버스 플랫폼이라기보다는 메타버스 세상을 보다 풍요롭게 만들 수 있는 실감형 콘텐츠를 제작하는 도구라고 볼 수 있다.

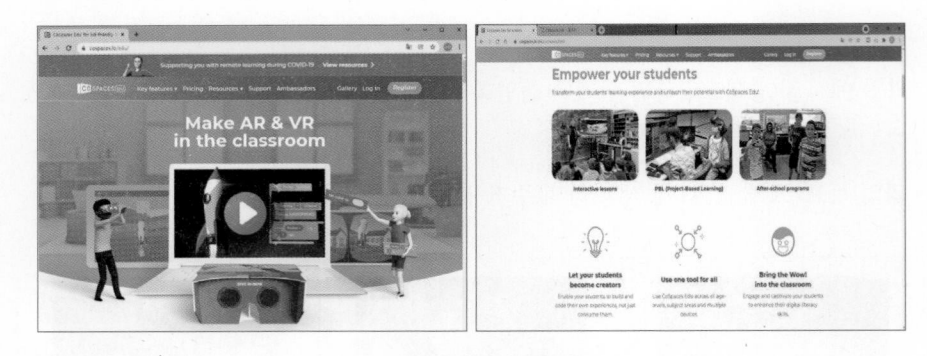

그림 3-84.Cospaces 첫 화면 및 사용 예시

Cospaces는 여러 나라의 교육 현장에서 실감형 교실을 만들어 가는데 크게 이바지하고 있다. 또한 단순 제작에서 벗어나 프로그래밍(코블럭스 또는 스크립트)을 활용해해당 콘텐츠를 자유롭게 제어하고 다양한 움직임 및 활동을 설정할 수 있어 소프트웨어와 창의융합 교육의 목적으로도 널리 사용되고 있다. 우측 상단의 [Gallery]에서 전문가들이 만든 작품뿐만 아니라 실제 교사나 학생들이 만든 다양한 AR/VR 콘텐츠를분야별(STEAM과 코딩, 사회 과학, 언어와 문학, 메이커스페이스와 예술)로 확인한 후바로 수업에 적용하여 사용할 수 있으며 [Resources] → [Lesson Plans]에서 특정 콘텐츠를 활용한 교육안도 확인할 수 있다.

그림 3-85. Cospaces 갤러리 및 교육안 예시

본 장에서는 Cospaces의 사용법과 함께 어떠한 실감형 콘텐츠들을 만들 수 있는지를 설명하고 실제 대학 전공 수업에서 제작된 콘텐츠를 예시하는 한편, 중고등학교 영어 교과서의 내용과 연계한 몇 가지 과업들을 소개하고자 한다.

3-4.1 Cospaces 사용법과 수업 적용 예시

#계정만들기(선생님)

Cospaces를 시작하려면 PC에서 인터넷 창(크롬으로 접속 권장)에 https://cospaces.io/edu/ 주소를 입력하거나 구글에서 Cospaces를 검색하여 사이트에 접속하면 된다. 그 후 회원 가입을 위해 초기 화면 우측 상단의 [REGISTER]를 클릭한다. 선생님을 선택하고 [18세 이상 확인 메시지]와 [이용 약관]에 동의를 한 후 Apple, Google, Microsoft의 소셜 로그인 또는 새로운 이름, 아이디, 이메일, 비밀번호를 입력하여 계정을 생성한다. PC에서 제작한 실감형 콘텐츠를 실제 카메라 렌즈로 구현하기(플레이 모드) 위해서는 Cospaces 앱이 필요하다. 이는 구글 플레이 스토어(삼성) 또는 앱 스토어(애플)에서 받을 수 있다.

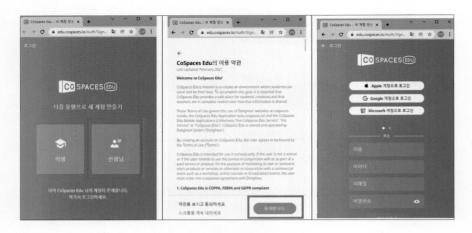

그림 3-86. Cospaces 첫 화면 및 사용 예시

#학급 만들기 및 과제 생성하기

선생님 계정을 만들고 나면 다음의 화면이 보인다. 여기서 [내 학급] → [+학급 만들기]를 클릭한 후 학급의 이름을 지정하고 [지금 만들기]를 클릭하면 영문과 숫자 조합의 5자리 학급 코드가 생성된다. (추후 학생들을 학급에 초대하기 위해서 반드시 필요한 코드이다.)

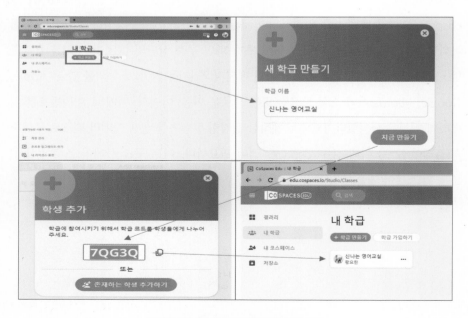

그림 3-87. Cospaces 첫 화면 및 사용 예시

학급이 만들어지고 나면 [내 학급]에 들어가서 [+과제만들기]를 클릭 후 과제를 생성하면 된다. 무료 버전에서는 해당 과제를 1개만 생성할 수 있으며 [장면유형] 선택에서 [3D 환경](가상현실)과 [360도 이미지]만 선택이 가능하고 [멀지큐브](증강현실)는 선택할 수 없다. 또한 초대할 수 있는 학생 수도 29명으로 제한되어 있다. 따라서 실제 수업에서 학생들과 Cospaces를 사용하려면 교사의 계정을 PRO로 업그레이드하거나 체험판(1개월 무료)을 활성화는 것이 좋다. (좌측 하단의 [내 라이센스 플랜]을 클릭하면 무료 버전과 PRO 버전의 차이점을 확인할 수 있다.)

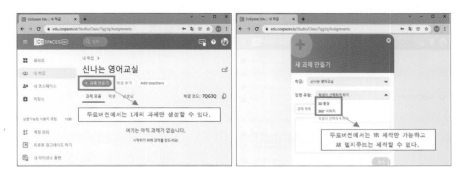

그림 3-88. 새 과제 만들기 (무료 버전)

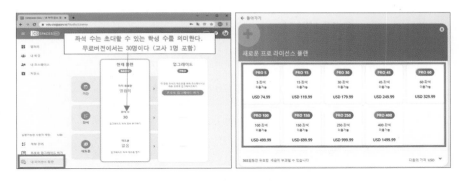

그림 3-89. 내 플랜 확인과 무료 버전과 PRO의 차이점

#체험판 활성화와 PRO 버전

체험판이라고 해서 PRO의 모든 기능(예를 들어 3D 모델 자체 라이브러리 사용, 코블록스 코딩 모든 종류 등)을 다 사용할 수 있는 것은 아니지만 한 달 간 충분히 원활한 수업을 진행할 수 있다. 체험판을 활성화하려면 [프로로 업그레이드 하기]를 클릭

한 후 [체험판 활성화하기]를 선택하면 되는데, 이때 체험판 코드를 넣으라고 나온다. Cospaces는 각 나라의 Ambassador(선도 교사)를 선발하여 운영하고 있는데 한국에는 두 분이 활동 중이다. 홈페이지에 연동된 교사들의 트위터 계정에 들어가면 체험판 코드(최경식 COSKYEONGSIKCH, 최만 COSMANCHOI)가 나와 있다. (이 자리를 빌어 미래 교육에 앞장서고 계신 두 분의 선생님께 깊은 감사와 존경의 마음을 전하고 싶다.)

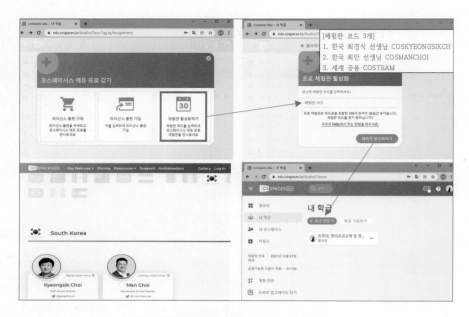

그림 3-90. 내 플랜 확인과 무료 버전과 PRO의 차이점

#계정만들기(학생) 및 내 학급 초대

체험판을 활성화하였으면 이제 최대 99명의 학생들을 [내 학급]에 초대하여 한 달 동안 수업을 진행할 수 있다. 학생들이 계정을 생성하는 것은 간단하다. 홈페이지 상단의 [Register]를 누르고 [학생]을 선택 후 [학급 코드]를 입력하고 [회원가입]을 완료하면 된다.

또는 교사가 직접 모든 학생들의 이름, 아이디, 비밀번호를 지정하여 단체 가입을 시켜 줄 수도 있다. 이 경우 헷갈리지 않도록 아이디의 영문은 모두 똑같이 하되 뒤에 붙는 번호만 바꾸고 비밀번호는 하나로 통일시켜 주는 것이 좋다. 예를 들어 '학생 1(test_01 / happy1234), 학생 2(test_02 / happy1234), 학생 3(test_03 / happy1234)'과 같은 방식으로 학생들의 계정을 교사가 대신 만들어 줄 수도 있다.

그림 3-91. Cospaces 학생 계정 만들기 방법

학생들이 회원가입을 완료하고 나면 교사는 본인의 계정에서 [학생]을 클릭 후 다음과 같이 참여 학생들의 리스트를 확인할 수 있다. 모든 학생들이 다 가입을 완료하면 이제 Cospaces 수업을 시작할 준비가 완료되었다. [+과제 생성하기]를 누른 후 만들고 싶은 [장면유형] 스타일을 선택하고 [개인] 또는 [팀]에게 과제를 부여할지를 정한 후 수업 과업을 시작할 수 있다.

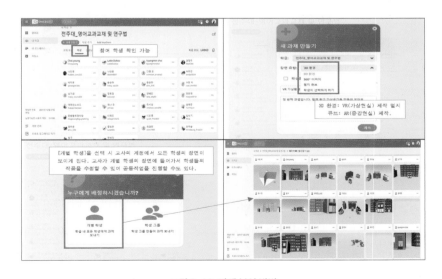

그림 3-92. 과제 부여 방법

#실감형 콘텐츠 제작하기

Cospaces에서는 수업 목적에 맞는 다양한 실감형 콘텐츠를 만들 수 있다. 기본적으로 가상현실(3D 환경), 360도 이미지, 증강현실(멀지큐브) 등 3가지 종류로 제작할 수 있다.

그림 3-93. 장면 선택 3가지 옵션

증강현실과 360도 이미지는 PC 버전 또는 HMD(Head Mounted Display) 기계를 통해 확인할 수 있고, AR의 가상현실 콘텐츠를 체험하기 위해서는 멀지큐브(Merge Cube)가 따로 있어야 한다. 멀지큐브는 온라인에서 Merge Cube 도안을 검색한 후 무료로 다운로드를 하거나 VR 키트(구글 카드보드)와 세트로 구매할 수도 있다.

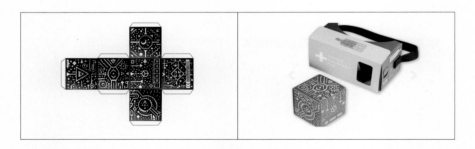

그림 3-94. AR Merge Cube 도안과 VR 키트

다음은 PC에서 제작한 Cospaces VR(가상환경) 콘텐츠가 모바일 앱에 접속 후 플레이 모드를 실행했을 때 어떻게 보이는지에 대한 예시이다. 한 가지 특이점은 [멀지큐브]에서 AR로 개발한 콘텐츠는 AR 모드로만 볼 수 있지만 [가상환경]에서 VR로 개

발한 콘텐츠는 VR 또는 AR로 번갈아 가면서 체험할 수 있다. (이 경우에는 멀지큐브가 없어도 된다.)

그림 3-95. 가상환경으로 제작한 콘텐츠의 VR과 AR 실제 구현 이미지

1) 가상환경(3D 환경) 제작

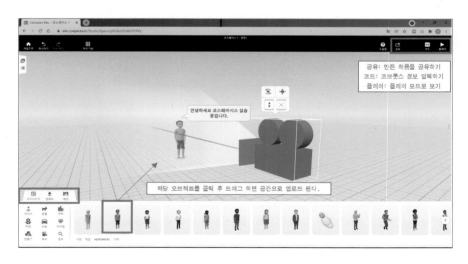

그림 3-96. 가상환경 제작 기본 공간

3D 환경에서는 기본적으로 카메라(HMD 기계로 접속 시 사용자가 처음 보게 되는 시선)와 다양한 사물(오브젝트라 칭함)을 공간 안에 불러올 수 있다. [라이브러리]의 [캐릭터], [동물], [주택], [자연], [수송], [아이템]을 클릭하여 원하는 오브젝트를 클릭하고 공간 안으로 끌어 오면 된다. 또한 [만들기]의 오브젝트들을 활용해 글씨나 도형을 넣고, 벽을 활용해 건물을 만들 수 있다. [특수] 라이브러리로 이동경로를 설정해 놓거나 카메라를 공간에 추가할 수도 있다.

라이브러리의 옆에 [업로드]를 클릭하면 [이미지], [비디오], [소리], [3D 모델](obj, mtl, fbx, zip 파일만 가능) 등의 다양한 효과를 추가할 수 있다. [이미지]는 [웹 검색]과 [업로드]가 가능하다. [3D 모델]은 무료 버전 또는 체험판을 사용할 경우 3D 파일을 직접 외부 사이트에서 다운로드하여 업로드해야 하지만, PRO 버전에서는 자체적으로 3D 오브젝트를 불러올 수 있는 라이브러리에 접근할 수 있다. [배경]에서는 [수정]을 클릭하여 15가지의 기본 배경을 바꿀 수 있고, [바닥 이미지]나 플레이 시 나오게 되는 [배경 음악]을 직접 업로드할 수도 있다.

그림 3-97. 업로드 및 배경 설정

공간에 배치한 모든 오브젝트는 [크기]와 [각도]를 조절할 수 있으며, X축(좌우), Y축(상하), Z축(전후)을 조절하여 [위치]를 바꿀 수 있다. 또한 오브젝트를 우클릭하여 오브젝트의 [재질]과 [색깔]을 변경하고 [애니메이션(움직임)]과 [물리(활동)] 등을 설정할 수 있다. [코드]를 클릭하면 오브젝트의 [이름]이 보이게 설정하거나 [코블록스] 또는 [스크립트]를 사용(코드 클릭 후 코블록스에서 사용을 반드시 ON 해 주어야 함)하여 구체적이고 세밀한 움직임 등을 설정하고 제어할 수 있다.

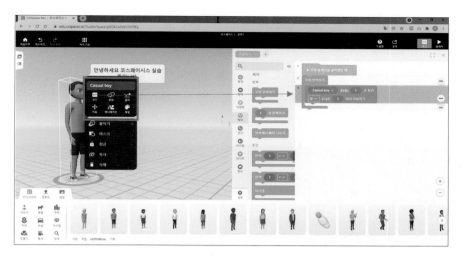

그림 3-98. 오브젝트에 코딩 명령어 입력 장면

코블록스를 사용하지 않더라도 각 오브젝트 마다 기본적인 [애니메이션] 효과를 줄 수 있다. 예를 들어 [사람] 같은 경우는 [Reaction(반응)], [Postures(자세)]에 관련된 움직임을 설정할 수 있고, [동물]의 경우 그 해당 동물이 할 수 있는 적절한 움직임에 대한 효과 중 하나를 선택할 수 있다. 예를 들어 아래 그림은 [여자소녀]에게는 [Dance]의 움직임을, [앵무새]에게는 [Fly]의 효과를 주었다. 다음은 [사람]을 우클릭한 후 [붙이기] 기능을 통해 [말] 위에 부착하고, [사람]에게는 [Sit on horse], [말]에게는 [Run]의 효과를 설정한 모습이다.

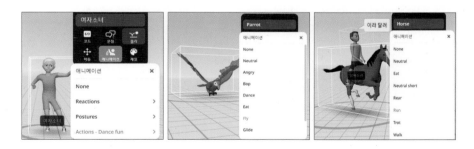

그림 3-99. 오브젝트에 애니메이션 효과 주기

이러한 기능들을 활용하면 교사는 직접 다채로운 가상의 환경을 디자인하여 학생들에게 체험형 교육을 제공할 수 있고 학생들에게 직접 교과서의 내용과 연계된 공간을 디자인해 보도록 하는 방식으로 창의적인 교육을 강화할 수도 있다. 다음은 2021-2학기에 필자의 대학 전공 수업(영어교과 교재 및 연구법)에서 학생들이 직접 중고등학교 교과서에 나오는 문화 요소와 학습 내용을 체험할 수 있는 가상공간을 만든 예시이다.

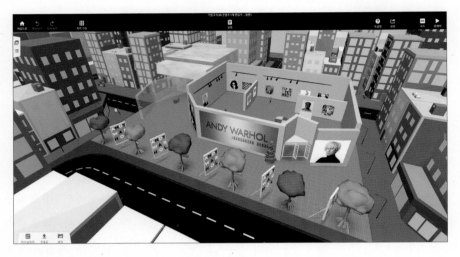

그림 3-100. 고등학교 1학년 영어 천재교육 이재영 p. 135 (앤디워홀 미술관 만들기)

그림 3-101 중학교 1학년 영어 천재교육 이재영 p. 20
(다른 나라의 친구들의 학교 급식 조사하기)

그림 3-102. 중학교 1학년 영어 천재교육 이재영 p. 20
(다른 나라의 친구들의 학교 급식 조사하기)

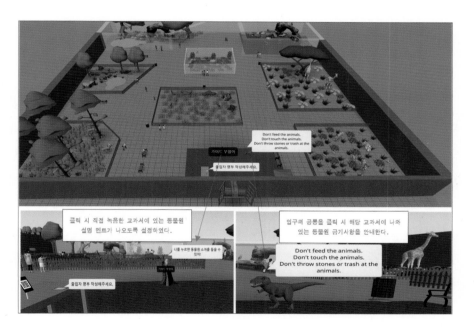

그림 3-103. 중학교 2학년 천재교육 이재영 p. 76
(동물원을 만들고 교재에 있는 동물원 소개 멘트 직접 녹음하기)

위의 예시들에서 볼 수 있듯이 학생들은 교과서의 내용을 3D로 단순 제작하는 것이
아니라 해당 내용을 체험하는 데 필요한 영어 문장과 지문을 직접 녹음하여 가상의 공
간에 삽입하였다. 특히 미술관 또는 갤러리를 디자인할 때는 관련 동영상을 다운로드
후 오브젝트로 추가하여 체험의 요소를 강화하기도 하였다.

2) 증강현실(Merge Cube)

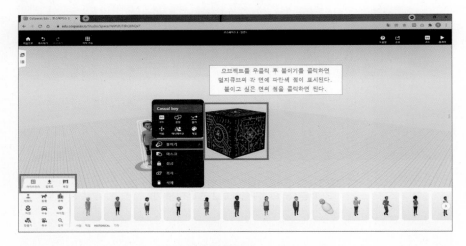

그림 3-104. 증강현실 멀지큐브 제작 기본 장면

증강현실 제작을 위해서 [만들기]를 클릭 후 [장면선택]에서 [멀지큐브]를 선택하면 빈 공간에 직육면체의 큐브가 놓여 있는 것을 확인할 수 있다. 기본적인 조작법은 가상현실(VR)을 만들 때와 똑같은 방식으로 다양한 오브젝트를 공간에 위치시키고 꾸밀 수 있다. 마우스 우클릭 후 오브젝트 세팅에서 [붙이기]를 클릭하면 큐브의 각 면에 파란색 점이 보이게 된다. 부착하고 싶은 위치를 클릭하면 오브젝트가 큐브에 붙게 된다. 큐브의 겉면에 붙일 수도 있고 [큐브의 안 쪽을 보이게]끔을 클릭하면 오브젝트를 큐브의 안에 둘 수도 있다. 육면체이기 때문에 6개의 면에 원하는 [이미지], [영상], [오브젝트] 등을 꾸며 원하는 콘텐츠를 제작할 수 있다.

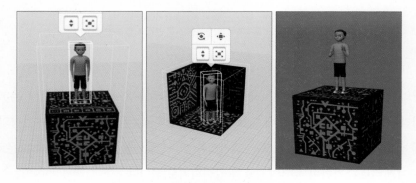

그림 3-105. 증강현실 멀지큐브 제작 방법과 구현 장면

다음은 필자의 수업(영어교과교재 및 연구법)에서 학생들이 직접 제작한 멀지큐브를 활용하여 AR 콘텐츠 개발을 시도한 내용이다. 학생들은 Cospaces 사용법에 익숙해지기 위해 '가장 이집트스러운 AR 콘텐츠 만들기'와 '4계절 표현하기'의 활동을 수행하였다. 기본적으로 멀지큐브와 주변 공간에 다양한 오브젝트를 배치하였고 직접 코블록스를 활용하여 멀지큐브에 대한 정보를 설정한 예시도 눈에 띈다.

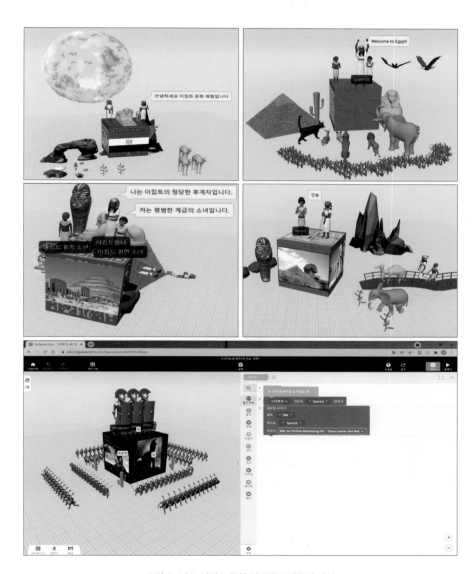

그림 3-106. 이집트 문화 멀지큐브 만들기 예시

그림 3-107. 4계절 표현하기 멀지큐브 실습 예시와 실제 구현 모습

#코블록스로 코딩하기

Cospaces에서는 오브젝트의 세부적인 움직임과 이동을 제어하기 위해 두 가지의

코딩 언어를 사용할 수 있다. 하나는 블록코딩 기반의 Coblocks이고 다른 하나는 텍스트 기반의 Script이다. 여기서는 Coblocks의 여러 기능들을 체험판 기준으로 소개하고자 한다(PRO 버전에서는 더 많은 코딩을 사용할 수 있다). Coblocks는 프로그래밍에 대한 특별한 이해가 없이도 장난감 블록을 쌓듯이 코딩을 체험할 수 있는 교육용 프로그램 언어이다. Cospaces에서는 [동작], [형태], [이벤트], [제어], [연산], [아이템], [데이터], [함수] 등의 기능을 제어할 수 있다. 코딩을 적용하기 위해서는 해당 오브젝트를 우클릭 후 반드시 [코블록스에서 사용]을 선택해 두어야 한다.

[동작]에서는 오브젝트의 이동, 회전, 크기를 제어할 수 있고 [형태]에서는 애니메이션, 말하기, 색상, 불투명도, 정보창, 퀴즈창, 소리, 비디오 등의 활동을 제어할 수 있다. [이벤트]에서는 특정한 이벤트가 시작되는 시점을 오브젝트를 클릭했을 때, 오브젝트 위에 마우스를 올렸을 때, 키보드를 눌렀을 때, 또는 다른 오브젝트에 닿았을 때나 떨어졌을 때 등으로 설정할 수 있다. [제어]에서는 코딩에 대한 정보를 반복시키고 '만약 ~이라면 ~한다'와 같은 조건을 걸어 특정한 상황에서만 코딩이 구현되게 할 수 있다. [연산]에서는 수와 관련된 수식을 추가할 수 있고 [아이템]에서는 오브젝트를 삭제, 추가하는 등의 정보를 제어할 수 있다. [데이터]와 [함수]에서는 필요한 변수를 만들고 그 값을 조절해 더욱 고차원적인 움직임과 활동을 추가할 수도 있다.

그림 3-108. Coblocks 코딩 예시

위의 그림대로 정보를 입력한 후 플레이를 눌렀을 경우를 Coblocks의 명령어들과

함께 설명하면 다음과 같다. [중괄회]는 각각의 코딩 범주를 의미하고 (괄호)는 하나의
코딩 블록에 들어가는 오브젝트와 해당 명령어를 입력하는 것을 뜻한다.

① 언제 플레이를 클릭했을 때 (기본 명령어)
② [형태] (남자소년)이 (날 클릭해!) 말하기
③ [이벤트] (남자소년)을 클릭했을 때

④ [형태] (남자소년)이 (뛰어) 말하기
⑤ [제어] (1)번 반복하기
⑥ [제어] 동시에 실행하기
⑦ [동작] (강아지)를 (5)초 동안 (시계방향)으로 반지름 (3)
　　미터의 크기로 (360도) 회전하기
⑧ [동작] (남자소년)의 방향을 (강아지)를 보도록 정하기

⑨ [형태] (남자소년)이 (잘했어) 말하기
⑩ [동작] (강아지)의 동작 멈추기

그림 3-109. 플레이 예시

제일 상단의 [+] 표시를 누르면 다른 Coblocks 또는 Scripts 창이 열리는 데 여기에
추가 장면을 삽입하거나, 또는 다른 오브젝트 그룹에 기타 코딩 정보를 입력하여 한
공간에서 다양한 활동들이 동시에 이뤄지도록 프로그래밍할 수도 있다.

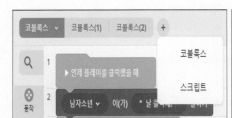

그림 3-110. 플레이 예시

다음은 앞서 소개한 대학 전공 수업(영어교과교재 및 연구법)에서 학생들이 고등학교 영어교과서에 나오는 문화 활동을 기반으로 제작한 가상환경과 그 공간 안에서 이루어지는 영어 퀴즈를 코블록스로 제작한 예시이다.

그림 3-111. 고등학교 1학년 영어 천재교육 이재영 p. 135
(Diego Velazquez 미술관 만들기) 외부 모습

박물관 안으로 들어가면 관련 퀴즈를 출제하는 Fancy Boy 오브젝트가 보인다. "Click Me"라고 말하면서 문제를 풀 수 있게끔 유도한다.

그림 3-112. 고등학교 1학년 영어 천재교육 이재영 p. 135
(Diego Velazquez 미술관 만들기) 내부 모습

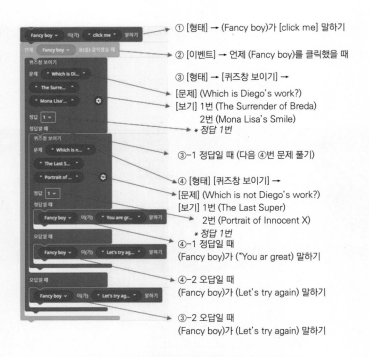

① [형태] → (Fancy boy)가 [click me] 말하기

② [이벤트] → 언제 (Fancy boy)를 클릭했을 때

③ [형태] → [퀴즈창 보이기] →
[문제] (Which is Diego's work?)
[보기] 1번 (The Surrender of Breda)
　　　2번 (Mona Lisa's Smile)
* 정답 1번

③-1 정답일 때 (다음 ④번 문제 풀기)

④ [형태] [퀴즈창 보이기] →
[문제] (Which is not Diego's work?)
[보기] 1번 (The Last Super)
　　　2번 (Portrait of Innocent X)
* 정답 1번

④-1 정답일 때
(Fancy boy)가 ("You ar great) 말하기

④-2 오답일 때
(Fancy boy)가 (Let's try again) 말하기

③-2 오답일 때
(Fancy boy)가 (Let's try again) 말하기

그림 3-113. Diego Velazquez 관련 영어 문제 풀기 코딩 예시

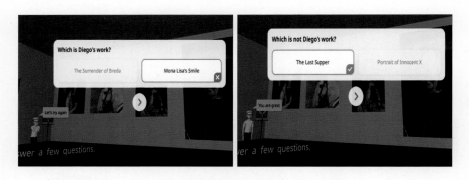

그림 3-114. Diego Velazquez 관련 영어 문제 풀기 예시

─◦ 3-4.2 Cospaces를 활용한 영어 과업 예시

　4차 산업혁명 시대의 도래, ICT 기술의 발전에 부응하여 교육부는 2010년 초부터 『스마트 교육을 통한 교실 혁명』이라는 비전 아래 디지털 기반의 교실 환경을 만들기 위한 여러 가지 추진 전략을 제시하였다. 그 후 수 년 간의 개발 과정을 거쳐 2018년

부터 미래형 학습 도구의 일종으로 디지털 교과서가 학교 현장에 자리 잡기 시작했다. 디지털 교과서는 다양한 멀티미디어 자료뿐만 아니라 실감형 콘텐츠 앱과의 연동을 통해 특정 콘텐츠를 증강현실(AR)과 가상현실(VR)로 제공하며 교육의 실재감을 향상시키고 있다.

그림 3-115. 디지털 교과서와 실감형 콘텐츠 앱 예시

현재 학교 현장에서 디지털 교과서가 실감형 콘텐츠와 함께 쓰이고 있지만 아직은 사회, 과학, 공통 교과목에만 적용되고 있어, 영어 교과목에서는 증강현실 또는 가상현실 콘텐츠를 체험할 기회가 상대적으로 제한된다. Cospaces는 이러한 현장의 요구와 필요를 보완할 수 있다. 교사가 학생들과 함께 현재 영어 교과서에 있는 어떠한 요소가 실감형 콘텐츠화되기에 적절한지 그 이유와 필요성을 논의하고 Cospaces를 활용해 그 아이디어를 실현한다면 더욱 스마트한 미래형 창의융합 교육의 장을 마련할수 있을 것이다. Cospaces를 활용하여 교사가 직접 실감형 콘텐츠를 제작한 후 학생들에게 체험형 교육을 제공할 수도 있지만, 학생들이 직접 AR/VR 콘텐츠를 구상하고 제작한다면 그 교육적 효과는 배가될 수 있다. Cospaces를 사용하여 실감형 콘텐츠를 만들 경우 단순 제작에서 끝나는 것이 아니라 학생들 스스로 체험용 (디지털) 교과서를 만드는 것이 가능해진다. 예를 들어 Cospaces에 제작된 모든 콘텐츠는 QR 코드로

다운로드 받아 공유할 수 있는데 이를 교과서의 해당 이미지와 연동할 수 있다. 방법은 다음과 같다.

① Cospaces에서 제작을 완료한 후 공유 버튼을 클릭한다. (유료 결재 시 일반 대중에게 공유가 되는 갤러리에 올릴 수 있고, 체험판 사용 시 비공개로 링크를 받은 사람에게만 공유할 수 있다.)

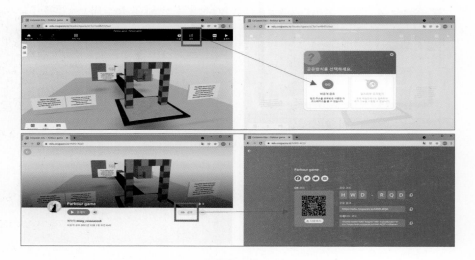

그림 3-116. VR 콘텐츠 공유하기 및 QR 코드 생성

② 콘텐츠 제작에 쓰인 영어 디지털 교과서의 해당 페이지를 캡쳐하여 Bookcreator (https://bookcreator.com/)와 같은 전자책 제작 툴 또는 PPT 슬라이드에 이미지로 옮긴다. 그 후 해당 이미지에 VR 또는 AR 이모티콘과 함께 다운받은 QR 코드를 삽입한다.

그림 3-117. 교과서 이미지에 QR코드를 연동 시킨 예시

다음은 중고등 영어 교과서를 활용하여 교사와 학생들이 함께 만들어 갈 수 있는 몇 가지 증강현실(AR)과 가상현실(VR) 콘텐츠 제작 과업을 소개하고자 한다. 모든 예시는 영어 교과서에 있는 콘텐츠를 기반으로 하였기 때문에 위의 방법으로 QR 코드를 다운받아 디지털 교과서 이미지에 연동할 수 있다.

증강현실(AR) 콘텐츠 제작하기 1

• 적용 교과서: 중학교 영어 천재교육 이재영 외 (Lesson 1 A Nice Day)
• 준비사항: [내 학급] → [과제 만들기]에서 [장면 유형]을 [멀지큐브]로 선택하고 새로운 과제를 학생들에게 부여한다.
• 과업 목표:
  ① 해당 교재 p. 12에 나오는 북극곰 이미지와 설명 텍스트(I'm from Alaska. It's very cold)를 멀지큐브로 만들기 → ② 해당 텍스트를 직접 녹음하고 [배경음악 설정]을 통해 실제 북극곰이 말하는 느낌 나타내기
• 과업진행 순서 및 설명:
  (곰 오브젝트 업로드 1안)
  ① [라이브러리]의 [동물]에 북극곰 오브젝트가 따로 없기 때문에 갈색 곰 오브젝트를 불러온 후 [붙이기]를 통해 멀지큐브 상단에 위치시킨다.
  ② 곰 오브젝트를 우클릭 하고 [재질]을 선택한 후 색깔을 흰색으로 바꿔준다.
  ③ 곰 오브젝트를 우클릭 하고 [문장] → [말하기]를 선택한 후 교재에 있는 예문 "I'm from Alaska. It's very cold"를 그대로 입력한다.

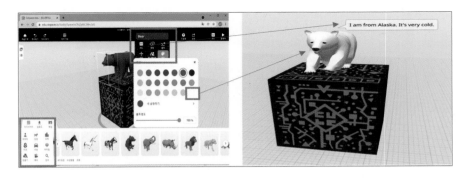

그림 3-118. 갈색곰 불러온 후 재질에서 색상 바꾸기

(곰 오브젝트 업로드 2안)

① 외부 3D 웹 사이트에서 북극곰을 검색한 후 파일을 준비한다. Sketchfab 사이트
  (https://sketchfab.com/)에서 Polar Bear를 검색하여 obj, mtl, fbx 형식의 파
  일을 다운받는다. 그 후 [업로드]의 [3D 모델]에서 해당 파일을 불러 온다.

② 3D 곰 오브젝트를 멀지큐브 상단에 붙이고 우 클릭 후 [문장] → [말하기]를 선택
  한 다음 교재에 있는 예문 "I'm from Alaska. It's very cold"를 입력한다.

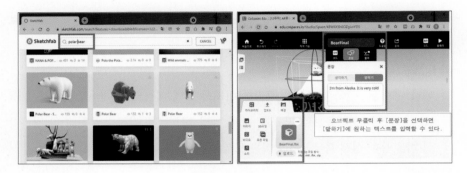

그림 3-119. 북극곰 3D 파일 불러온 후 업로드 예시

③ [업로드]의 소리를 클릭한 후 해당 영어 2문장을 직접 녹음하여 [새로운 소리 파
  일]을 만든다. 이를 [업로드] → [소리]에서 [배경 음악 설정]으로 바꾼다.

그림 3-120. 말하는 북극곰 만들기 예시

④ [공유하기] 버튼을 누른 후 해당 콘텐츠의 QR 코드를 다운받는다. 이를 해당 교과서 페이지 캡쳐본에 이미지로 삽입한다.

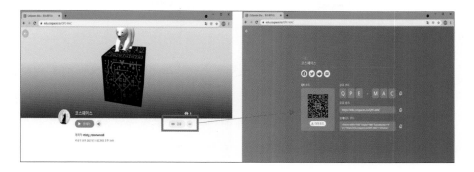

그림 3-121. 공유하기 및 QR 코드 다운로드

• 주의 사항: 학생들의 계정에서 공유하기를 활성화시켜 주려면, 교사의 계정 좌측 하단의 [계정관리]에서 각 학생의 공유 상태를 [금지된]에서 [공유된]으로 변경해 주어야 한다.

그림 3-122. 학생 계정 공유하기 활성화하는 방법

증강현실(AR) 콘텐츠 제작하기 2

- 적용 교과서: 중학교 영어 천재교육 이재영 외 (Lesson 1 A Nice Day)
- 준비사항: [내 학급] → [과제 만들기]에서 [장면 유형]을 [멀지큐브]로 선택하고 새로운 과제를 학생들에게 부여한다.
- 과업 목표:

① 해당 교재 p. 14에 나오는 날씨와 관련된 6가지 표현(Warm, Sunny, Cloudy, Rainy, Snowy, Windy)을 멀지큐브 각 5면에 만들기 → ② 나머지 1면에 p. 15에 나오는 기상캐스터 이미지를 멀지큐브로 만들고 해당 텍스트 "Hi, I am Kevin. This is today's weather. In Cario, it is hot and sunny. You will need sunglasses. In London, it is raining. You will need an umbrella."를 배경음악으로 구현하기

- 과업진행 순서 및 설명:

① 14페이지 "How's the weather?"에 나오는 날씨를 나타내는 표현 6가지(Warm, Sunny, Cloudy, Rainy, Snowy, Windy) 중 5개를 선택하여 멀지큐브의 각 면에 해당 날씨를 표현하는 다양한 오브젝트를 만든다. 필요시 외부 웹 사이트에서 3D 오브젝트를 따로 내려 받아 사용해도 된다.

② [라이브러리] → [만들기]에서 글씨를 쓸 수 있는 오브젝트를 활용해 날씨 표현 (Warm, Sunny, Cloudy, Rainy, Snowy, Windy)을 글로도 표시한다.

③ 멀지 큐브는 6면체이기 때문에 마지막 남은 한 면에는 15페이지에 있는 기상 캐스터를 표현하는 오브젝트를 부착한다. [라이브러리]에 기상캐스터가 없기 때문에 외부 웹 사이트에서 관련 3D 모델을 불러온다. (다음 그림은 Sketchfab 사이트에서 rainy를 검색 후 교재 이미지와 최대한 비슷한 3D 오브젝트를 불러온 모습을 예시한 것이다)

그림 3-123. 기상 캐스터 만들기 예시

④ 기상캐스터 오브젝트를 우클릭하고 [문장] → [말하기]를 선택한 후 교재에 있는 예문("Hi, I am Kevin. This is today's weather. In Cario, it is hot and sunny. You will need sunglasses. In London, it is raining. You will need an umbrella.")을 입력한다.

⑤ 그 후 [업로드]의 [소리]를 클릭한 후 해당 영어 텍스트를 직접 녹음하여 [새로운 소리파일]을 만든다. 이를 [배경 음악 설정]으로 바꾼다. (교실 안에서 모든 학생이 녹음할 경우 잡음이 들어갈 수 있으므로 집에 가서 직접 목소리를 녹음하여 배경 음악으로 설정하는 과제를 내줘도 좋다.)

증강현실(AR) 콘텐츠 제작하기 3

• 적용 교과서: 중학교 영어 천재교육 이재영 외(Lesson 4 Earth, Our Only Home)

• 준비사항: [내 학급] → [과제 만들기]에서 [장면 유형]을 [멀지큐브]로 선택하고 새로운 과제를 학생들에게 부여한다.

• 과업 목표:

① 교재 p. 92페이지에 나오는 『STEP 1. 멸종 위기에 처한 아프리카 펭귄에 관한 보고서를 완성해 봅시다』를 멀지큐브로 만들기 → ② 『STEP 2. 보호가 필요한 동물을 하나 고르고 그 동물에 관한 정보(서식지, 음식, 크기, 수명, 멸정 위기 이유)를 찾아봅시다』중 4개의 동물을 선택 후 추가 장면으로 만들기

• 과업 진행 순서 및 설명:

① STEP 1에 나오는 아프리카 펭귄에 관한 멸종보고서를 멀지큐브로 구현하기 위해 [라이브러리]에서 펭귄 오브젝트를 불러온다.

② 교재에 있는 정보(Home, Food, Site, Life Span, Why are they in danger?)를 차례로 조사 후 우클릭하여 [문장] → [말하기]에 해당 정보를 입력한다.

(천재교육 이재영 외, p. 92) - 밑줄은 교재의 빈칸

- Home: <u>Southern Africa</u>

- Food: <u>Fish</u>

- Size: grows up to be 60-70 cm

- Life Span: 10-30 years

- Why are they in danger? Sometimes they suffer from sea pollution.

Also, people catch too many fish. and African penguins don't have enough food.

③ 장면을 추가하여 STEP 2에 제시된 네 가지 동물(호랑이, 북극곰, 고래, 여우)에 대한 추가 멸종 위기 보고서를 새로운 멀지큐브로 만든다. (여러 장면이 있을 경우 플레이 모드에서는 큐브 아래에 번호가 뜨고 이를 클릭 시 다음 장면으로 이동할 수 있다.)

④ 각각의 장면에 해당 동물들을 넣고 추가 정보(Home, Food, Site, Life Span, Why are they in danger)를 조사 후 우클릭하여 [문장] → [말하기]에 해당 정보를 입력한다.

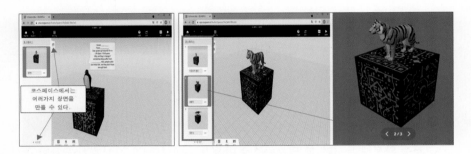

그림 3-124. 장면 추가 예시

⑤ [업로드] → [소리]에서 해당 동물에 대한 정보를 소개하는 음성 파일을 영어로 녹화한 후 각각의 [배경 음악]으로 설정한다.

증강현실(AR) 콘텐츠 제작하기 4

• 적용 교과서: 중학교 영어 비상교육 김진완 외 (Lesson 1 Suit Your Taste!)

• 준비사항: [내 학급] → [과제 만들기]에서 [장면 유형]을 [멀지큐브]로 선택하고 새로운 과제를 학생들에게 부여한다.

• 과업 목표:

① 교재 p. 21에 나오는 스마트워치의 기능을 설명하는 이미지와 관련 정보 5개 문장 중 2번 3번 4번을 소개하는 멀지큐브 만들기 → ② 코블록스 코딩 기능을 활용해 애플워치를 클릭할 경우 해당 문제가 하나씩 팝업되고 객관식으로 정답을 맞

추는 애플워치 기능 체험 퀴즈 만들기

(비상교육 김진완 외, p. 21)

- Answering phone calls will be easier.

- _____ will make you healthier. (정답: Counting your steps)

- Enjoy _____ during exercise. (정답: Listening to music)

- Avoid _____ by setting the alarm. (정답: Forgetting important events)

- Send an SOS by _____. (정답: Pressing the HOME Button twice)

• 과업진행 순서 및 설명:

(공통)

① [라이브러리]에 애플워치 오브젝트가 없기 때문에 외부 사이트에서 애플워치를 검색한 후 파일을 준비한다. Sketchfab 싸이트에서 Apple Watch를 검색하여 obj, mtl, fbx 형식의 파일을 다운받는다. 그 후 [업로드]에서 [3D 모델]로 다운받은 파일을 불러 온다.

② 멀지큐브를 클릭하여 [안쪽보기]를 선택한 후 애플워치를 큐브 안에 위치시킨다.

그림 3-125. Apple Watch 3D 파일 불러온 후 업로드 예시

③ 애플워치 오브젝트를 마우스 우클릭하고 [코드]를 선택한 후 [코블럭스에서 사용]을 표시해 둔 다음 코딩 정보를 입력한다. 처음에 업로드한 시계는 이름([Apple-watch-v2-thr])이 원래의 파일명으로 길게 되어 있는데 코블록스에서는 이름을

확인해 해당 코딩 정보들을 입력하기 때문에 알아보기 쉽게 [애플워치]라고 바꿔
두는 것이 좋다.

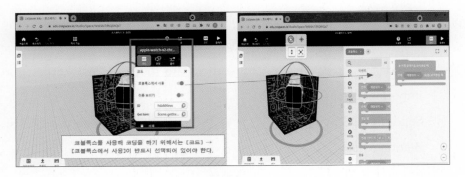

그림 3-126. 코블럭스 사용 표시 및 입력 예시

④ 스마트워치를 소개하는 5개의 문장으로 퀴즈를 만들기 위해 코블록스를 활용해
코딩 정보를 다음과 같은 순서로 입력한다.
   * [중괄호]는 각각의 코딩 범주를 의미하고 (괄호)는 하나의 코딩 블록에 들어가는
    오브젝트와 해당 명령어를 입력하는 것을 뜻한다.
1. [코블록스 기본 세팅] 언제 플레이를 클릭했을 때
2. [형태] → [정보창 보이기] 드래그해서 가져오기
   - 제목: (Use and Write) * 교재 p. 21의 제목 그대로 입력
   - 텍스트: (적절한 단어를 선택하여 교재 21쪽의 스마트 워치(Smart Watch) 설
    명서를 완성하세요.)
   - 이미지: (애플워치와 관련된 이미지 하나를 추가한다.)
   * 이때 이미지는 [업로드] → [이미지]에서 불러온 파일만 정보창의 이미지로 삽입
    할 수 있다.
3. [형태] → (애플워치)가 (Hi, I am a smart watch. Click me if you are ready)
   말하기

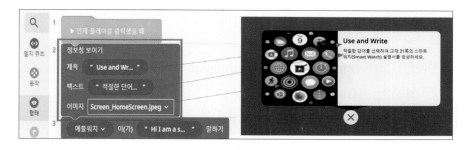

그림 3-127. 코블럭스 사용 정보창 입력하기 및 실제 예시

* 퀴즈 만들기 코딩 정보 입력 시작 (문제를 맞춘 경우에만 다음 문제로 넘어갈 수 있다)

4. [제어] → 언제 (애플워치)를 클릭했을 때 (퀴즈가 시작된다)

5. [형태] → [퀴즈창 보이기]를 가져온 후 다음 정보를 입력한다.

  - 문제: (_____ will make you healthier.)

  - 보기: (1) (Counting your stops), (2) (Counting your stepts), (3) (Caculating your steps) * 정답은 2번으로 설정한다.

  - 정답일 때: (다음 6번대로 입력)

  - 오답일 때: (애플워치)가 "Wrong Answer. Please try it again!" 말하기

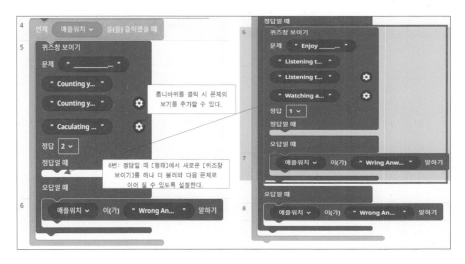

그림 3-128. 코블럭스 입력 예시

6. 정답일 때: [형태] → [퀴즈창 보이기]에 다음의 퀴즈 질문과 보기를 입력한다.

 - 문제: Enjoy _____ during exercise.

 - 보기: (1) listening to music (2) listening to YouTube (3) watching a video

   * 정답은 1번으로 설정한다.

 - 정답일 때: (같은 방식으로 나머지 퀴즈 Avoid _____ by setting the alarm.을 보기(정답은 교재에 나오는 Forgetting the important events의 문장 정보를 그대로 하고, 오답은 직접 만든다)와 함께 입력한다.

 - 오답일 때: (애플워치)가 "Wrong Answer. Please try it again!" 말하기

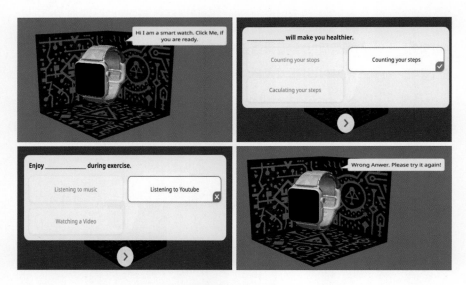

그림 3-129. 스마트워치 설명서 완성하기 퀴즈 과업 예시

증강현실(AR) 콘텐츠 제작하기 5

• 적용 교과서: 중학교 영어 비상교육 김진완 외 (Lesson 1 Suit Your Taste!)

• 준비사항: [내 학급] → [과제 만들기]에서 [장면 유형]을 [멀지큐브]로 선택하고 새로운 과제를 학생들에게 부여한다.

• 과업 목표: ① 교재 p. 17 리딩 지문(Fantastic Pets)에 나오는 고슴도치(Polly)와 남자 소년(Sam)을 멀지큐브로 만들기 → ② 코블록스 코딩 기능을 활용해 리딩 지문 후 나오는 관련 퀴즈 "What did Sam place in Polly's cage? 문제 만들기

• 과업진행 순서 및 설명:

① [라이브러리]의 [캐릭터]에서 남자소년, [동물]에서 [고슴도치]를 각각 불러온 후 [붙이기]를 통해 멀지큐브 위에 부착한다.

② [남자소년]과 [고슴도치]를 [붙이기]를 통해 붙인 후 [그룹화]한다. 최대한 고슴도치를 사랑스럽게 안고 있는 느낌을 주기 위해 [남자 소년]에게는 [애니메이션]에서 [Hold Baby]를 설정해 주고 [고슴도치]에게는 [Sleep]의 [애니메이션]을 설정하여 다음의 그림과 같이 만든다.

그림 3-130. 남자소년과 고슴도치 오브젝트 부착하기

③ [업로드]의 [소리]에서 해당 지문(p. 17)을 녹음한 후 [배경음악]으로 설정해 준다. *(비상교육 김진완 외, p. 17)*

"Welcome to Fantastic Pets! Having a pet is great. Today, I am going to introduce my pet hedgehog, Polly. When I first got Polly, she was very scared. I could not hold her because she raised her spikes. So, I place my T-shrt in her cage and she got used to my smell. Finally, I was able to hold her in my hands. Now, Polly is my best friend and always makes me happy."

④ [만들기]에서 글씨 오브젝트를 가져온 후 큐브 겉면에 [Polly and Sam's friendship]이라 제목을 달아 준다.

* 퀴즈 만들기 코딩 정보 입력 시작 (리딩 지문 배경 음악이 끝나고 Sam을 클릭

할 경우 *퀴즈가 시작된다.*)

⑤ 해당 지문에 나오는 대로 [남자소년]의 이름을 [Sam]으로 [고슴도치]의 이름을 [Polly]로 변경한 후 둘 다 [코블록스에서 사용]을 설정해 준다.

⑥ 다음과 같은 정보로 코블록스에서 코딩을 입력한 후 퀴즈를 완성한다.

  * [중괄호]는 각각의 코딩 범주를 의미하고 (괄호)는 하나의 코딩 블록에 들어가는 오브젝트와 해당 명령어를 입력하는 것을 뜻한다.

그림 3-131. 코블록스 정보

1. [형태] → (Sam)이 (리딩 지문 마지막에 나와 있는 퀴즈를 낼게! 지문을 잘듣고 끝난 후에 나를 클릭해!) 라고 말하기

2. [이벤트] → 언제 (Sam)을 클릭했을 때

3. [형태] → [퀴즈창 보이기] 삽입 후 다음과 같이 정보를 입력한다.

   - 문제: What did Sam place in Polly's cage?

   - 보기: 1) blanket, 2) jacket, 3) T-shirt, 4) Pants *정답은 3번으로 설정

   - 정답일 때: [형태] => (Sam)이 ("정답이야") 말하기

   - 오답일 때: [형태] => (Sam)이 ("오답이야. 리딩 지문 다시 들어봐") 말하기

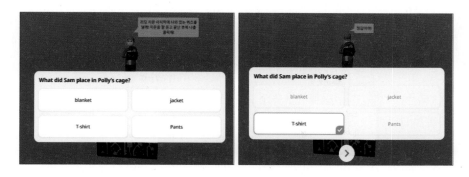

그림 3-132. 퀴즈 정보

#가상현실(VR) 콘텐츠 제작하기

- 적용 교과서: 중학교 영어 천재교육 이재영 외 (Lesson 1 A Nice Day)
- 준비사항

① [내 학급] → [과제 만들기]에서 [장면 유형]을 [3D 환경]으로 선택하고 새로운 과제를 만든다. 각각의 학생들을 그룹에 배정하여 팀 활동 과업으로 설정한다.

② 그룹 과제 생성 방법: [새 과제 만들기] 클릭 후 [누구에게 배정하시겠습니까?]에서 [학생그룹]을 선택한다. 그리고 각 그룹에 원하는 학생들을 드래그 하여 배치하면 그룹이 완성된다. 같은 그룹의 학생들은 3D 가상공간에서 함께 작업을 진행하게 된다.

그림 3-133. 그룹 과제 생성하기 방법

- 과업 목표: ① 팀별로 교재 16쪽에 나오는 학교의 여러 가지 장소(Gym, Cafeteria, Classroom, Nurse's office, Library)를 건물로 만들기 → ② 교재 18쪽에 나오는 대로 각 건물 안에 해당 선생님(체육, 수학, 양호사, 간호사, 사서)들을 세워 두고 해당 대사를 입력하기 → ③ 코블록스 코딩 정보 입력을 통해 교재 20쪽에 나오는 각 건물에 대한 설명과 관련된 퀴즈 만들기

(천재교육 이재영 외, p. 18)

- Gym(체육 선생님): Good to see you! We have three PE classes a week. We play basketball in the gym and play soccer on the playground.

- Classroom(수학 선생님): Hello, everyone. I am Bong Jeonsik. I teach math. Some students are not good at math, but don't worry. My math class is fun.

- Library(사서 선생님): Welcome! The library is open from 9 to 5. Come here during your breaks or after school. We have many great books.

- Cafeteria(영양사 선생님): Nice to meet you all. This is the school cafeteria. First-year students eat lunch here at 12:30. Lunch menus are on the school website.

- Nurse's office(양호 선생님): Hi, I'm the school nurse. I take care of sikc students.

(천재교육 이재영 외, p. 20) - 밑줄은 정답 정보

- Gym: <u>have three PE classes and play baseketball.</u>

- Classrom: <u>have match class with Mr. Bang.</u>

- Library: <u>9 am to 5 pm and come during your break or after school.</u>

- Cafeteria: <u>lunch time for first-year students 12:30 and lunch menus on the school website.</u>

- Nurse's Office: <u>Sick students get help here.</u>

- 과업진행 순서 및 설명:

① 교재 16쪽에 나오는 건물 5개(Gym, Classroom, Nuse House, Cafeteria, Library)를 공간 안에 추가한다. 라이브러리에 있는 기존의 건축물들을 가지고 와서 배치해도 좋고 외부 웹 사이트에서 3D 학교 건물을 가지고 와도 상관없다.

각 오브젝트의 [재질]을 클릭한 후 최대한 교과서에 나온 그대로의 벽 색깔을 가진 건물을 만든다. 건물만 덩그러니 있는 것이 아쉽다면 실제 교과서의 이미지대로 주위에 나무를 심어 공간을 다채롭게 꾸며도 좋다.

② [라이브러리] → [만들기]에서 글씨를 쓸 수 있는 오브젝트를 불러오고 해당 건물을 만든다. 그 후 [붙이기]를 통해 각 건물의 꼭대기에 이름을 표시한다.

그림 3-134. 건물 배치하기 및 정보 입력하기 예시

③ (공통) 각 건물 안에 사람 오브젝트를 추가하여 배치한 후 18쪽에 나오는 각 선생님의 대사를 추가해 본다.

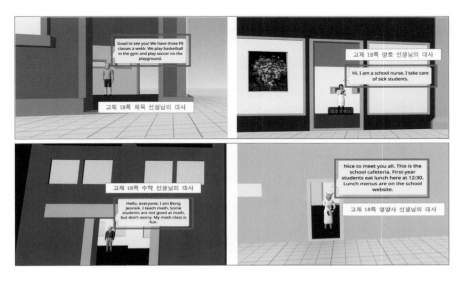

그림 3-135. 건물 안 선생님들의 설명 예시

③ (선택사항) 선생님들의 대사뿐만 아니라 교재에 나온 이미지대로 각 건물 안을 특색 있는 곳으로 꾸밀 수도 있다. 예를 들어 Gym은 운동을 하는 느낌으로, Classroom은 수업 받는 학생들과 책상 등의 오브젝트를 배치하고, Library는 책장과 책이 가득한 공간으로, Cafeteria는 다양한 음식들을 먹을 수 있는 모습 등으로 자유롭게 직접 내부를 꾸밀 수 있도록 장려한다.

* 퀴즈 만들기 코딩 정보 입력 (의자에 앉아 있는 선생님을 클릭할 경우 퀴즈가 시작된다)

④ [라이브러리]에서 [사람] 오브젝트와 [의자] 오브젝트를 가져온 후 퀴즈를 내는 선생님을 만든다. [사람] 오브젝트에는 [Sit legs crossed]의 [애니메이션] 설정을 해준다.

⑤ [사람] 오브젝트의 이름을 [선생님]으로 변경하고 우 클릭 후 [코드]에 들어가서 [코블록스에서 사용]을 선택한다.

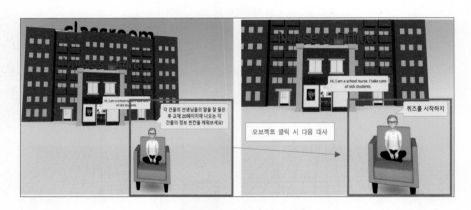

그림 3-136. 건물 안 선생님들의 설명 예시

⑥ 다음과 같이 코딩 정보를 입력한다.

　* [중괄호]는 각각의 코딩 범주를 의미하고 (괄호)는 하나의 코딩 블록에 들어가는 오브젝트와 해당 명령어를 입력하는 것을 뜻한다.

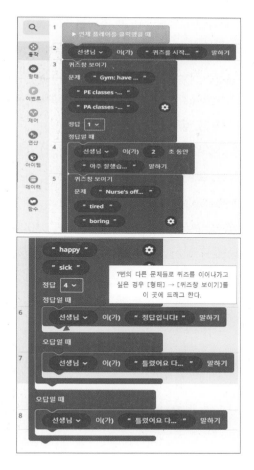

그림 3-137. 퀴즈 예시

1. [이벤트] → 언제 플레이를 클릭했을 때 (기본값)

2. [형태] → (선생님)이 (퀴즈를 시작하지) 말하기

3. [형태] → [퀴즈창 보이기]를 불러온 후 아래의 정보를 입력한다.

   - 문제: "Gym: have _____ class and play _____."

   - 보기: 1) "PE classes and basketball" 2) "PA classes and baseball"

     * 정답 1번으로 세팅

   - 정답일 때: (선생님)이 (2)초 동안 (아주 잘했습니다) 말하기

   → 그 이후 아래 4번 정보 입력

   - 오답일 때: (선생님)이 (틀렸어요. 다시 알아오세요) 말하기

4. [형태] → [퀴즈창 보이기]를 불러온 후 아래의 정보를 입력한다.

- 문제: Nurse's Office: _____students get help here.
- 보기: 1) tired 2) boring 3) happy 4) sick (정답은 4번으로 세팅한다)
- 정답일 때: (선생님)이 (정답입니다!) → 바로 밑에 다른 퀴즈창을 불러온 후
  다음 7번의 문장으로 새로운 퀴즈를 출제한다.
- 오답일 때: (선생님)이 (틀렸어요. 다시 알아오세요) 말하기

⑦ 정답일 때 같은 방식으로 나머지 건물에 대한 정보들도 퀴즈로 출제한다.

- Library: 9 am to 5 pm and come during your break or after school.
- Cafeteria: lunch time for first-year students 12:30 and lunch menus on
  the school website.

황요한

전주대학교 영미언어문화학과 교수

○ The University of Georgia 영어교육 (2012-2016) [박사]

○ (前) 건양대학교 창의융합대 & 기초교양대 영어 강의전담 교수 (2017-2019),

　(前) 한국현대언어학회 총무이사(2018-2021), (前) 대한영어영문학회 총무이사 (2020-

　2021)

○ 메타버스를 활용한 영어교육, 메타버스 플랫폼 사용법 및 교수-학습 설계 특강 다수 진행

○ 메타버스, AI 스피커의 교육적 활용, AI 교사와 인간 교사의 공존 방안 모색, 파이썬을

　활용한 영어교육, 모바일 앱을 활용한 영어교육과 관련한 연구 및 교육 정책 사업 등

　다수 참여

○ 메타버스, AI 스피커 및 챗봇, 플립러닝, 브렌디드 러닝, 시험영어, 문학작품을 활용한

　영어교육 관련 국내외 저명학술지 논문 다수 출판

제 3부

AI, Metaverse, ICT와 영어 교수-학습 설계

Chapter 4에서는 다양한 인공지능(AI), 메타버스(Metaverse), 정보통신기술(ICT) 활용 방안을 영어 교수-학습 방법과 연계하여 소개하고 있습니다. 특히, 영어의 주요 영역(듣기, 읽기, 말하기, 쓰기, 어휘)별 교육 방안을 중심으로 실제 교실 현장에서 교사와 학습자가 함께 즐기고 참여할 수 있는 체험형 콘텐츠를 제공하고자 하였습니다. 이를 통하여 교사와 학습자가 서로 성장하고 함께 만들어가는 행복한 미래형 수업을 모색하고자 합니다.

CHAPTER 4

AI, Metaverse, ICT를 활용한 각 영역별 영어 교수-학습 방법

4-1 Metaverse 영어교육: 학습전이 경험촉진 및 평등한 교육기회 향유

최근 AI, Metaverse, ICT를 접목한 수업들이 쓰나미처럼 전 세계의 교실을 휩쓸고 있다. 첨단 테크놀로지를 활용한 학습설계는 바람직하지만, 그 시작은 반드시 수업 목표를 명확히 세우는 것에서부터 출발해야 한다. 영어교육 필독서인 『Teaching by Principles』에는 다음과 같은 표현이 나온다. "Use technology to support the pedagogical goals of the class and curriculum...Don't design instruction to fit the technology (what Egbert calls a techno-centric approach)" (Brown, 2007: 200). 다시 말하면 테크놀로지에 수업 내용과 목표를 맞추는 것이 아니라 교사가 목적한 교육목표를 달성해주는 일종의 '도구'로서 테크놀로지를 활용해야 한다는 것이다. 이에 본 장에서는 '수단'(교육적 도구로서의 테크놀로지)이 '목적'(교육목표)을 종속시키는 본말전도의 상황을 미연에 방지하고자 서두에 각 기능별(speaking, listening, reading, writing, vocabulary) 교수-학습 원리를 간략히 소개한 다음 AI, Metaverse, ICT를 접목한 수업 모형을 영어교육을 중심으로 제시하였다. 영어라는 과목은 학생들 간 개인차가 특히 큰 과목으로 많은 시간과 비용을 투자하면서도 단기간 내 효과를 보기 어려운 과목이다. 2011년 12월 18일 KBS 1TV에서 방영된 〈당신이 영어를 못하는 진짜 이유〉 영상을 보면 수영과 영어를 비교하며 다음과 같이 설명하고 있다.

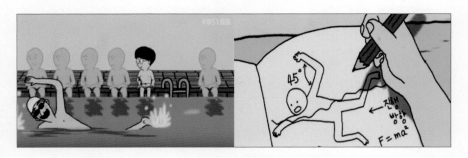

그림 4-1. "당신이 영어를 못하는 진짜 이유" KBS 다큐멘터리 스페셜
(출처: https://www.youtube.com/watch?v=CQP-Zum45xQ)

본 영상에서는 영어와 수영을 비교하며 다음과 같은 질문을 한다. "수영을 배우는 사람이 책만 보고 수영 이론을 익히고 실제 수영을 해보지 않으면 어떻게 될까요?" 그리고 미 메릴랜드대 로버트 드 카니져 교수가 나와 다음과 같이 언급한다. "사실 영어를 배우는데 가장 효율적인 마법과 같은 연습 방법은 없습니다. 단지 실제 대화하는 것과 같은 방법이어야 한다는 것, 그리고 배우는 사람에게 너무 어렵거나 생소해서는 안 된다는 것입니다." 이 말은 교실에서 학습하는 내용들이 교실 밖에서 실제 마주할 다양한 상황들에 대한 일종의 리허설(rehearsal) 혹은 예행연습과 같은 과업들로 구성되어야 한다는 의미일 것이다. 이는 학습전이를 촉진하기 위해서는 교육적 요소가 유사해야 할 뿐만 아니라, 교과서 이론에만 집중하는 영어 학습이 아니라 수영처럼 직접 영어를 사용해보고 충분한 연습을 통해 실생활에 적용하는 수업을 고안해야 한다는 것을 의미한다. 그러나 이러한 이론과 우리의 현실 사이에는 좁힐 수 없는 간극이 있다. 교실의 수업시간은 한정되어 있으며 한국 학생들이 교실 밖에서 실제 영어를 접하고 사용할 기회가 사실상 거의 없기 때문이다. 더욱이 영어 양극화(English divide)라는 말처럼 국제화 시대에 영어 실력의 격차는 다시 사회적 격차를 재생산할 것이다. 바로 이러한 교육 환경적 실태와 문제점을 해결하는 방안으로 본 장에서 소개할 AI, Metaverse, ICT를 접목한 수업 모형을 제안할 수 있겠다.

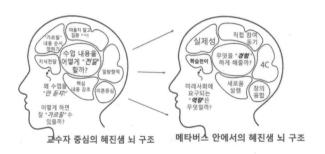

교수자 중심의 혜진샘 뇌 구조   메타버스 안에서의 혜진샘 뇌 구조

그림 4-2. 교수자 중심의 수업 vs 메타버스 기반의 수업

대부분의 기존 영어수업은 교수자로부터 일방향적(one-way)으로 배우는 주입식 방식으로 구성되어 있기에 어떤(who) 교수자를 만나느냐에 따라 교육적 성과가 달라질 수 있었다. 때문에 소위 일타강사가 학습의 중심이 되고 학생들과 학부모들은 한층 더 많은 돈을 사교육에 투자할 수밖에 없었다. 그러나 메타버스 안에서의 영어수업은

학생들이 무엇(what)을 하는가에 훨씬 더 초점을 맞추고 있다. 여기서 교수자는 단순한 수업 내용의 전달자(knowledge dispenser)가 아니라 학생들이 직접 체험하고 실제 경험할 수 있도록 학습 환경을 조성해주는 학습 촉진자(learning facilitators)이며, 수강생들은 영어학습자(English learners)가 아닌 영어사용자(English users)이다. 새로운 차원의 가상(VR)·증강(AR)·혼합(MR)현실에서 학생들은 감각을 일깨우고 다양한 페르소나를 통해 감정이입하며 이렇게 확장된 경험 속에서 체화된 인지(embodied cognition)는 표면적인 학습 이상의 교육적 효과를 가져다 줄 것이다. 본 장에서 소개하는 Metaverse, ICT, AI는 이러한 교육적 가치와 잠재력을 지니고 있으며, 대부분 무료로 손쉽게 사용할 수 있는 학습 사이트를 중심으로 수업 모형을 제시하였으므로 경험이 많지 않은 분들도 간편하게 활용할 수 있으리라 생각한다. 아래 이미지는 필자의 전공수업에서 사용한 메타버스(좌측 상단부터, Mozilla hub, Gather.town, ifland, Class123, FrameVR, Spatial)이다. 아직 초창기인 만큼 메타버스의 교육적 발전 방향에 대해 예단하기는 어렵다. 하지만 분명한 것은 인터넷만 연결되어 있다면 누구에게나 자유롭고 모두에게 열려있는 평등한 교육 기회를 제공할 수 있다는 점에서 결국 그 중요성이 급부상할 수밖에 없을 것으로 기대된다.

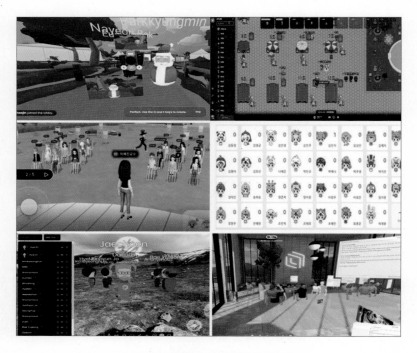

그림 4-3. 필자의 메타버스 기반 전공 수업

21세기는 바야흐로 자기표현이 중시되는 커뮤니케이션 시대이다. 아무리 좋은 아이디어와 뛰어난 지식을 가지고 있어도 이를 제대로 전달할 역량이 없다면 무용지물이다. 특히, 전 세계가 하나로 통합되고 국가간 상호 의존성이 증대되고 있으며 국제 역량이 더욱 중요시되고 있는 현 추세로 인해 글로벌 요건의 하나로서 영어 의사소통 능력이 더욱 강조되고 있다. 입학, 취업, 승진, 학업, 업무 수행 등에서 각종 영어 면접 및 발표 등의 스피치 활동 증가가 이를 방증한다. 영어 말하기는 전통적으로 영어의 네 가지 기능 중 가장 습득하기 어려운 영역으로 알려져 있다. Brown과 Lee(2015)는 EFL 학습자의 경우 영어 말하기 습득이 어려운 이유에 대해, 말하기 기회가 절대적으로 부족할 뿐만 아니라 말하기의 본질적인 특성상 실시간으로 이루어지고 말하는 동안 수정되지 못하기 때문이라 하였다. 교실 안에서의 영어 말하기 활동 유형으로 Brown과 Lee(2015)는 다섯 가지-모방형(imitative), 집중형(intensive), 반응형(responsive), 정보교류적(transactional), 사교적(interpersonal), 확장형(extensive)-을 제시하였으며, 이 다섯 가지 말하기 활동의 특징은 다음과 같다.

첫째, 모방형(imitative) 말하기 활동이란 특정 단어, 구 혹은 문장을 훈련하거나 흉내내는(parrot back) 행위를 지칭하는 데, 주로 특정 억양을 연습하기 위해 반복(repetition)하거나 언어 형태의 특정 요소(예, word or sentence repetition/minimal pairs)에 초점을 맞추는 형태로 수행되며, 반복을 통해 연습 기회를 제공하고 언어적 요소를 집중적으로 다룬다는 점에서 의의가 있다. 둘째, 집중형(intensive) 말하기 활동은 제한된 양의 언어를 발화하는 것으로, 모둠이나 짝 활동을 통해 음운이나 문법 또는 발음 연습을 위한 말하기를 포함한다. 셋째, 반응형(responsive) 말하기 활동은 교사나 학생이 서로 질의응답하면서 학습자의 발화를 유도하기 위해 간단한 질문 유형에 답변하는 활동으로 구성되어 있다. 넷째, 상호작용적(interactive) 말하기 활동은 크게 정보교환(transactional) 말하기 활동과 대인 관계적(interpersonal) 말하기 활동으로 구분될 수 있다. 정보교환(transactional) 말하기 활동은 특정한 사실이나 정보 전달을 목적으로 하며 의미 협상(meaning negotiation)적인 특징을 보인다. 대인 관계적(interpersonal) 말하기 활동은 사회관계를 유지하기 위해 이뤄지는 사교적 성격의 대화문 형태로서 비격식적, 발화역, 구어, 생략 등을 학습할 기회를 제공한다. 마지막으로 확장형(extensive) 말하기 활동은 학습자 혼자 말하는 형태로, 주로 중, 상급 단계 학습자들이 실시할 수 있는 독백 형태의 말하기 활동이다. 수업 활동에서의 짧은 연설이나 구두발표, 스토리텔링 등 격식이 어느 정도 갖춰진 다소 형식적이고 확장된 독백을 시행하는 것을 의미한다. 본 장에서는 Metaverse, AI, ICT를 접목한 다섯 가지 영어말하기 수업 모형에 대해 살펴 보도록 하겠다.

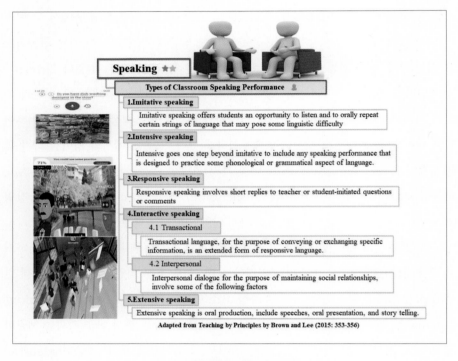

그림 4-4. 교실 안에서의 영어 말하기 활동

Imitative & Intensive Speaking	Responsive Speaking
Speechace (www.speechace.com)	VoiceThread (https://voicethread.com/)

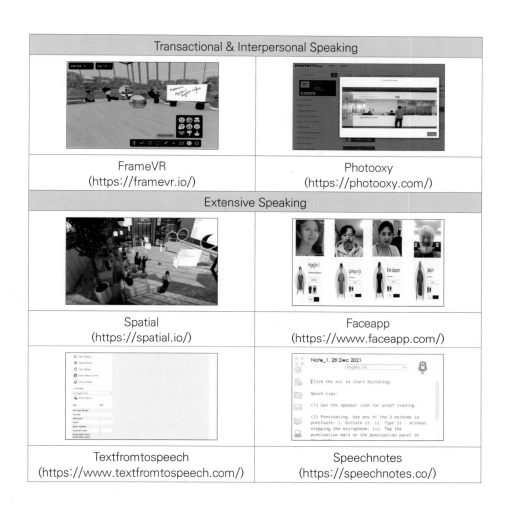

Transactional & Interpersonal Speaking	
FrameVR (https://framevr.io/)	Photooxy (https://photooxy.com/)
Extensive Speaking	
Spatial (https://spatial.io/)	Faceapp (https://www.faceapp.com/)
Textfromtospeech (https://www.textfromtospeech.com/)	Speechnotes (https://speechnotes.co/)

4-2.2 AI 음성인식 기반 영어 발음 자동측정: Imitative & Intensive Speaking

Speech Ace for Immitative and Intensive Speaking

Speech Ace(www.speechace.com)는 영어 발음을 단어(words), 음절(syllables), 음소(phonemes) 단위로 분석하여 IPA(International Phonetic Alphabet)를 기준으로 전체적인 발음 점수와 발음이 잘못된 부분 등에 대한 세부적인 피드백을 제공해주며, 다양한 콘텐츠를 통해 목표에 맞게 단계적으로 발음을 향상시킬 수 있도록 설계되어 있다. 구체적인 사용 방법은 다음과 같다.

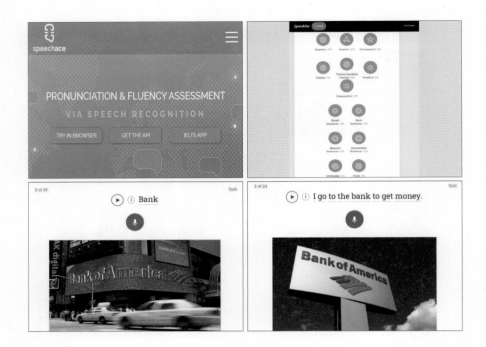

Speech Ace(www.speechace.com)에 접속한다. 가입을 하지 않아도 사용이 가능하며, PC와 모바일 환경 모두 자유롭게 사용할 수 있다. [Try in Browser]는 총 17개의 콘텐츠로 구성되어 있으며, [Word Pronunciation], [Sentence Pronunciation], [Listen and Repeat], [Multiple Choice], [Speak what's in the blank], [Fluency] 등 목적에 따라 원하는 콘텐츠를 선택할 수 있다. [Word Pronunciation]는 학습자가 제시된 단어와 문장을 읽으면 프로그램이 녹음된 것을 분석해 발음 점수와 피드백을 제공해준다. 그리고 [Sentence Pronunciation]은 문장을 읽었을 때 발음 점수와 피드백을 제공해 준다.

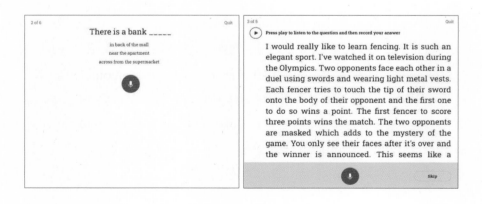

　[Listen and Repeat]는 해당 단어, 문장을 듣고 따라 말하면 발음 점수를 측정해 준다. [Multiple Choice]는 해당 단어, 문장을 듣고 사지선다형 문항에서 선택하면 발음 점수를 측정하고 피드백을 제공해준다. [Speak what's in the blank]는 해당 문장의 blank에 들어갈 부분을 선택하여 녹음하면 이에 대해 발음 점수 측정 및 피드백을 제공해준다. [Fluency]는 제시된 문단을 읽으면 음성 녹음된 문단의 발음 점수를 측정해주고 피드백을 제공해준다. 녹음된 음성파일은 시도한 순서대로 (예, 1st, 2nd, 3rd, Latest) 실시간 발음 교정을 받을 수 있을 뿐만 아니라 음성학적으로 분석된 피드백이 제공되기 때문에 상세한 발음 교정을 무료로 받을 수 있다. 이처럼 Speechace(+IELTSACE)를 통해 특정 단어, 구, 문장, 문단을 집중적으로 연습하는 말하기 활동을 수행하면 나의 영어 발음이 단어(words), 음절(syllables), 음소 (phonemes) 단위로 어떤 부분이 잘못되었는지 세부적인 피드백과 전체적인 발음 점수를 얻을 수 있다.

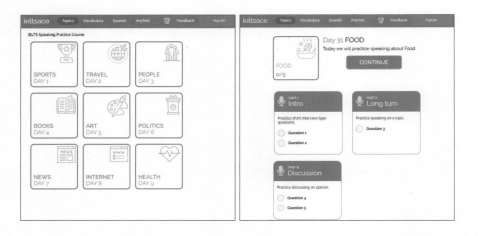

Speech Ace(www.speechace.com) 메인 홈페이지에는 General English를 연습할 수 있는 [TRY IN BROWSER] 외에 IELTS Speaking을 연습할 수 있는 [IELTS APP]이 있다. 일부 콘텐츠(예, [SPORTS], [TRAVEL], [PEOPLE])는 무료로 제공되지만 더 풍부한 학습을 하고 싶을 때 비용($4.99)을 지불하면 IELTS APP에서 제공되는 모든 콘텐츠를 access 할 수 있다. IELTSACE(https://ieltsace.com/s/ielts)에서 제공되는 콘텐츠는 총 50개로 [MUSIC], [LAW], [FOOD], [HISTORY], [GAMES], [SHOPPING] 등 다양하게 구성되어 있다. 각각의 콘텐츠들은, 인터뷰 문항을 연습할 수 있는 [PART 1. Intro]와 특정한 주제에 대해 자신의 생각이나 입장을 밝히는 [PART 2. Long Turn], 마지막으로 본인의 의견을 제시하는 [PART 3. Discussion]으로 구분되어 있다.

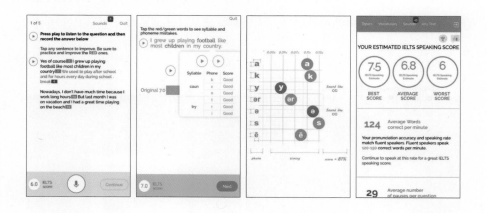

IELTSACE(https://appadvice.com/app/ieltsace/1480776631)에서 제공되는 자료를 토대로 음성 답변을 입력하면 IELTS Speaking 예상 점수를 추정해주고, 음소, 음절 및 조음(調音) 단위에서 발음이 개선되어야 할 부분을 상세하게 제시해준다. 뿐만 아니라, 다양한 측정기준(metric)을 바탕으로 제대로 발화한 부분과 잘못 발음한 부분을 상세하게 분석해 주기 때문에 개선사항에 대해 구체적으로 확인할 수 있다.

─○ 4-2.3 VoiceThread & 영어 말하기 수업: Responsive Speaking

VoiceThread for Responsive Speaking

VoiceThread를 이용해 교사와 학생의 질문과 답변 내용을 다양한 형식(텍스트, 파일, 음성, 영상, 전화 등)으로 기록할 수 있다. VoiceThread는 Cloud 테크놀로지에 기반한 프로그램으로 피드백과 상호작용이 용이하다는 측면에서 본 장에서는 반응형(responsive) 말하기로 분류하였으나, 이 프로그램은 사실상 다섯 가지 스피킹 (imitative, intensive, responsive, interactive, extensive speaking) 활동 모두를 효과적으로 수행할 수 있다.

VoiceThread의 이용 절차는 다음과 같다. VoiceThread에 접속하여 우측 상단의 [Register]로 들어가 [Join VoiceThread]를 선택한 후 [Register a new account]에서 이름, 이메일주소, 비밀번호를 입력하면 무료 회원가입이 된다. 가입(Register) 후 화

면에서 [홈], [찾아보기], [생성] 탭 등을 확인할 수 있는데, [홈]은 메인 홈페이지로 이동하며, [찾아보기]를 통해 다른 사람들이 만든 VoiceThread 콘텐츠를 확인할 수 있다. 수업에 필요한 VoiceThread 콘텐츠를 만들려면 [생성]-[+미디어 추가] 탭을 클릭한다. 이미지, PDF, 문서, 미디어자료, URL, 동영상 파워포인트 등 다양한 수업 자료를 업로드할 수 있을 뿐 아니라 Flickers, Facebook 등 다른 소셜 네트워킹 사이트와도 연계 활동이 가능하다. 필자의 경우 본 수업을 위해 파워포인트 슬라이드와 동영상, 링크를 업로드하였다. 코멘트를 제공하는 방법은 5가지가 있는데 VoiceThread 화면 하단에 있는 아이콘을 클릭하여 텍스트, 전화, 음성 녹음, 영상, 파일 업로드 등의 형태로 피드백을 실시간으로 제공할 수 있다. CC(Closed Caption)를 통해 자막을 끄고 켤 수 있으며 코드를 복사하여 VoiceThread에 탑재된 파일을 손쉽게 공유하거나 다른 사이트에 삽입할 수 있고, [내보내기]를 통해 해당 콘텐츠를 다운로드하여 오프라인에서 활용할 수 있다.

4-2.4 FrameVR & 영어 말하기 수업(랜선투어): Interactive Speaking

FrameVR for Interactive (Transactional & Interpersonal) Speaking

앞장에서 자세히 언급했듯이 FrameVR은 무척 매력적인 메타버스 플랫폼으로 무한한 교육적 가능성을 지니고 있다. 본 장에서는 FrameVR을 활용한 정보교환(transactional) 말하기 활동과 대인 관계적(interpersonal) 말하기 활동을 소개해 보고자 한다. 정보교환(transactional) 말하기 활동은 특정 정보를 전달하거나 교환하는 말하기 활동을 지칭하며, 대인 관계적(interpersonal) 말하기 활동은 사교 활동 및 사회관계 유지를 목적으로 하는 말하기 활동이다. 본 장에서 소개할 과업은 실제성(authenticity)을 증진시키기 위하여 교내 캠퍼스를 말하기 과업의 배경으로 삼았다. 이는 교실에서의 학습 내용을 실생활과 연관되고 실제 일어날 개연성이 높은 활동으로 구성하기 위함이다. 교실 내에서의 활동은 실제 의사소통의 성공 확률을 높이고 시행착오를 최소화하기 위한 일종의 리허설과 같은 역할을 할 것이며 궁극적으로 학습 동기를 더 강하게 유발할 것이다. 필자가 재직 중인 원광대학교 캠퍼스는 외국인 유학생의 숫자가 적지 않다. 이들 중 일부는 학업 및 일상생활 적응에 필요한 한국어 능력이 부족해 화자와 청자 모두 비영어권 출신임에도 불구하고 국제공통어인 영어로 의

사소통을 하는 경우가 종종 있다. 또한, 장차 학령인구 감소로 인해 국내 대학 캠퍼스에 외국인 유학생이 증가할 가능성도 농후해 보인다. 이와 같은 상황을 고려하여 다음과 같은 상호작용적 말하기 활동을 구상할 수 있다.

FrameVR for Role Play

의사소통이 일어날 것으로 예상되는 학교 캠퍼스 사진(2D)을 360도 이미지로 변환한다. 예를 들어 특정 건물 혹은 길 찾기 활동에는 캠퍼스 지도가 필요할 것이며, 교내 근로학생이 도서관에서 책 대출 및 반납하는 상황을 설정한다면 도서관 대출/반납 데스크 이미지, 기숙사 규칙 및 주요 정보를 알려주는 장면이라면 교내 기숙사 사진 등이 필요할 것이다. FrameVR에서 [INVENTORY]-[ADD TO THIS FRAME]-[ADD 360 PHOTO]를 클릭하여 360도로 변환된 사진을 구(Sphere) 모양의 ASSET 형태로 삽입하고 이를 더블 클릭하여 360도 가상 캠퍼스로 이동한다.

한 학생은 도서관에서 근무하는 교내 근로 장학생, 다른 학생은 신입생 역할(role)을 맡는다. 도서관에서 책 대여하는 방법, 도서관 출입 카드 만드는 방법, 도서관 운영시간(주중, 주말), 도서 분실 시 비용, 신청서 작성 등 다양한 상황극을 연출하도록 한다. FrameVR이 지닌 STT의 레코딩 기능을 활성화하여 음성 텍스트를 추출할 수 있는데 이를 활용해 학생들의 과업 수행 내역 및 절차를 확인하고 교사는 이들 대화에 맞는 피드백을 제공할 수 있을 것이다.

FrameVR for Information Gap Task

FrameVR은 학생들이 교실 밖에서 수행하는 실제 과업(real-world tasks)과 최대한 유사한 환경을 조성할 수 있다는 장점이 있다. 이와 같은 장점을 활용해 학습 전이를 촉진시켜줄 수 있도록 FrameVR 내의 공간을 일상생활에서 성취할 활동이나 과업 상황을 제시할 수 있을 것이다. 언어의 형식보다 의미의 전달에 초점이 맞춰지는 정보 차(情報差) 과업 활동을 예로 들 수 있는데 정보의 일부 혹은 불완전한 차이를 극복하기 위한 정보교류 활동을 의미한다. 보다 구체적으로는 다음과 같은 과업활동을 예로 들 수 있을 것이다.

  전공 수업은 보통 해당 전공의 단과 대학에서 수업이 이뤄지지만 교양 수업은 여러 단과대학에서 수업이 행해진다. 이러한 사실을 활용하여 두 학생에게 서로 다른 정보를 제공하고 길 찾기(asking for and giving directions)와 같은 정보교류 활동을 구성한다. 불완전한 정보를 완성하는 과정에서 상호협력적인 담화(collaborative-discourse)가 생성될 것이다. 일상생활에서 접할 수 있는 공간을 배경으로 위치를 묻고 안내하는 활동을 통해 학습전이가 일어날 것으로 기대된다.

FrameVR for Interpersonal Speaking
  대인 관계(interpersonal) 말하기 활동으로는, 따뜻한 봄날에 설레는 벚꽃 데이트를 하면서 감정이 실린 표현이나 일상적인 표현과 같은 사교적인 행위에 초점을 맞춰 말하기 활동을 진행할 수 있을 것이다. FrameVR의 가장 큰 강점은 가상공간(virtual spaces) 안에서 공간이동을 할 수 있다는 점이다. 이와 같은 특징을 활용하여 사교적 말하기 활동을 구상한다면, 3D 이미지 혹은 장면 이동 기능을 통해 학교 캠퍼스에서 데이트한 다음 뉴욕의 미슐랭(Michelin) 레스토랑에서 식사하고 파리의 뤽상부르 공원으로 이동해서 산책하는 등 시공간 제약 없이 자유롭게 이동하는 상황을 구현할 수 있을 것이다. FrameVR의 3D 아바타(avatar)와 공간이동 기능을 통해 얻은 경험은 상황에 더 몰입할 수 있도록 할 것이다.

Photooxy

FrameVR에는 2D 이미지도 당연히 업로드 할 수 있다. 하지만 수업 목적에 따라 몰입감 조성이 필요하다면 평면 이미지보다는 Photooxy (https://photooxy.com/)와 같은 이미지 전환 웹사이트를 통해 같은 360도 이미지로 간편하게 변환하는 것도 추천한다.

360도 이미지로 변환하는 과정은 매우 간단하다. [Select Image]를 누르고 [Browse] 창이 뜨면 변환하려는 이미지를 선택한다. 그 다음 불필요한 부분을 [Crop] 기능을 통해 잘라낸다. 그 후 [Save]를 누르면 거의 3초 이내로 360도로 변환된 사진이 저장된다. 물론 unsplash 360도 이미지(https://unsplash.com/s/photos/360-degree-panorama), pexels 360도 이미지 (https://www.pexels.com/search/360/) 등에서 찾아도 되지만 정확히 원하는 이미지가 없거나 현실적 개연성을 증진시키고 싶다면 Photooxy 사이트를 추천한다.

4-2.5 Spatial & 영어 말하기 수업(멀티페르소나): Extensive Speaking

Spatial+FaceApp+FutureMe+Earth 2050+STT(Speech to Text)

30년 후의 Special한 우리들
지금, 여기(Here and Now) Spatial에서 만나다!
(2050년 지구의 모습은?!)

Spatial
(https://spatial.io/)

Faceapp
(https://www.faceapp.com/)

Spatial + FaceApp

Earth2050
(https://2050.earth/)

Future Me
(https://www.futureme.org/letters/new)

STT
(https://www.textfromtospeech.com/)

Spatial은 특별한 VR 장비 없이 웹브라우저를 통해 가상현실을 체험할 수 있는 웹사이트이다. 특히, 실물과 흡사한 아바타와 함께 실시간 화상 서비스(Webcam Bubbles)를 아바타 머리 위에 제공하여 실재감을 증대시켰으며, 몰입 경험, 창의력, 공간 시각화 함양 능력 등을 제공할 수 있다. FaceApp은 2017년 러시아에 본사를 둔 Wireless Lab에서 개발된 iOS 및 안드로이드용 사진·동영상 편집 어플이다. FaceApp은 인공지능 기반의 신경망을 이용한 필터를 적용하여 성별 교체, 나이 변환(old & young), 미래 자녀 얼굴 보기, 콧수염 붙이기, 헤어스타일 바꾸기, 주름 펴기, 여드름 제거, 메이크업 필터 적용 등을 실행함으로써 얼굴 모습을 다양하게 변형할 수 있다. 이와 같은 Spatial과 FaceApp 기능을 활용하여 흥미로운 영어수업을 진행할 수 있을 것이다. 예를 들면, FaceApp의 [나이 변환_노인] 필터를 통해 30년 후의 모습으로 변환된 사진을 Spatial을 통해 노인 아바타로 변신시킨다. 그런 다음 2050년의 지구 모습을 예측(https://2050.earth/)하는 정보를 간단히 탐색해보고 30년 후의 나에게 편지쓰기(https://www.futureme.org/letters/new) 활동을 시행한다. 이때 작성해 놓은 이메일 내용(문자 텍스트)을 TTS(Text-to-Speech) 프로그램을 통해 mp3 형식의 음성 파일로 변환하거나 본인의 이메일 내용(텍스트)를 STT(Speech-to-text) 프로그램을 통해 직접 소리 내어 읽는 활동을 할 수 있다. 이와 같은 활동 결과물을 spatial에 파일 형식으로 업로드하게 하는 과업을 수행하도록 하는 방법도 있다.

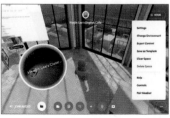

FaceAPP과 Spatial로 가능한 다른 수업 활동들로는 다음과 같은 것들이 있었다. 예를 들어, If 가정법 문법을 익힌다면 FaceApp의 성별교체 필터를 적용하여 나와 다른 이성의 아바타로 변신하거나 유명인의 아바타로 변신한 다음, Beyonce의 If I Were A Boy 노래 가사와 같이 "If I Were"의 가정법을 구사해 보도록 한다. 이 밖에도 영어로 조언·충고·권유하는 표현을 익히는 수업도 가능한데, FaceApp의 헤어스타일 바꾸기, 콧수염 붙이기, 메이크업 적용 등 다양한 필터를 활용하여 권유하는 영어표현을 사용하게 하거나(예, I think you should perm your hair), 특정한 환경을 조성하여 역할극(role-play)을 진행할 수도 있다. 또한, 외모를 묘사하는 영어표현을 사용하기 위해 연예인으로 변신하기, 나의 미래 자녀 얼굴 묘사하기, 친구 아바타의 외모를 묘사하고 누구인지 맞추기 게임 등을 진행하는 것도 가능하다.

Spatial 사용 방법

Spatial 계정 생성하기

먼저 "spatial"을 검색하거나 주소창에 https://spatial.io/를 입력하여 spatial 홈페이지에 접속한다. (크롬에 최적화되어 있으므로 크롬을 통해 접속하는 것을 권장한다.) Google, Apple, Microsoft 계정 혹은 기타 Email 계정을 통해 로그인한다. PC가 아닌 iOS/Android 와 같은 모바일 기기에서도 Spatial 어플로 이용할 수 있다. Google, Apple, Microsoft 계정 혹은 기타 Email 계정 중 하나로 로그인하게 되면 다음과 같은 [Terms & Privacy] 팝업창이 뜨는데 [→] 버튼을 눌러 다음 단계로 진행한다. [Give yourself a name]에 본인 이름을 입력하여 등록한다.

 카메라, 마이크 접근 허용 설정하기 팝업이 나오는데 카메라를 사용할 경우 [허용]을
누르고 [Upload Photo]에 본인의 사진을 업로드한다. 업로드한 사진대로 진행하려
면 [LOOKS GOOD]을 눌러 다음 단계로 이동한다. [Choose Body Type]은 성별을
입력하는 곳으로 본인의 성별에 맞게 체형을 선택하면 된다. [3D Avatar Generating]
이 나온다. [Confirm Avatar]에서 사진으로 변환된 아바타 모습이 나오고 상의와 색
을 변경할 수 있다. 모든 설정이 완료되면 [LOOKS GOOD]을 눌러 다음 단계로 이동
하고, 아바타를 다시 생성하고 싶으면 [REGENERATE AVATAR]를 눌러 본인의 아바
타를 재생성할 수 있다.

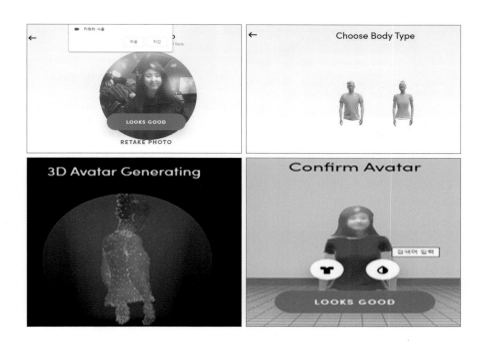

Spaces는 크게 [EXPLORE]와 [SPACES]로 구분된다. [EXPLORE]는 기존에 만들어진 공간을 탐험할 수 있고, [SPACES]는 내가 만든 공간을 보여주는데 새로운 방을 생성하려면 [+NEW]를 클릭한다. [+NEW]를 누르면 [New personal space] 공간을 생성할 수 있는 환경으로 이동하게 된다.

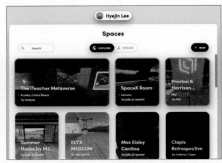 

Spatial 공간 구축하기

Object Toolkits는 총 6개가 있다. 첫 번째 아이콘은 [Sticky note]로, 포스트잇을 사용해 전달하고자 하는 메시지를 붙여 놓을 수 있다. 두 번째 아이콘 [Add Portal]은 현재의 방과 본인이 개설한 다른 방 혹은 타인이 만들어 놓은 방과 연결시킬 수 있다.

세 번째 아이콘은 [Search or URL]인데, 원하는 검색어 혹은 URL 링크를 삽입할 수 있다. 모든 Object는 삽입하면 [Lock], [Move, rotate, and scale], [Duplicate], [Delete] 등의 메뉴를 이용해 움직이지 않게 고정시키거나(Lock), X/Y/Z축을 기준으로 오브젝트의 방향을 조절, 회전, 크기 변경(Move, rotate, and scale)을 할 수 있고, 복제(Duplicate)나 삭제(Delete)도 가능하다. 네 번째 아이콘은 [Add saved content]로 해당 아이콘을 누르면 기존에 저장된 콘텐츠들을 추가할 수 있다. 다섯 번째 아이콘은 [Upload Images, Videos, 3D Models, PDFs, MS Office files]로, 해당 아이콘을 눌러 이미지, 영상, 3D Models, PDF 파일들을 업로드할 수 있다. 마지막 여섯 번째 아이콘은 [Share screen]으로, 이 아이콘을 누르면 Zoom과 같이 화면을 공유할 수 있는 기능이 활성화된다. 시스템 오디오 공유 기능도 있어 소리도 공유할 수 있다.

Spatial 설정 및 업로드 가능한 파일 유형

Format	Maximum Size
3D: OBJ, glTF, GLB, FBX, DAE, PCD	
OBJ	30 MB
glTF	30 MB
GLB	30 MB
FBX	30 MB
DAE	30 MB
PCD	30 MB
ZIP	30 MB
Videos: MP4, GIFs, MKV, MOV, AVI, WMV, WEBM	
MP4	50 MB
MOV	50 MB
GIF	10 MB
Images: PNG, JPEG, TIFF	
PNG	10 MB
JPEG	10 MB
TIFF	10 MB
Documents: .docx, .pptx, .xlsx, .pdf	
PDF	100 MB
MS Word(.docx)	100 MB
Powerpoint(.pptx)	100 MB
MS Excel (.xlsx)	100 MB

우측 하단의 점 3개를 누르면 설정 창이 뜨게 된다. 이 창에서 Setting(음향, 화면 크기와 같은 환경설정), Leave Audio, Export Content(콘텐츠 내보내기), Clear Space(space 안의 오브젝트 등 제거), Delete Space(Space 삭제하기), Help(도움말), Controls(콘트롤 기능), Pair Headset(헤드셋 페어링하기) 등을 조작할 수 있다. 우측 이미지는 업로드 가능한 파일 용량 및 유형이다.

Spatial 키보드 및 마우스 컨트롤

마우스를 이용해 화면을 확대, 축소하고 상하좌우로 드래그하여 움직일 수 있으며, WASD 혹은 화살표 키를 사용하여 앞(forward), 뒤(backward), 옆(side to side)으로 이동할 수 있다. Q와 E 키를 사용해 관점을 전환할 수 있으며 스페이스 바를 누르면 점프를 할 수 있다. 키보드 기능은 다음과 같다.

키보드 숫자 1(Cheer)을 누르면 손을 높이 올리며 cheer 표시를 한다.

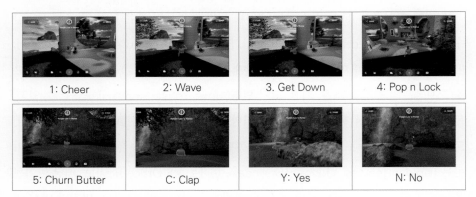

1: Cheer	2: Wave	3. Get Down	4: Pop n Lock
5: Churn Butter	C: Clap	Y: Yes	N: No

키보드 숫자 2(Wave)를 누르면 손을 흔들며 인사를 한다. 키보드 C(Clap)를 누르면 박수를 치며 하트이모티콘이 나오고, 키보드 Y는 Yes, N은 No의 의미를 표시한다. 위와 같은 기능을 통해 학생들과 자유롭게 감정 표현을 나눌 수 있다. 또한, 이동하고 싶은 공간을 마우스로 클릭하면 해당 공간으로 순간이동(teleport)할 수 있고, 마우스를 드래그하여 원근법을 회전시킬 수도 있다.

Spatial 초대 및 공유 방법

우측 상단에 있는 [+ share] 버튼을 누르게 되면 공유할 수 있는 링크가 생성된다. [copy link]를 클릭하여 링크를 생성, 공유하거나 학생의 이메일 주소를 직접 입력하여 초대 메일을 보낸 후 방에 초대할 수 있다.

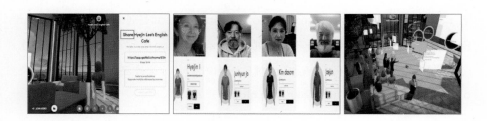

─○ 4-3.1 영어 듣기 지도 방법

듣기는 다양한 층위에서 이뤄지는 인지적인 과정이며 청각 기관을 통해 언어 신호를 받아들이고 다시 대뇌에서 언어 정보를 처리한 후 입력된 정보를 내면화하는 모든 과정이 즉각적으로 수행되기 때문에 읽기에 비해 집중력이 한층 더 요구된다. 듣기 활동을 수동적인 기능으로 간주하면 학습자의 뇌에서 처리되는 듣기 과정을 직접적으로 설명할 수 없으므로 듣기 지도는 사실상 불가능한 영역이 되지만 듣기는 분명 교사에 의하여 교육될 수 있는 기능이다. Brown과 Lee(2015)는 교실에서의 듣기 수업 활동을 다음과 같이 여섯 가지 유형으로 구분하였다. Reactive Listening은 유의미한 과정 없이 발화의 표층구조를 듣는 활동이며, Intensive Listening은 담화의 특정 요소(음소, 강세, 단어, 억양 등)를 중심으로 집중적인 듣기활동을 하는 것이다. Responsive Listening은 발화에 대한 반응을 통해 듣기의 이해 정도를 측정하는 활동이다. Selective Listening은 발화에 내포된 특정 정보를 찾는 것이고, Extensive Listening은 발화 내용의 전반적인 의미를 파악하는 활동이다. Interactive Listening은 토론, 역할극과 같은 상호작용 중심의 듣기 활동이다.

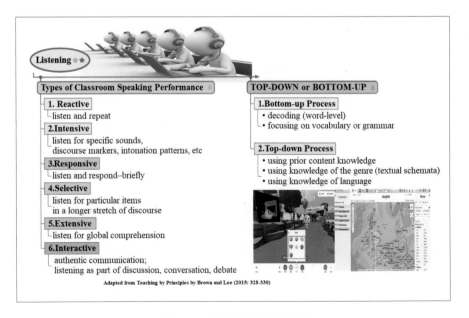

그림 4-5. 교실 안에서의 영어 듣기 활동

World Englishes and Listening			

The Speech Accent Archive (https://accent.gmu.edu/)	Sound Comparisons (https://soundcomparisons.com)	IDEA (https://www.dialectsarchive.com	ELLLO (https://www.elllo.org/)

Intensive Listening			

Tubequizard (http://tubequizard.com/)	Getyarn (https://getyarn.io/)	Youglish (https://youglish.com/)	Voicetube (https://www.voicetube.com)

Responsive & Interactive Listening	

Mozilla Hubs (https://hubs.mozilla.com/)	

Extensive & Selective Listening	

TTS Demo (https://ttsdemo.com/)	Lyrics Training (https://lyricstraining.com/)

The Speech Accent Archive for World Englishes

전 세계의 다양한 영어 화자(International speakers)들의 세계영어(World Englishes)를 접할 수 있는 웹사이트로 다음과 같은 것들이 있다. 구글 검색창에서 "speech accent archive"를 검색하거나 다음 링크(https://accent.gmu.edu/)를 주소창에 입력하여 웹사이트에 접속한다.

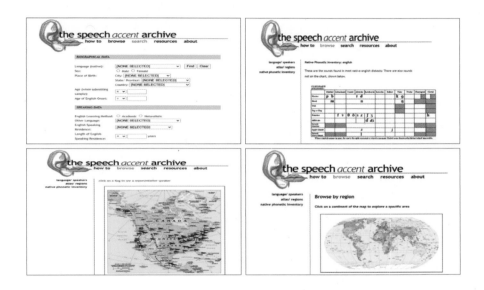

전 세계 화자들의 개인별 배경(국적, 성별, 연령 등)을 미리 설정한 상태에서 음성 파일을 듣고 싶다면 다음 링크(http://accent.gmu.edu/searchsaa.php)에서 설정할 수 있다. 위 이미지는 한국인 여성 화자가 제시된 문장을 발화한 음성파일이다. [BIOGRAPHICAL DATA], [SPEAKING DATA], [GENERALIZATION DATA]를 설정한 다음 학생들에게 들려준다. 학생들이 직접 지도에서 선택하게 하여 원하는 국적의 영어 발음을 들어보게 할 수 있다.

https://earth.google.com/

https://www.amcharts.com/

https://mapchart.net/world.html

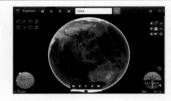

https://worldwind.earth/explorer/

구글어스(https://earth.google.com/), armcharts(https://www.amcharts.com/visited_countries/#), 혹은 mapchart(https://mapchart.net/world.html)와 같은 interactive world map charts를 통해 지도에 표시하여 이미지 파일(PNG Image)로 다운로드하게 한 후 교사에게 제출하도록 안내한다.

https://soundcomparisons.com

https://soundcomparisons.com/#/en/Englishes/map/daughter/Lgs_Sln

https://www.dialectsarchive.com/dialects-accents

https://www.dialectsarchive.com/south-korea-4

스피치 아카이브와 같이 지역마다 다른 영어의 억양과 방언을 들어볼 수 있는 웹사이트로는 IDEA(https://www.dialectsarchive.com/dialects-accents) 혹은 Sound Comparisons(https://soundcomparisons.com/#home)이 있다. 유의미한 정보처리 과정 없이 음성을 듣는 reactive listening 활동을 통해 각 지역마다 음성음운론적으로 어떤 차이점과 유사점이 있는지 발화의 표층구조를 비교 또는 대조하는 활동을 할 수 있을 것이다.

4-3.3 맞춤형 실제 영어(authentic English) & 영어 듣기 수업: Intensive Listening

TubeQuizard &   Youglish &   Getyarn &   Voicetube

Intensive listening이란 발음(pronunciation), 담화표지(discourse markers), 억양패턴(intonation patterns), 강세(stress) 등 음성언어의 특정 요소에 집중하게 하는 활동이다. 정확한 듣기 이해력을 향상시키기 위해 TubeQuizard(http://tubequizard.com/), Youglish(https://youglish.com/), Getyarn(https://getyarn.io/), Voicetube(https://www.voicetube.com/)와 같은 웹사이트들을 활용할 수 있다.

http://tubequizard.com/search.php?pattern=!d2lsbHBvd2Vy&quizType=0

https://youglish.com/pronounce/willpower/english?

https://getyarn.io/yarn-find?text=willpower

https://www.voicetube.com/search?sortBy=relevance&query=willpower

Youglish는 Youtube 영상을 활용하여 학습하고자 하는 단어의 연음, 강세, 억양을 문장 흐름 속에서 확인할 수 있다는 장점이 있다. N-gram처럼 연속된 단어 모음의 사용도 실제(authentic) 문맥 속에서 확인할 수 있으며, US(미국식), UK(영국식), AUS(호주식)과 같은 다양한 발음으로 들을 수 있다. Getyarn도 Youglish와 비슷한데, Getyarn는 상단에 원하는 단어, 구, 문장을 입력하면 GIF(Graphics Interchange Format) 형식으로 제시된다는 특징이 있다.

Voicetube for Intensive Listening

VoiceTube의 옵션은 [Channels], [Levels], [Pronunciation Challenge], [Search Vocabulary]로 크게 구분되어 있다.

VoiceTube의 [Channels]은 비즈니스와 금융(Business & Finance), 학습자원(Learning Resources), 예술과 엔터테인먼트(Arts & Entertainment), 음악(Music), 애니메이션(Animation), 뉴스와 시사(News & Current Affairs), 어린이(Kids), 레저와 여행 (Leisure & Travel), 과학과 기술(Science & Technology), 건강(Health & Well) 등의 주제로 구성되어 있다. [Levels]는 유럽연합 공통언어 표준등급(CEFR, Common European Framework of Reference for languages)을 기준으로 A1, A2, B1, B2, C1, C2와 같이 6단계로 분포되어 있는데, A1은 언어 구사 능력이 가장 낮은 레벨이고 C2가 언어 능력이 가장 높은 레벨을 의미한다. [Pronunciation Challenge]는 음성을 듣고 발음을 따라하고 녹음까지 할 수 있는 기능이고, [Search Vocabulary]에서는 단어를 검색하면 해당 단어가 포함된 영상과 subtitles를 보여주

며 어휘의 레벨(CEFR)도 함께 보여준다.

TubeQuizard for Intensive Listening

TubeQuizard는 intensive listening 활동에 매우 적합한 매력적인 웹사이트이다. 필터링을 할 수 있는 조건으로는 CEFR에 기반한 [level], intensive listening의 목적인 [type], 장르 [category]와 미국·영국 영어를 선택할 수 있는 옵션이 있다.

영화, 노래, 정치 연설, 비즈니스, 엔터테인먼트 등 장르도 다양하지만, 이 웹사이트는 특히 intensive listening 혹은 meaning-focused input에 적합하다. 필터링 옵션 중 [type]을 클릭하여 수업 목적에 따라 다른 퀴즈를 제공할 수 있다. 예를 들어 듣기를 통한 문법실력 향상을 목적으로 한다면 Grammar for listeners, 발음은 Pronunciation for listeners, 어휘는 Vocabulary in context, 문맥적 어법은 Grammar in Context 등을 활용할 수 있다. 여기서는 스펠링까지 연습할 수 있으며 문법의 종류도 세분화되어 있을 뿐만 아니라 학술어휘목록(Academic Word List, AWL)

을 기준으로 어휘에 따른 듣기 활동도 제공할 수 있어 학습자의 언어 능력 수준(A1, B1, C1) 및 흥미, 듣기의 주된 목적에 부합하는 활동을 다각도로 제공해줄 수 있다.

→ 4-3.4 FrameVR, Mozilla hubs & 영어 듣기 수업: Responsive Listening

FrameVR for Responsive Listening

Responsive Listening은 반응적 듣기방식으로서, 음성언어를 듣고 즉각적인 반응을 유도하는 활동이 요구된다. FrameVR에서 Responsive Listening 과업 활동을 소개하면 다음과 같다. 첫째, 리스닝 스크립트에서 가장 많이 등장하는 단어 혹은 학생들이 특히 집중하기를 원하는 언어적 요소(단어, 구, 특정 문법 등)를 미리 선정한다. 둘째, FrameVR의 [INVENTORY]-[ADD TO INVENTORY]-[YOUR 360 VIDEOS]를 통해 3D 동영상 파일을 삽입한다. Auto play 기능을 설정하여 자동 재생을 활성화시킬 수도 있으나, 본 수업에서는 직접 영상을 클릭하여 화면을 전환한 후 재생 기능이 작동하도록 설정할 것을 제안한다. 셋째, 학생들에게 해당 단어가 나올 때마다 floating emoji를 통해 반응하도록 한다. 특정 단어가 일종의 자극(stimulus)이 되어 올바르게 반응하였을 때는 스마일 이모지 혹은 엄지척 이모지를, 틀렸을 때는 우는 이모지를 제공하여 제시되는 발화 내용을 강화(reinforcement) 및 조건화(condition)할 수도 있을 것이다.

또한, 제2부에서 자세히 언급되었듯이 FrameVR에서는 [INVENTORY]-[ADD TO THIS FRAME]-[ADD WHITEBOARD]를 눌러 판서가 가능하다. FrameVR의 Whiteboard 기능을 이용하여 리스닝 음원 파일을 들려주고 특정 사물에 동그라미 그리기를 하거나 혹은 이해한 내용을 Whiteboard에 그려보게 하고 반응적으로 표현한 결과물을 PNG 파일로 다운로드받아 제출하도록 할 수 있다. 여기에 더해 FrameVR

이 지닌 최대 강점으로 판단되는 STT(Speech to text) 기능을 활용해 음성적 반응을 보이도록 하는 의미적 활동을 고안할 수도 있다.

Mozilla hubs for Responsive Listening

듣기 과정은 뇌에서 정보를 받아들이는 수용 기능(receptive skills)이기에 학생들이 듣기 내용을 어느 정도 이해하였는지 명시적으로 측정할 수 없으므로 간접적인 평가가 이뤄져야 한다. 듣기 이해 과정을 측정하기 위한 반응적 활동으로 Mozilla Hubs를 유용하게 활용할 수 있다. 사용 방법은 무척 직관적이고 간단하다. Mozilla hubs(https://hubs.mozilla.com/)에 접속한 다음 계정을 생성하고 [Create a room]을 클릭한 다음 수업 목적에 맞는 방을 선택한다. 방 이름, 방에 대한 묘사, 마이크, 수용인원(최대 24명) 등을 설정한 다음 좌측 하단의 [invite]를 클릭하고 생성된 링크를 통해 학생들을 초대한다.

초대된 학생들이 방에 입장하면 [Place]를 누르고 듣기 음원파일을 업로드한다. 듣기 활동과 관련해서는 다음과 같은 반응(response)를 유도할 수 있을 것이다. 첫째, "다음 리스닝 파일을 듣고 필자의 심경, 분위기, 감정, 어조를 잘 나타내는 이모티콘으로 표현하시오" 문항이라면 학생들은 [React]를 클릭한 후 이모지를 통해 정서적 반

응을 표현한다. 둘째, 특정 물건을 묘사하는 음원을 들려주고 "다음 대화를 듣고 화자가 찾고 있는(잃어버린) 물건을 찾으시오" 문항을 제시하고 학생들은 [Place]-[3D Model]로 들어가 sketchfab(https://sketchfab.com/)가 제공하는 3D 오브젝트 혹은 이미지 등을 업로드할 수 있다.

⊶ 4-3.5 음성합성 시스템(TTS) & 영어 듣기 수업: Extensive Listening

TTS (Text to Speech) for Extensive Listening

사실상 수업시간 전부를 듣기 활동으로 구성하는 경우는 드물고 대부분의 영어수업이 주로 독해 활동을 중점적으로 이뤄진다는 것을 감안한다면, 읽기 전 단계(pre-reading stage)에 교과서 독해 지문을 활용한 듣기 활동을 구성하는 것도 유용한 방법이다. 그 일환으로, 텍스트(Text)를 음성언어(Speech)로 변환해주는 음성합성시스템(Text-to-Speech, TTS) 기능을 적용하여 독해 수업에서 리스닝 활동을 병행할 수 있다. 음성 합성 시스템(TTS)은 난독증이 있거나 시력이 약한 학습자에게 도움이 될 것이다. 또한, 영어 듣기의 어려움을 초래하는 요인들을 다각적으로 고려하여 더욱 다양한 방식으로 영어 듣기 활동을 전개해야 한다는 것을 고려할 때 TTS는 유용하게 활용될 것이다.

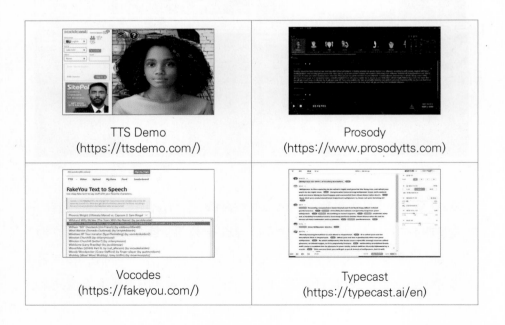

TTS Demo
(https://ttsdemo.com/)

Prosody
(https://www.prosodytts.com)

Vocodes
(https://fakeyou.com/)

Typecast
(https://typecast.ai/en)

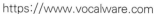
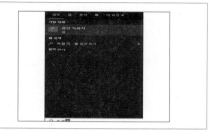

위에 제시한 TTS 프로그램은 각기 다른 특징을 가지고 있어 수업 목적에 따라 선택적으로 활용할 수 있을 것이다. TTS Demo, Prosody, Vocodes, Typecast 순으로 살펴보겠다. 첫 번째, TTS Demo(https://ttsdemo.com/)는 동물, 어린이, 로봇, 성인 등 다양한 가상 성우를 설정하여 텍스트를 음성으로 전환할 수 있다. 음성으로 변환하고자 하는 텍스트를 입력한 다음 Pitch, Speed, Duration, Echo, Reverb, Flanger, Phase, Bullhorn, Whisper와 같은 기능을 설정한다. 그 다음 [Say It] 버튼을 누르면 실제 발화하는 것처럼 가상 성우의 입이 움직이고 마우스 포인트를 따라 얼굴과 눈동자도 함께 움직여서 마치 화상채팅을 하는 듯한 느낌을 자아낸다. 두 번째, Prosody(https://www.prosody-tts.com/)는 휴멜로에서 개발한 TTS 음성 합성 프로그램으로, 텍스트를 입력하면 다양한 음색과 감정 표현(중립, 행복, 차분, 화남, 공포, 슬픔, 실망, 졸림)이 가능하다는 것이 특징이다. 기계음이 아니라 실제 인간의 감정 상태가 반영된 음성으로 변환되며 속도, 높낮이 등을 조절할 수 있다. 세 번째, Vocodes는 텍스트를 입력했을 때 유명인사(예, 빌 게이츠, 마크 저커버그, 50센트, 버락 오바마, 아인슈타인, 지미 카터, 트럼프 등)의 목소리로 텍스트를 읽어주고 mp3 파일도 자동 생성해주는 딥러닝 기반의 음성 합성 소프트웨어이다. 학생들이 좋아하는 유명인의 목소리로 교과서 지문과 같은 영어 텍스트를 음성으로 전환하여 들어볼 수 있다. 네 번째, Typecast(https://typecast.ai/en)는 스타트업 회사인 네오사피엔스에서 개발 및 운영하는 음성 생성 전문 웹사이트인데, 연기자들이 직접 녹음한 목소리로 음성이 생성된다는 특징이 있다. 특히, 원하는 인공지능 성우를 설정한 후 분위기(친근한, 귀여운, 부드러운, 힘찬), 음성의 높낮이, 발화 속도, 콘텐츠 종류(교육, 게임, 안내 멘트, 리뷰 등), 연령, 말 빠르기, 끊어 읽기 등 세부 옵션을 조절할 수 있어서 다양한 음성 변환이 가능하다. 이 밖에도 다양한 TTS 프로그램이 존재하며, TTS 기능을 통해 독해 수업과 연계된 확장형 듣기 활동을 진행할 수 있을 것이다. 만약, 사용하는

TTS 프로그램에 음성 파일을 다운받는 기능이 없다면 윈도우에 기본적으로 내장되어 있는 '녹음기'를 사용하면 된다. (윈도우 키 혹은 시작 버튼을 누르고 '음성' 혹은 '녹음기'를 검색하면 '음성 녹음기'가 표시되는데 해당 앱을 클릭해서 실행하면 된다).

AI, Metaverse, ICT and Reading
─○ 4-4.1 영어 읽기 지도 방법: 리딩(Reading)해야 리딩(Leading)한다.

인터넷 활성 상태를 모니터링하는 IT 전문업체 Internet Live Stats(www.internetlivestats.com)에서는 전 세계 인터넷 이용자 수, 웹사이트 수, 구글 검색 수, 블로그 포스팅 수 등의 정보를 실시간으로 확인할 수 있다. Internet Live Stats에 의하면, 2021년 11월 현재 51억 명 이상이 인터넷을 사용하고 있으며, 현재도 초 단위로 계속해서 증가하고 있다. IT 및 네트워킹 부문의 글로벌 선두주자인 시스코 시스템즈가 발표한 연례 인터넷 보고서(Annual Internet Report)에서는, 2023년까지 전 세계 인구의 70%(약 57억 명) 이상이 모바일 네트워크를 사용할 것이며 한국은 95%(약 4,880만명)에 육박할 것으로 전망하였다.

www.internetlivestats.com

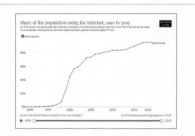

https://ourworldindata.org/internet

이렇듯 디지털 혁신의 진행 속도가 급격히 빨라지면서 인터넷을 기반으로 전 세계의 초연결성(hyperconnectivity)이 폭발적으로 증가하고 있으며 정보를 사용하고 생성하는 양도 급증하고 있다. 전 세계의 통계정보를 실시간으로 보여주는 Worldometers(https://www.worldometers.info)에 따르면 지구상에서 하루에 오가는 이메일은 126,377,756,123개를 상회하고 있고, 현 시점에서 하루에 생산되는 정보량은 20세기 초 전 세계인의 평생 정보량과 맞먹는 수준이라고 한다. 현재에도 거대한 데이터가 폭발적으로 증가하면서 하루에 25억 기가바이트 데이터가 생산되고 있고, 150~350년 후 디지털 비트 수가 지구상의 원자 수보다 많아질 것으로 예측되고 있다.

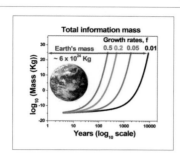

https://publishing.aip.org/publications/
latest-content/digital-content-on-track-
to-equal-half-earths-mass-by-2245/

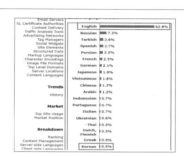

https://w3techs.com/technologies/
overview/content_language

주지하다시피 전 세계 네티즌들이 인터넷에서 가장 많이 사용하는 언어는 영어이다. W3Techs(https://w3techs.com/technologies/overview/content_language) 조사에 의하면 인터넷 언어의 62.8%가 영어로 작성되어 있다고 한다(2021년 10월 1일 기준). 인구로는 당연히 중국어 혹은 힌디어가 우세해야 하겠지만, 예측불허의 빠른 속도로 변혁을 거듭하고 있는 정보화 사회에서 부와 정보는 영어 사용자(English users)에게 집중될 수밖에 없다. 지금과 미래의 지식정보사회에서 경쟁력의 원천은 최신정보의 습득이며 이러한 역량을 어떻게 배양할 것인가가 시급한 과제로 대두되고 있다. 단적으로, 인터넷에서 기하급수적으로 쏟아져 나오는 영어로 작성된 정보를 목적에 맞게 읽고 습득하는 능력을 배양하지 못한다면 그만큼 국제 경쟁력이 뒤처질 수밖에 없다. 즉, 초연결사회에서는 영어 읽기능력을 배양하는 것이 매우 중요하다는 것이다. 이에 본 장에서는 메타버스, ICT, AI를 활용하여 학습자들의 영어 읽기 능력을 향상시킬 수 있는 교수-학습 방안을 제시하고자 수업 모형을 고안해 보았다. 다음은 Brown과 Lee (2015)가 소개한 교실에서의 읽기 활동의 예시이다.

Brown과 Lee(2015)는 읽기 활동이 소리를 내는 지 여부에 따라 낭독(oral reading)과 묵독(silent reading)으로 구분될 수 있으며, 소리내어 읽는 활동인 낭독은 발음 체크, 학생 참여, 특정 부분 강조와 같은 상향식 읽기 과정을 측정할 수 있다고 하였다. 반면 눈으로 읽는 묵독은 읽기 속도, 유창성 및 이해도 향상에 도움이 되며 특히 읽기 활동의 실재성(authentic)이 높은 활동이라고 언급하였다. 묵독은 다시 집중형 읽기(intensive reading)와 확장형 읽기(extensive reading)로 구분될 수 있는데, 집중형 읽기는 주로 교실 안에서 이뤄지는 활동으로 정확한 읽기와 해석을 목표로 하는데, 언어의 형태적 분석(예, 어휘적·통사적·담화적 체계 등)에 초점을 두며 완전한 이해를 위해 상대적으로 짧은 텍스트를 분석적으로 읽는 활동이다. 반면, 확장형 읽기 활동은 의미에 초점을 두며 상대적으로 다소 긴 텍스트를 통해 능숙한 읽기와 전반적인 이해, 혹은 정보 습득을 목표로 한다. 위와 같은 활동을 근간으로 본 장에서는 교실 활동에서 주로 행해지는 독해 지도 활동에 초점을 맞춰, 읽기 수업 및 자료의 준비단계(Preparation Stage)로부터 읽기 전(Pre-reading), 읽기 중(While-reading), 읽기 후(Post-reading) 과정을 제시하고자 한다.

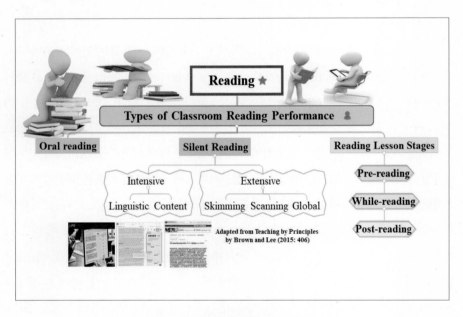

그림 4-6. 교실 안에서의 영어 읽기 활동

Reading Lesson Preparation 1 (Evaluating Student Reading Speed)		

Free Reading Speed Test (http://www.freereadingtest.com/)	Speed Reading Test Online (http://www.readingsoft.com/)	Spreeder (https://www.spreeder.com)
Reading Lesson Preparation 2 (Evaluating Text Difficulty)		

Readable (https://readable.com)	Readability Formulas (https://readabilityformulas.com)	Rewordify (https://rewordify.com/)
Pre-reading		

YouTube VR Videos (https://vr.youtube.com)	Coverr (https://coverr.co/)	https://sciencelevelup.kofac.re.kr/virtualReality/list
While-reading		

Lxper (https://www.lxper.com/)		
Post-reading		

ATM(https://atm.lxper.ai/)		

Reading Lesson Preparation 1 (Evaluating Student Reading Rate)

일반적인 독해 수업에서 학생 개개인의 읽기 속도 차이나 이해 능력 정도를 고려하는 경우는 많지 않다. 그러나 학습자의 특성을 고려한 맞춤형 교수-학습을 진행하려면 학생들의 개인차를 이해해야 하는데, 다음 소개할 웹사이트를 통해 학생들의 독해 속도를 손쉽게 측정할 수 있다.

─○ 4-4.2 영어 읽기 속도 및 이해도 자동 측정

Free Reading Speed Test & Speed Reading Test Online & Spreeder

Free Reading Speed Test(http://www.freereadingtest.com/)는 학습자 스스로 읽기 속도(reading rate)와 이해도(comprehension)를 측정하게 해주는 무료 웹사이트이다. 원하는 주제(Themes: General, famous people, American history, fun facts, earth & space science)를 선택하고 Text Complexity (Level 1-13)과 Story(1-3)를 설정하면 해당 지문이 제시된다. 다 읽은 후 [Done Reading] 버튼을 누르면 지문과 관련된 문항이 4개 정도 나오는데 문항을 다 풀고 [Done]과 [View Results]를 누르면 읽기 속도(Your Speed)와 읽기 이해 정도(Your Comprehension)가 백분율로 측정이 된다.

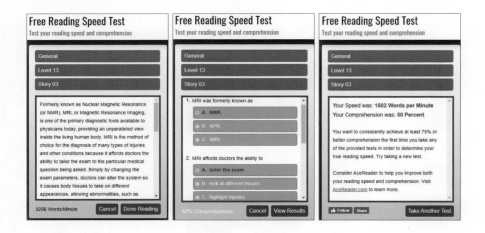

Speed Reading Test Online(http://www.readingsoft.com/)은 Free Reading Speed Test와는 다르게 텍스트 주제를 선택할 수 있는 기능이 없다. 읽기 속도를 측

정하기 위해서는 [Start] 버튼을 누르고 다 읽은 후 [Stop] 버튼을 누르면 [Words Per Minute]이 측정된다.

Speed Reading Test Online 웹사이트에 의하면 원어민 평균 읽기 속도가 스크린으로 볼 때는 200 wpm, 인쇄매체는 240 wpm이며 이해 정도는 60%라고 한다. 위 결과를 토대로 영어를 외국어로 학습하는 학생들의 개인별 읽기 속도와 이해도를 가늠하고 교육 성취 목표(예, 내신, 수능, 중등임용시험, reading for pleasure)에 부합하는 수업 모형(지도 방안)을 구상할 수 있을 것이다.

Spreeder(https://www.spreeder.com/app.php?intro=1)는 본인의(혹은 본인이 희망하는) 읽기 속도에 맞게 속도, 폰트 크기, 청크 등을 조절하여 텍스트를 읽을 수 있다. 독해 수업에서 가르치려고 하는 특정 교과서 지문을 대상으로 reading rate를 측정할 때는 타이머를 사용해 직접 측정할 수도 있고, Spreeder를 이용할 수도 있다. 위 이미지는 다락원 고등학교 영어 1 Unit 2 Food and Health 독해 지문을 spreeder에 입력한 장면이다. 원하는 텍스트를 넣고 [SPREED!] 버튼을 누르게 되면 나의 (현재 또는 목표하는) 읽기 속도(words per minute), 글자 크기(font size), 등장하는 단어 수(chunk size, words) 등을 설정할 수 있어 개별화된 읽기 활동이 가능하다.

Reading Lesson Preparation 2 (Evaluating Text Difficulty)

학생들의 영어 텍스트 독해 속도와 이해 정도에 대한 분석이 끝나게 되면 독해 수업에 사용할 텍스트에 대한 분석을 진행해야 한다. 대부분의 교과서가 영어과 교육과정성취 기준을 토대로 영어 지문을 제시하고 있겠지만 가르치려고 하는 학생들의 수준, 성취 목표, 특성 등에 차이가 있을 것이다. 따라서 개별화된 학생 맞춤형 수업을 단계적이고 체계적으로 계획하려면 다음과 같은 웹사이트를 통해 가르치려고 하는 지문에 대한 분석이 필요하다. 해당 텍스트가 학생 수준에 맞는지 판단하는 기준과 측정 방법에는 여러 가지가 있을 것이나, 본 장에서 소개하는 웹사이트는 교실에서 사용하기가 용이할 것으로 판단되는 Readable(https://readable.com/)이다. 텍스트의 이독성(易讀性, readability)은 "쉬울 이(易)+ 읽을 독(讀); read + ability"의 합성어로 텍스트를 얼마나 쉽게 읽고 이해할 수 있는지를 나타낸다. 본 장에서 소개하는 웹사이트 외에도 Readability Formulas(https://readabilityformulas.com/free-readability-formula-tests.php) Wedfx(https://www.webfx.com/tools/read-able/),Coh-metrix(http://tool.cohmetrix.com/) 등 다양한 사이트들이 있지만 여기서는 지면 관계상 Readable만 중점적으로 소개하겠다.

Readable for Evaluating Text Difficulty

구글에서 "Readable"을 검색하거나 다음 링크(https://readable.com)를 주소창에 입력하여 해당 사이트에 접속한 후, 분석하고자 하는 텍스트(예, 교과서 지문)를 빈 박스(Type or paste your text in here…)에 넣고 제목(Untitled Document)을 입력하면 특정한 버튼을 누르지 않아도 자동적으로 분석이 진행된다.

로딩화면(0-100%)이 끝나면 텍스트가 자동적으로 분석되어 있는데, 첫 번째 탭인 [FAVES]에는 Readability Grade Levels, Readability Scores, Text Statistics, Readability Issues 종합결과를 제시해준다. 특정 항목(예, Flesch Reading Ease)에 마우스를 올려놓으면 측정치의 의미와 측정 결과를 해석하는 방법이 알기 쉽게 제시되어 있다. 빨간색과 노란색으로 하이라이트된 문장 부분에 마우스를 올려놓으면 very long sentence(빨강), long sentence(노랑), 문법 오류(밑줄), 제언(점선 밑줄) 등 텍스트의 문제가 무엇인지 확인할 수 있다. [GRADE] 탭으로 이동하게 되면 전체적으로 측정된 결과치와 함께 다양한 측정치의 [Readability Grade Levels]가 제시되고, 하단에는 보편적으로 사용되는 CEFR, IELTS Levels과 비교하여 Readability Scores 값이 나타나며, 마우스를 올려놓으면 결과값에 대한 해석(예, B2 conversational English)도 간략하게 보여준다. [ISSUES] 탭으로 이동하게 되면 Readability Issues와 관련된 결과값들을 확인할 수 있는데, 각 항목에 마우스를 올려보면 목표(예, Try to aim for less than 6% very long sentences)를 제언해주는 코멘트를 확인할 수 있어 영작 수업에서도 해당 웹사이트를 활용할 수 있을 것으로 판단된다.

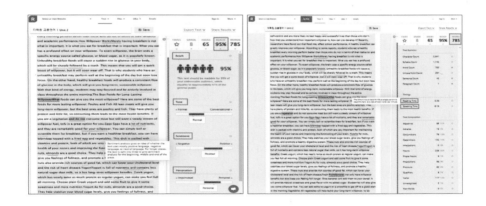

[REACH] 탭으로 이동하게 되면 다른 Readability 웹사이트에서는 측정해주지 않는 Reach, Tone, Sentiment, Personalism과 같은 정보들이 제시되어 있다. [Reach] 점수는 텍스트를 쉽게 읽을 수 있는 청중을 시각적인 비율로 표시한 것인데, 본 교과서 지문의 경우 대상 독자(addressable audience)의 95%, 일반인은 81%가 읽을 수 있을 것으로 측정되었다. [Tone]은 전치사(prepositions)와 대명사(pronouns) 사용에 대한 분석을 기준으로 해당 텍스트가 얼마나 격식을 차린(formal) 문체인지 아니면 대

화체(conversational)에 가까운 것인지 분석해준다. [Sentiment]는 긍정, 부정, 중립 언어를 중심으로 감정적 어조를 분석해주며, [Personalism]은 인칭대명사(예, 'you,' 'your,' 'we,' 'our') 등을 분석하여 해당 텍스트가 얼마나 인격 주의적(personalism) 인지 분석해준다. 이와 같은 정보를 활용해 Post-reading 활동을 계획할 수 있다. 마지막 [WORDS] 탭으로 이동하게 되면 해당 텍스트에 제시된 character, syllable, word, unique word, sentence, paragraph count와 같이 분석 지문을 구성하는 문장 수, 단어 수, 문장 및 문단 수 등의 정보가 제공된다. 또한 해당 텍스트를 낭독(read aloud)혹은 묵독(silent reading)할 때 평균적으로 소요될 것으로 예상되는 읽기와 말하기 시간(reading and speaking timing)도 제시해준다. 예를 들어 위 이미지에 보는 바와 같이 분석 대상 텍스트에 대해 평균 원어민 화자라면 묵독으로는 3시간 29분 225 wpm, 낭독으로는 6시간 16분 125 wpm 정도가 소요되고 있음을 보여준다. 나아가 하단의 [Text Composition] 분석을 이용하면 해당 텍스트에 형용사, 부사, 지시어, 동사 등이 얼마나 사용되었는지 확인할 수 있어, 독해 수업을 설계할 때 이와 같은 문법 분석 결과를 활용할 수 있을 것이다.

Readability Formulas for Evaluating Text Difficulty

"Readability Formulas"를 검색하여 해당 사이트에 접속한다. Directions 아래에 빨간 빈 박스에 분석하고자 하는 텍스트(예, 교과서 독해 지문)를 입력하고 [Security check]에서 [Yes]를 체크한 다음 [Check Text Readability]를 누른다. 아래 사진은 다락원 고등영어 Unit 2 독해 지문을 입력한 이미지이다. 텍스트 입력 후 [Check Text Readability]를 클릭하게 되면 Text Readability Consensus Calculator, Word Statistics, Graph Statistics, Readability Consensus 결과값이 나오며 이와 같은 정보를 통해 독해 수준을 측정할 수 있다.

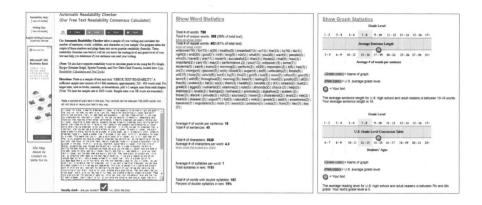

Rewordify for Evaluating Text Difficulty

독해 수업에 사용할 지문이 학습자에게 어려울 것으로 판단된다면 Rewordify (https://rewordify.com/)와 Simplish(https://simplish.org/) 웹사이트를 추천한다. 물론 '쉽다, 어렵다'와 같은 가치 판단의 기준은 개인마다 다를 수 있으며 다양한 요인 (예, 어휘 수준, 통사적 복잡성 등)들이 복합적으로 작용하지만, 본 장에서는 어휘 수준을 기준으로 논하도록 하겠다. 구글에 "Rewordify"를 검색하거나 다음 링크(https://rewordify.com/)를 주소창에 입력하여 해당 사이트에 접속한 후 가르치고자 하는 텍스트를 삽입하고 [Rewordify text]를 누른다. 곧바로 텍스트 분석이 진행되는데, 어려운 어휘들은 쉬운 어휘로 대체되고 노란색으로 하이라이트 표시된다. 마우스 커서를 올려놓으면 원문에 사용된 어휘를 알 수 있다.

[Stats] 탭을 클릭하게 되면 텍스트를 분석한 결과값들이 소개된다. 마지막 [Parts of Speech] 탭으로 이동하면 분석하는 텍스트가 품사별로 다른 색으로 표시되어 있어 시각적인 확인이 가능하다. 위 사이트에서 가장 추천하고 싶은 기능은 [Print/Learning activities] 탭인데, 이를 클릭하면 바로 다양한 문항(예, word bank quiz, standard quiz, cloze activity 등)이 형성된다. 위와 같은 기능을 통해 학생들의 지문 이해 (reading comprehension) 정도를 측정할 수 있고, 다양한 형태의 퀴즈 제작에도 충분히 활용할 수 있어 교사에게 매우 유용할 것으로 판단된다. 이처럼 다양한 자동퀴즈 생성 기능이 탑재되어 있으며 답도 표시해주지만 문맥에 따라 단어의 의미가 달라질 수도 있으므로 검토 후 사용하기를 권고한다. 독해 수업에 필요한 모든 사전 작업이 완료되었다면 본격적으로 수업에 활용 가능한 웹사이트에 대해 소개하고자 한다.

4-4.4 AR/VR 리딩 스키마 & 영어 읽기 수업: Pre-reading

독해력에 미치는 영향으로는 배경지식이 주요한 역할을 하는데, 독해 지문 자체의 언어 난이도(예, 어휘, 문법, 통사 형태론적)가 높더라도 지문의 내용과 관련된 배경지식이 활성화되어 있다면 독해력에 기여할 수 있다.

YouTube VR Videos (https://vr.youtube.com), Coverr (https://coverr.co/) https://sciencelevelup.kofac.re.kr/virtualReality/list

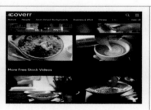

Coverr (https://coverr.co/)

https://sciencelevelup.kofac.re.kr/virtualReality/list

이와 관련하여 독해 지문과 관련된 시청각 자료를 독해 전 활동으로 제공할 수 있는데, 구글에서 무료로 제공하는 YouTube VR Videos(https://vr.youtube.com or https://www.youtube.com/channel/UCzuqhhs6NWbgTzMuM09WKDQ), 과학과 관련된 지문이라면 한국과학창의재단에서 제공하는 AR/VR 사이언스 컨텐츠

(https://sciencelevelup.kofac.re.kr/virtualReality/list), Facebook 360(https://facebook360.fb.com/360-photos/) 혹은 저작권 걱정없이 무료로 사용가능한 Coverr(https://coverr.co/) 사이트를 추천한다. VR 영상은 구글 카드보드를 이용해 값비싼 VR 장비 없이도 간편하게 체험할 수 있다. 이러한 체험 기반형 스키마 조성 활동은 학습자가 텍스트 지문과 관련된 배경지식이나 경험이 부족할 때 보완해 주거나 읽기 활동을 더욱 역동적, 생산적으로 진행할 수 있게 해줄 것이며, 기존의 경험과 지식을 풍부하게 끌어낼 수 있도록 도움을 줄 수 있을 것이다.

─○ 4-4.5 AI, NLP, 빅데이터 분석을 통한 맞춤형 영어 읽기 수업: While-reading

Lxper for While-reading

인공지능(AI), 자연어처리(NLP, Natural Language Processing), 빅데이터 분석기술이 결합된 맞춤형 영어 텍스트 분석 엔진인 Lxper(https://www.lxper.com/)를 상향 처리 과정(bottom-up processing)에 바탕한 읽기 중(while-reading) 활동 단계에 활용할 수 있다. 구글에서 "Lxper"를 검색하거나 혹은 다음 링크(https://www.lxper.com/)를 주소창에 입력하여 해당 사이트에 접속한 다음 회원 가입을 하거나 계정이 있다면 로그인을 한다. 회원가입을 하게 되면 다음과 같은 화면이 나타난다. [+새 파일 만들기] 버튼을 클릭해서 분석하고자 하는 텍스트를 입력한다. 참고로 무료 계정에서는 글자 수 2000자가 넘는 텍스트를 분석할 수 없으며, 프리미엄(Premium) 회원(1개월 35,000, 3개월 23,000, 12개월 14,000)이 되어야 긴 지문을 분석할 수 있다.

영어 읽기 지문 텍스트를 입력하고 [어휘 분석]을 클릭한다. 자연어처리(Natural Language Process) 기술과 인공지능, 빅데이터 분석 기능을 통해 영어텍스트 분석 결과물을 확인할 수 있다. [어휘 분포]를 클릭하면 해당 텍스트에 사용된 어휘가 초등기

초(Count, Percent)부터 대학원(Count, Percent) 수준까지 어떻게 분포되어 있는지를 시각적으로 확인할 수 있다. [어휘 수준]을 클릭하면 [어휘 분석 옵션]이 나오는데, [사전 설정]은 영영, 영한사전이 가능하며 [어휘 분석 범위]는 초등기초부터 대학(원)까지 설정할 수 있고 [참고어 포함 여부]도 목적에 맞게 설정할 수 있다. [어휘 수준] 옵션을 적용한 다음 [빈도 선택] 항목에서 [수능, 평가원]과 [공무원] 옵션을 선택할 수 있다. 필자는 고등학교 교과서임을 고려하여 [수능, 평가원]을 선택하였다.

교과서에 제시된 특정 단어를 선택하면 [나만의 단어장], [예문 보기], [다음(Daum) 사전], [삭제] 버튼이 단어 뜻 옆에 제시된다. 나만의 단어장에 추가하거나 다음 사전과 연동하여 뜻을 폭넓게 확인할 수 있다. 예문 보기를 누르면 수능, 평가원에서 기출 되었던 문장들이 나오게 된다. +를 누르면 해석 보기가 나오고 U.S., U.K 아이콘을 누르면 [음성재생] TTS 기능이 활성화되어 들어볼 수 있다. [수업 모드]를 누르게 되면 해당 창이 전체화면으로 변하게 된다.

[본문 읽기]를 누르면 속도 조절(0.5x-2.0x)과 음성 설정(미국/여성,남성; 영국/여성.남성)을 할 수 있으며 청취하고 싶은 구간을 지정해 본문을 들어볼 수 있다. [퀴즈 생성]을 클릭하면 단답식 문항(0-25개), 객관식 문항(0-25개)을 자동적으로 생성할 수 있다. [퀴즈 보기]를 누르게 되면 생성된 퀴즈를 확인할 수 있다. [퀴즈 PDF 다운로드]를 누르고 인쇄 대상을 PDF로 저장하면 PDF 파일을 통해 퀴즈 문서를 확인할 수 있다.

─○ 4-4.6 딥러닝, AI, NLP를 통한 유형별 독해문제 자동 제작: Post-reading Stage

ATM Lxper for Post-reading

독해 후 활동으로는 읽기 지문의 이해도를 점검하는 과정이 수반되어야 하며 이를 위해 ATM Lxper(https://atm.lxper.ai/)를 활용할 수 있다. ATM(AI Test Maker)은 에듀테크 스타트업 렉스퍼가 딥러닝, 인공지능(AI), 자연어처리(NLP) 등을 활용해 지문으로부터 영어 문항을 생성하는 자동 문항 생성 엔진서비스이다. ATM 베타버전을 통해 문항을 생성하는 구체적인 방법은 다음과 같다.

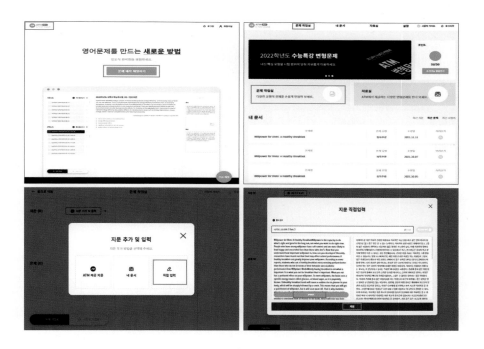

ATM Lxper에 가입한 후 [문제 제작 체험하기]를 클릭한다. [문제 작업실]을 누른 후 [지문 추가 및 입력]이 나오면 [직접 입력]을 누르고 문항 제작에 시용할 지문을 좌측 지문 영역에 복사 후 붙여넣기한 다음 지문번역한 내용이 있으면 우측에 복사-붙여넣기를 한 후 [다음] 버튼을 클릭한다.

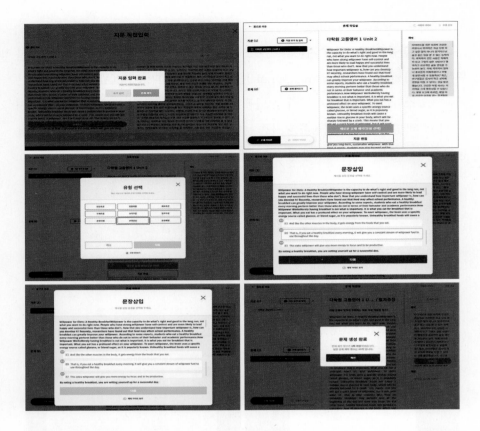

유형 선택 화면에서 원하는 문항 유형을 선택한다. 예를 들어, [문장 삽입]을 선택하면 AI가 선택한 위치마다 다른 문항들을 보여주며 적절한 삽입 위치를 직접 추천해준다. 파란색으로 표시된 영역 중 원하는 위치를 선택하여 문항을 생성하고, 문장 삽입문제를 살펴보며 의도한 문장 앞뒤에 잘 들어갔는지 최종 검수한 다음 문제 생성을 완료한다.

AI, Metaverse, ICT and Writing
─○ 4-5.1 영어 쓰기 지도 방법

Brown과 Lee(2015)는 교실 안에서의 쓰기 활동을 Imitative Writing, Intensive Writing, Self Writing, Display Writing, Real Writing으로 구분하였다. Imitative Writing(따라 쓰기)은 철자나 쓰기의 관례(conventions)을 익히기 위해 그대로 따라 쓰는 활동이다. Intensive Writing(집중적인 글쓰기)은 크게 controlled writing(통제 쓰기)

과 guided writing(유도 쓰기)으로 구분할 수 있다. Controlled writing의 대표적인 활동으로는 문장 연결하기(sentence combining), 딕토컴프(dicto-comp), 문장의 구조(동사 시제, 주어, 수동태 변환 등) 바꾸기 등 맥락이 없는 문장을 중심으로 하는 활동이다. Guided writing은 controlled writing보다 통제 정도가 완화된 유형인데, 교수자가 텍스트의 윤곽 혹은 내용에 대한 지침을 제시해주면 학습자가 이를 바탕으로 글을 쓰거나 빈칸 채우기(fill in the blank), 질문에 대한 답변 작성하기 등을 수행하는 활동을 의미한다. Self-Writing은 일기(diary), 학습일지와 같이 생각 혹은 감정을 기록하고 교수자가 이에 대한 반응(response)를 제공하는 것으로 주로 의미(meaning/contents) 중심의 작문 활동을 말하며, Display Writing은 주로 교실 환경에서 교사에게 학습자의 지식(knowledge)을 보여주기(display) 위해 진행되는 활동이다. 마지막으로 Real Writing은 주로 학업(Academic), 직업(Vocational/technical), 개인(Personal) 영역에서의 실제적 글쓰기 활동을 의미한다. 본 장에서는 전공서 『Practical English Language Teaching』에 제시된 과정중심 글쓰기의 세 단계(Invention: brainstorming, word-mapping, quick-writing; Writing: drafting, feedback, revising; Post-writing: proofreading, editing)를 AI, Metaverse, ICT와 접목하여 제시하였다.

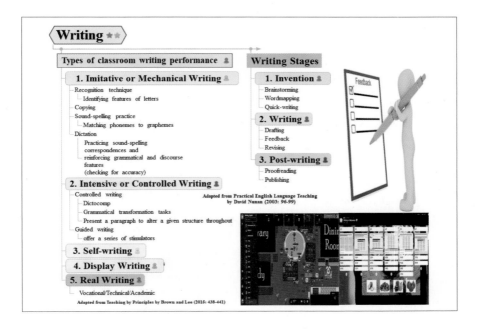

그림 4-7. 교실 안에서의 영어 쓰기 활동

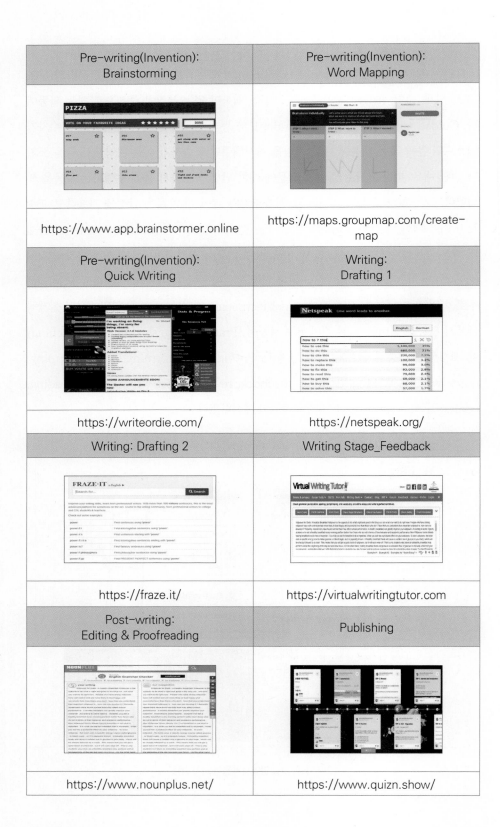

Pre-writing(Invention): Brainstorming	Pre-writing(Invention): Word Mapping
https://www.app.brainstormer.online	https://maps.groupmap.com/create-map
Pre-writing(Invention): Quick Writing	Writing: Drafting 1
https://writeordie.com/	https://netspeak.org/
Writing: Drafting 2	Writing Stage_Feedback
https://fraze.it/	https://virtualwritingtutor.com
Post-writing: Editing & Proofreading	Publishing
https://www.nounplus.net/	https://www.quizn.show/

⟜ 4-5.2 영어 쓰기를 위한 브레인스토밍, 아이디어 생성 도구

Brainstormer for Pre-writing (brainstorming)

Pre-writing 단계는 목표 과업에 맞는 주제를 선정하고 최대한 많은 아이디어를 생성하는 준비단계이다. 브레인스토밍 단계에서는 brainstormer(https://www.app.brainstormer.online/) 사이트를 이용하면 최대한 많은 아이디어를 자유롭게 생성, 인출할 수 있다. 학생들은 brainstormer 사이트를 이용하기 위해 따로 회원 가입을 할 필요가 없으며, 무임승차를 방지하기 위해 팀원 모두 본인의 이름을 적게 유도한다.

링크를 통해 방에 입장하면 [Add thought]에 본인의 생각을 적고 [Build on Idea]를 통해 본인의 의견을 생각나는 대로 계속해서 확장해나갈 수 있다. 여기서는 팀원들이 쓰기 주제와 관련된 어휘, 생각, 관점들을 모두 나열하여 서로의 의견교환 결과를 구체화하고 명료화할 수 있는 아이디어를 전개하도록 할 수 있다.

Hashtagify & Keyword Tool for Pre-writing (Idea Generation)

영작 내용 생성에 필요한 아이디어를 구체화하거나 확장하기 위해 keywordtool (https://keywordtool.io) 혹은 hashtagify (https://hashtagify.me/)와 같은 웹사이트를 통해 구글, Youtube, 인스타그램, 트위터 등에서 주로 언급되는 키워드를 확인하도록 할 수 있다.

https://hashtagify.me/   https://keywordtool.io

GroupMap for Pre-writing (word mapping)

브레인스토밍 과정이 끝나면 글의 주제에 관련된 어휘를 확장하는 절차로서 개념들을 군집화(word mapping or clustering)하면서 결과물을 시각화한다. Word Mapping 과정을 수행하기 위해 GroupMap 웹사이트를 활용할 수 있다.

GroupMap 웹사이트에 접속하면 벤다이어그램 등 여러 아이디어를 정리할 수 있는 map이 보인다. Brainstorming 과정 초기 단계부터 GroupMap을 활용하면서 아이디어 군집화를 시도할 수도 있다. 링크 혹은 QR 코드를 생성하여 학생들을 초대하면 학생들은 별다른 가입 절차 없이 자유롭게 아이디어를 정리할 수 있다.

─○ 4-5.3 Write or Die! & 퀵라이팅

Write or Die for Pre-writing (quick writing)

퀵라이팅(quick-writing)은 스펠링, 문법 등에 얽매이지 않고 아이디어를 자유롭게 적어나가는 과정이다. 이 단계에서는 Write or Die (https://writeordie.com/) 사이트를 통해 목표 단어 수와 제한 시간을 설정해서 아이디어를 생성해야 하는 게임 환경을 조성할 수 있다.

Write or Die에서 게임 형식으로 작성된 결과물은 다음과 같이 다운로드가 가능하

며, 자유롭게 작성하는 퀵라이팅 과정을 통해 영작의 주제 및 목적을 중심으로 생각을 정리하고 전체적인 글의 윤곽을 잡아나갈 수 있을 것이다.

⚬ 4-5.4 딥러닝, 빅데이터 기반 용례색인 도구를 활용한 영어 쓰기

Netspeak for Drafting

Drafting은 글의 목적 및 방향을 토대로 실제 글을 작성하는 초안 단계이다. 이 과정에서는 문법, 철자, 구두법 등 글의 형식적인 측면에 집중하지 않고, 의미 전달을 중심으로 글을 작성하는 것이 중요하다. 초고를 작성하는 단계에서 영작 경험이 부족하거나 영어 문장을 작성하는 데 어려움을 겪는 학생들은 빅데이터와 딥러닝 기술을 이용한 Netspeak (https://netspeak.org/)를 이용해 볼 것을 추천한다.

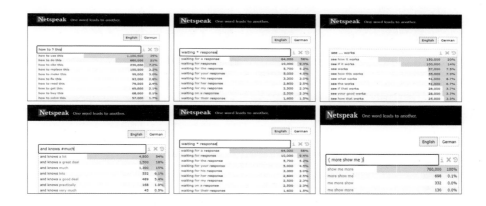

Find one word: ? 한 단어 찾기: ? 특정한 한 단어를 검색하려면 검색창에서 "?"를 사용하면 된다. "Find any number of words: * Use * to find one, two, or more words at the same time. e.g. waiting * response"와 같이, 특정 단어의 출현 빈도에 입각해 사용하려고 하는 표현과 동일한 의미로 사용되는 하나 이상의 단어를 찾으려면 *를 삽입하고, 같은 방법으로 2개 이상의 단어를 찾을 때는 … 를 삽입하면 된다. 어떤 단어나 구를 대신하여 사용할 수 있는 대용어를 찾기 위해서는 #를 입력해준다. 단어 간의 연관관계를 확인하기 위해 동시출현 빈도가 높은 단어쌍을 찾고자 할 때는 square bracket([]) 기호를 사용해준다. 두 개 이상의 단어의 사용빈도에 따른 어순을 확인해 보고자 한다면 curly bracket({ })을 사용한다.

Fraze.it for Drafting

Drafting 즉, 초안을 작성하는 것은 Pre-writing 단계에서 얻은 아이디어들을 녹여 넣는 단계이므로 완벽한 글을 써낼 필요가 없다. 그러나 영작 경험이 충분하지 않다면 초고 쓰기 과정이 가장 어려울 것이다. 이 단계에서는 Netspeak 외에 Fraze.it (https://fraze.it/) 웹사이트에서 다음과 같은 도움을 받을 수 있다.

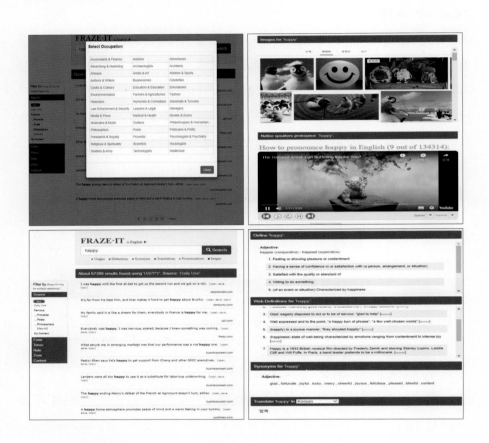

Fraze.it은 크게 [Source], [Form], [Tense], [Rule], [Zone], [Context] 탭을 통해 필터링할 수 있도록 구분되어 있다. 또한, 특정 단어의 [Usage], [Definitions], [Synonyms], [Translations], [Pronunciations], [Images]와 같은 세부 정보를 찾을 수 있다는 것도 특징이다. [Source]를 누르게 되면 일상생활에서 사용되는 용례인 [Daily Use] 그리고 유명인들의 어록이 담긴 [Famous]로 크게 구분해 보여주는데, [Famous]는 다시 속담(Proverbs), 시인(Poets), 철학가(Philosophers)뿐만 아니라 Accountants & Finance, Lawyers & Legal, Educators & Education, Medical

& Health, Cooks & Culinary 등 나의 학문 분야 혹은 직업에 맞는 어휘의 용법을 상세하게 제시해준다. [Form] 탭은 의문(Interrogative), 부정(Negative), 감탄(Exclamative) 문장에서 해당 단어가 어떻게 쓰이는지 그 용례가 제시된다. [Tense] 탭을 클릭하면 Active Form과 Passive Form으로 나누어 보여 주는 데, 현재형(Simple Present), 과거 진행형(Past Continuous), 현재완료형(Present Perfect) 등 세분화된 문법적 사용 예를 확인할 수 있다. [Rule] 탭은 해당 단어가 시작(Starts with)되거나 끝나는(Ends with) 문장의 용례를 NZ Herald, NewYork Times, CNN, Guardian, The Economist 등 다양한 소스에서 찾아준다. [Zone]은 미국과 영국, [Context]는 예술, 교육, 환경, 음식, 유머, 엔터테인먼트 등 다양한 영역별로 세분화된 문법적 용례를 확인할 수 있다. 나아가 본 장의 Listening 파트에서 언급한 Youglish와 연동하여 발음도 들어볼 수 있고 해당 단어를 연상시키는 이미지도 함께 제공하기 때문에 영작뿐만 아니라 어휘 학습에도 효과적이다. 본 웹사이트는 영어(English), 불어(French), 독일어(German), 스페인어(Spanish), 이탈리아어(Italian) 및 포르투갈어(Portugese) 등 6개 언어를 지원하고 있으며 다양한 용례들을 세분화해 제공하고 있어, 메시지에 힘을 실어줄 수 있는 유명 명언이나 초고를 쓰는데 다각도로 활용할 수 있을 것이다.

─○ 4-5.5 AI 자동 첨삭 엔진을 적용한 영작문 교정

Virtual Writing Tutor for Feedback

영작문 피드백 제공에 유용하게 사용될 Virtual Writing Tutor는 제 1부에서 상세하게 설명하였기에 간략하게만 소개하겠다.

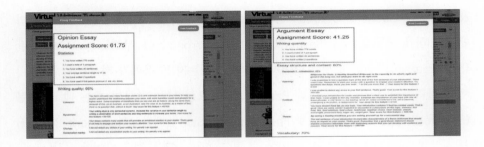

　　Virtual Writing Tutor 웹사이트에 접속한 다음 확인하고 싶은 문장들을 하얀 박스에 입력한 후 박스 하단의 ABC 체크 아이콘을 클릭하면, 어휘, 어법의 정확성, 글의 전반적인 통계 수치 및 퀄리티, 구조, 구두점, 내용 등 세부적인 피드백이 제공된다. 또한 상황 및 목적에 적합한 어휘를 추천해주기도 하며, 주제문(thesis statement)을 확인하거나 원어민 음성으로 발화된 문장을 청취 또는 녹음할 수 있는 등 다양한 기능을 제공하고 있다. [Check Grammar]를 클릭하면 [Word count], [Paragraph count], [Error count], [Error density]가 측정되는데, auxiliary, past particle, infinitive 등 문법 용어와 함께 feedback을 제공하면서 오류의 유형에 대해서도 자세한 설명이 제시되고 문법 수정 방안도 함께 언급해준다. 세번째 탭인 [Score Essay]를 클릭하면 크게 [Opinion essay], [Argument essay], [Film analysis essay], [Literacy critique essay]로 장르를 나눠 전반적인 점수를 측정해준다. 동일한 텍스트여도 장르별로 채점 기준이 달라 점수 측정 결과도 다르다는 점을 확인할 수 있다.

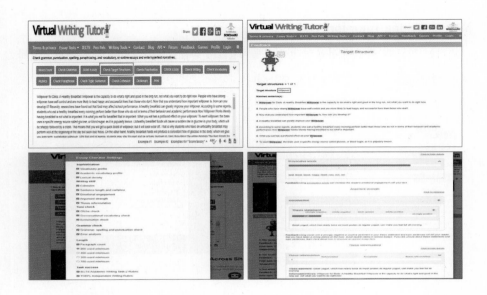

다양한 기능들이 제공되지만 이 중 특히 영작수업에서 영어 교사들이 무척 유용하게 사용할 것으로 판단되는 [Check Target Structures]가 눈길을 끈다. 수업 시간에 가르쳤거나 혹은 학생들의 영작 과제에서 사용하기를 원하는 structures가 있다면 [Check Target Structures]에 입력하여 전반적인 사용 양상을 확인할 수 있다. 5번째 탭은 [Check Punctuation]은 문장 부호, 구두점 등의 사용 양상을 분석해준다. 6번째 탭인 [Check Essay]에는 아이엘츠 혹은 토플 라이팅을 준비하는 학생들에게 특히 유용한 기능들이 탑재되어 있다. [Sophistication]탭에서 [Vocabulary profile], [Academic vocabulary profile], [Lexical density]를 확인할 수 있으며, [Writing skill]은 [Cohesion], [Sentence length and variance], [Emotional engagement], [Argument strength], [Thesis reformulation]에 대한 정보를 도출하며, [Tone check]를 통해 cliché, conversational vocabulary, exclamation 사용 여부를 검토할 수 있다. [Grammar check] 기능을 통해 오류 분석뿐만 아니라 문법, 스펠링, 구두점과 관련된 정보를 알 수 있으며, 문단의 길이와 아이엘츠 및 토플 평가표에 맞춰 점수를 측정할 수 있다. [Cohesion Word Profile]을 통해 등위접속사, 종속접속사 등도 확인할 수 있다. 이와 같은 정보는 문법 수업에서도 유용하게 활용될 수 있을 것이다. 또한 [Provocative words], [Argument strength], [Thesis reformulation]과 관련된 정보도 제시되므로 강한 주장이 담긴 argumentative writing을 작성할 때 이와 같은 정보를 활용한다면 설득력 있는 문장을 생성하기 위한 지침을 얻을 수 있을 것이다.

Post-writing Stage (Editing & Proofreading)

Revising 단계는 전체적인 글의 구성(organization), 긴밀성(coherence), 통일성(unity), 논리적 흐름(logical flow) 등을 살펴보며 수정하는 단계이다. 초고를 다 쓰고 난 뒤에 Google Docs(https://docs.google.com), Zoho Writer(https://www.zoho.com/writer/), Etherpad(https://etherpad.org/), Nuclino(https://www.nuclino.com/)와 같이 문서 작성을 협업할 수 있는 사이트들을 이용해 교수자 혹은 학생들 간 상호 피드백을 제공해주면 가장 이상적이겠지만, 이러한 방법 외에도 Grammarly(https://www.grammarly.com/)와 유사한 다음의 웹사이트들을 통해 도움을 받을 수 있다.

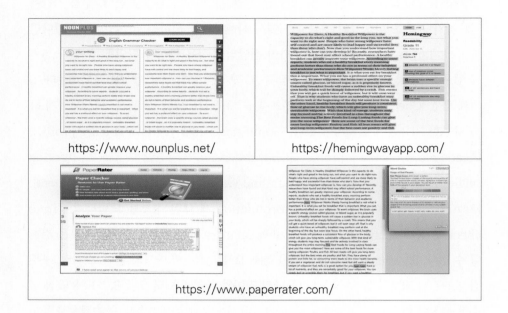

https://www.nounplus.net/

https://hemingwayapp.com/

https://www.paperrater.com/

Nounplus, Paperrater, Hemingway 외에도 무료 혹은 유료로 사용할 수 있는 영작문 교정 사이트가 많이 있다. 원어민 등 인간이 직접 교정해주는 것이 아니기에 여기서 수정 혹은 제안되는 내용들이 아주 완벽하지는 않다. 하지만 위와 같은 사이트들을 이용한다면 짧은 시간 내에 어휘 선택, 표절 문제, 어조, 문법, 스펠링, 영작문 수준 등 전체적인 작문 상태를 점검하는데 적지 않은 도움을 받을 수 있을 것이다.

─○ 4-5.6 AI 기반 영작문 자동생성기능 웹사이트(AI-generated Writing)

이번에는 몇 가지 키워드를 입력하고 원하는 글의 목적을 입력하면 설정한 영역에 맞게 텍스트를 자동적으로 생성해 모델 에세이를 제공해주는 인공지능 웹사이트를 소개하겠다. 물론 process-oriented writing은 일정한 형식의 글을 작성해내는 것보다 의미를 중심으로 자유롭게 작성하는 것이 장려되지만, 모델 에세이란 학생들이 추상적인 실체를 구체화하고 영작문을 도출해내는 과정에서 더욱 성공적으로 결과물을 생산해낼 수 있도록 가이드를 제공하기 위한 것이다. 다시 말하면 영작 활동에 있어 학생 개개인의 고유 동기 혹은 창작 의지를 중요시하되 표상적 측면에서 자신이 이해한 것을 표현해내는 의미 형성 과정을 보다 시각적으로 구체화시켜 주는데 이런 웹사이트들이 활용될 수 있다는 것이다. 이 웹사이트들은 인공지능과 빅데이터 분석에 기반하여 글의 목적에 맞는 표현들을 자동적으로 생성해주기 때문에 학생들에게 한층 더 다양한 예시문을 제공해줄 수 있다.

Copy.ai for AI-generated Writing

Copy.ai(https://app.copy.ai/)에 접속한 후 [Tools] 탭에서 [Writing Tools], [Personal Tools], [Digital Ad Copy] 등 원하는 장르를 선택한다. 본 수업은 Willpower food에 관련된 광고문을 작성하는 것이므로 Hook Generator를 선택하고 다락원 고등영어 1 Unit 2에서 제시된 키워드(breakfast, willpower, healthy, food)를 입력한 후 [Create Copy]를 클릭한다.

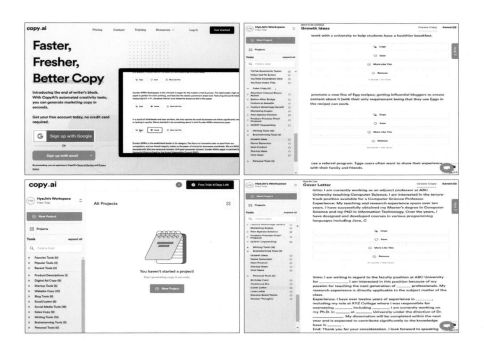

[This is the best breakfast you can have to start your day]와 같이 관심을 집중시킬 문구들이 여러 개 제시되며 [+More Like This]를 클릭하면 이와 관련된 유사 문장들이 다양하게 제시된다. 동일한 키워드를 입력하고 [Attention-Interest-Desire-Action]을 클릭하면 관련 문장들이 의미를 형성하며 생성된다.

Copyhat for AI-generated Writing

Copyhat(https://copyhat.com/)은 모바일과 데스크탑 PC 모두 사용 가능하며 구글 계정만 있으면 가입(sign up)할 수 있다. 몇 가지 키워드만 입력하면 관련 내용, 문장, 아이디어가 생성되는데, 본 이미지는 다락원 고등영어 1 Unit 2 교과서에 소개된 키워드(willpower, healthy, food, diet, breakfast)가 입력된 것이다.

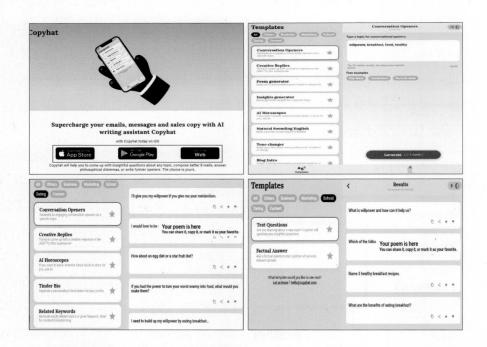

[Conversation Openers] 를 입력하면 다음과 같이 다양한 대화의 시작멘트 표현들을 제시해준다. [Templates]-[School]-[Test Questions]를 클릭하고 원하는 키워드를 입력하면 [Name 3 healthy breakfast recipes]와 같이 시험 문항 형식의 문장을 제시해준다. 이밖에도 키워드를 입력하면 해당 텍스트의 목적에 맞게 이메일 답변, 데이트 멘트, 판촉 등 다양한 문장들을 제공해 준다.

Contentbot for AI-generated Writing

Contentbot(https://contentbot.ai/) 역시 구글 계정으로 무료 가입할 수 있으며, 원하는 텍스트 장르뿐만 아니라 대상 청중(target audience)을 설정하여 글의 목적에 맞는 텍스트를 생성해준다. 예를 들어 Audience에 'students'를 입력하면 [How can willpower help in the classroom?], [Do you think it's important to have healthy food when studying?]과 같이 students와 연관된 classroom, studying 등의 관련어를 사용해 질문을 자동적으로 생성해준다. 또한, [Finish the sentence]에서 문장의 일부만 입력하면 문장 전체를 문맥에 맞게 작성해 주며, 이 밖에도 다양한 목적과 장르를 설정할 수 있다.

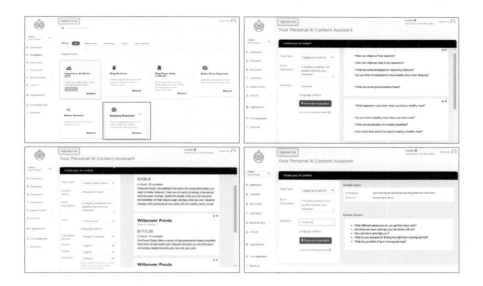

Nichesss for AI-generated Writing

Nichesss(https://nichesss.com/) 웹사이트에 구글 계정으로 가입한 후 원하는 키워드를 입력하면 수업 강의요목, 블로그, 프로젝트 등 다양한 장르에 맞는 문장들을 제공해준다.

Poem Generator for AI-generated Writing

키워드를 입력하면 소네트, 2행 서사시 등 자동적으로 시를 생성해주는 Poem Generator 웹사이트를 통해 영시 창작 수업도 진행할 수 있다.

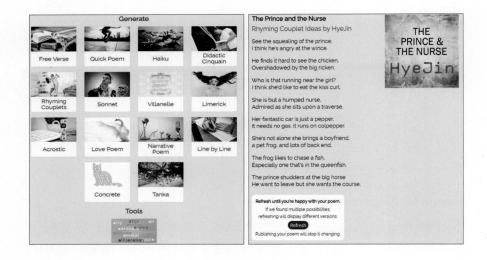

⟶ 4-5.7 영작문 수업에 활용한 게더타운(Gather.town) 사용법

필자의 경우 게더타운을 활용하여 과정 중심의 영작문 수업 및 영역별 토익 스피킹 과업을 진행하였다. 게더타운은 방이 구분되어 있고, 맵에 배치된 오브젝트에 여러 가지 학습 내용을 연계하여 상호작용 기능을 활성화할 수 있어서 단계별 수업 및 협업 활동에 최적화되어 있다. 본 장에서는 게더타운을 소개하도록 하겠다.

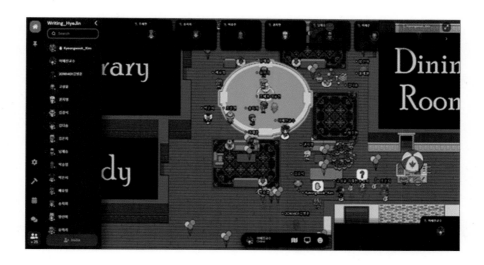

게더타운 가입 및 사용방법

　게더타운(Gather.town)은 미국의 실리콘밸리 IT 회사 게더(gather)가 2020년 5월에 만든 메타버스 기반 화상 회의 서비스 플랫폼이며, 2차원 가상 공간에서 아바타를 통해 협업 및 커뮤니케이션을 할 수 있다. 전 세계적으로 화상 회의 서비스(예, Zoom, Google Meet 등)의 사용이 장기화되면서 줌 피로도(Zoom Fatigue) 문제가 가시화되었는데, Microsoft가 2020년 7월 8일 발표한 연구 결과에 의하면 디지털 상호작용 시 평소보다 더 강한 두뇌 활동이 발생하여 피로현상이 초래된다는 것이다.

https://trends.google.com/trends/explore?q=GATHER%20TOWN

https://www.microsoft.com/en-us/microsoft-365/blog/2020/07/08/future-work-good-challenging-unknown/

　이와 같은 피로도 문제의 해결 방안으로 게임의 형식인 게더타운이 전 세계적으로 주목받고 있는데 2020년 5월 설립후 불과 1년 만에 약 2조 가치를 인정받기도 했다. 특히 온라인 검색어 통계서비스인 Google trends(https://trends.google.com/

trends/explore?q=gather%20town)에 따르면 게더타운에 가장 관심을 보인 국가는 한국으로, 전국적으로 다양한 분야에서 열풍이 일고 있는 것으로 보인다. 게더타운의 회원 가입 및 구체적인 사용 방법은 다음과 같다.

검색창에 게더타운을 검색하거나 주소창에 https://www.gather.town/ 링크를 입력하여 웹사이트에 접속한다. [Log in]과 [Try Gather Free] 버튼이 하단에 뜨는데 회원과 비회원 모두 이용 가능하다. 게더타운의 사용 비용은 25인까지 제한시간 없이 무료로 사용할 수 있고 25명을 초과하면 2시간, 하루, 월 단위로 유료 결제를 해야 하며, 최대 500명까지 동시 접속할 수 있다.

아바타 생성

게더타운은 앞서 소개한 ifland, Spatial, FrameVR 등과 다르게 2D 아바타 기반의 가상 플랫폼(virtual meeting platform)으로, 자신만의 고유 캐릭터인 아바타(avatar)의 이름, 옷, 헤어스타일 등을 취향에 맞게 설정할 수 있지만 실제 수업을 운영해보면 캐릭터가 명확히 구분되지 않는다는 단점이 있다. 이러한 문제를 해결하기 위해 본 수업에서는 조별로 드레스코드(예, 4조: 핑크색, 5조: 빨간색, 6조: 노란색 등)를 정해 의상(clothing)의 색을 다르게 함으로써 조별 아바타를 구분하였다.

방 생성하기

팀별로 캐릭터가 생성되었으면 [Launch Gather]를 눌러 원하는 공간을 생성 (create new space)할 수 있다. 좌측 상단의 [Create a new space]을 클릭하면 [What are you building your Space for?]라는 질문이 뜨고 [WORK], [EVENTS], [PLACES] 중 개설 목적 하나를 선택하여 다음 창으로 이동하면 다양한 템플릿 공간들을 확인할 수 있다.

수업의 목적과 인원에 적합한 템플릿을 선정한 다음 Space의 명칭(Name your space)을 정하고 필요하면 비밀번호(Password)를 설정한다. 비밀번호는 변경 가능하며 URL 끝에 보이는 Space 타이틀은 한번 설정되면 수정될 수 없다. [Create Space]를 클릭하면 카메라와 마이크 상태를 확인하며 [Join the Gathering]을 눌러 Space에 입장할 수 있다. 참고로 상단에 위치한 필터를 누르면 템플릿을 조금 더 편하게 찾을 수 있다. 필자의 수업에서는 라이팅 프로세스의 단계적 절차(과정)를 보여주는 것이 주된 목적이었으므로 공간이 명확하게 구분되어 있는 [Mystery Mension] 템플릿을 사용하였다.

방 환경설정 하기

수업 운영을 원활히 하려면 방을 생성할 때 다음과 같은 사항에 유의하여 환경을 설정해야 한다. [Settings]는 크게 [User]와 [Space]로 구분되어 있는데, [User]는 사용자의 카메라, 스피커 크기, 마이크 조절 등을 설정하는 기능을 한다. [Space]는 방의 환경을 설정할 수 있는 기능으로, [Space Preference]에는 [Space-wide Calendar], [Pinned Moderator Message]가 있는데, [Space-wide Calendar]에 링크 삽입이 가능한 iCal link로는 Outlook iCal, Google iCal, Apple iCal이 있다. [Pinned Moderator Message]는 특정 메시지(예, 알림, 수업 주요 공지사항 등)를 채팅 상단에 고정(pinned)하는 기능이다. [Space Customization]이 중요한데 [Global Build]를 활성화시키면(ON으로 놓으면) 참여하는 학생들 모두에게 builders의 권한이 생겨 space를 편집할 수 있다. 물론, 마인크래프트처럼 참여자 모두에게 자율권(맵 편집, 오브젝트 추가 등)을 부여한다는 장점은 있으나, 안정적인 수업 운영을 위해 어느 정도 교사의 통제가 필요한 경우 [Global Build] 기능을 비활성화시키는 것을 추천한다. [Space Access]는 [Password], [Allow Staff Access]. [Shutdown Space]와 같은 기능을 통해 암호를 설정 또는 제거할 수 있으며 staff가 space를 종료(제거)할 수도 있다.

화면 하단에는 3개의 이미지 아이콘이 존재한다. 첫 번째 탭 마인드맵(mindmap)을 클릭하면 전체 공간을 확인할 수 있다. 두 번째 탭은 screen share로 현재 컴퓨터의 실행화면을 공유하는 기능이며, 세 번째 아이콘은 이모티콘인데 기존의 5개 이모티콘에서 현재는 원하는 형태로 설정할 수 있는 커스터마이징 기능이 추가되었다. 하단에 위치한 본인의 아바타와 이름을 클릭하면 현재 상태를 설정할 수 있는데, 아바타를 다시 꾸밀 수도 있고 상태 모드 아래 표시창에 표시하여 변경할 수도 있다. 특정 상대의 위치를 찾을 때는 원하는 상대를 클릭하고 [Locate on Map]을 눌러 상대방의 위치를 확인하면 된다. [Follow]를 클릭하면 자동으로 상대방을 따라다니게 되며, [Message...]를 클릭하면 특정 상대에게 다이렉트로 메시지가 보내진다.

Objects 종류 및 삽입하기

Objects는 Space의 배경 혹은 내부에 나타나는 이미지를 의미하며, 크게 Decorative Objects(순수하게 장식 목적의 기능)와 Interactive Objects(아바타가 가까이 가면 활성화되어 상호 작용이 가능) 등 두 가지 종류로 구분된다. Interactive Objects는 다시 Basic interactive objects(이미지 또는 텍스트 업로드)와 Advanced interactive objects(링크를 보고 열 수 있는)로 나뉠 수 있다. Objects를 생성하기 위해서는 화면 좌측 하단에 [Build] 기능의 망치(hammer) 모양을 누르고 [Open object picker], [Upload image], [Edit in Mapmaker] 중에서 선택하면 된다. 오브젝트를 삽입하려면 [Open object picker]를 클릭한다. Objects의 크기는 변경할 수 없으며 웹 사이트 링크, 이미지(.png, .jpeg, .gif), 영상(YouTube, Titch, Vimeo), Call(Zoom, Webex, Teams, etc) 등과 같은 interaction 요소를 추가할 수 있다. 만약 원하는 이미지가 없다면 게더타운 깃허브(https://github.com/게더타운)에서 다운받을 수 있다.

[Active Distance]는 Objects가 활성화되기 위한 거리(타일 간격)를 제어하는 것이며 dafault 값은 기본적으로 3으로 설정되어 있다. 이 값을 1로 변경하면 Objects 바로 옆에 위치한 타일에서만, 0으로 설정하면 Objects 바로 위에 서 있어야만 기능이 활성화된다. Objects를 원하는 위치에 삽입했다면 좌측의 설정 부분을 눌러 불필요하게 중복 생성되는 것을 방지한다. Insert Whiteboard(http://tryeraser.com/)에서는 브레인스토밍, 협업 메모를 위해 화이트보드(http://tryeraser.com/)를 삽입하고 보내기 버튼을 누를 수 있다. 보드 제목 옆에 있는 줄임표를 클릭하여 화이트보드 복사본을 PDF로 내보낼 수도 있다.

수업자료 삽입시 문제해결법

수업 자료로 주로 사용되는 문서에는 링크, HWP, PDF, PPT, MSWord, Images 등이 있을 것이다. 게더타운에 삽입하려면 HTTP 사이트가 아닌 HTTPS 사이트가 지원되는 링크여야 하며, 이미지 파일(png, jpg)은 바로 업로드가 가능하지만 기타 다른 파일들은 구글닥스와 같은 퍼블릭 사이트에 업로드한 후 embedded websites를 통해 링크를 연동시킬 수 있다.

링크 삽입

HTTP 사이트(보안 문제) 혹은 관리자가 임베딩을 허용하지 않는 웹사이트 등 일부 링크는 작동하지 않는 경우가 있다. 게더타운의 오브젝트에 링크를 임베딩하기 전에 링크가 작동 가능한 것인지를 알기 위해서는 다음 웹사이트(https://www.w3schools.com/tags/tryit.asp?filename=tryhtml_iframe)에서 확인할 수 있다.

| | | https://drive.google.com/file/d/10pIbZ8DOIwSkYjDKAr2jiaiOMej0EQVu/view | https://drive.google.com/file/d/10pIbZ8DOIwSkYjDKAr2jiaiOMej0EQVu/preview |

⟨iframe src=" "으로 되어 있는 큰따옴표 안에 연결하려는 링크를 넣어보고 상단의 초록색 [RUN ⟩] 버튼을 클릭한다. 작동한다면 우측 화면에 해당 링크의 화면이 뜨고, 작동하지 않는 URL이라면 [Forbidden] [Error 403] 메시지가 뜬다. 연동되지 않는 URL은 Note Object에 삽입하면 된다.

PDF 삽입

앞서 언급하였듯이 PDF 혹은 PPT 수업자료를 업로드하려면 URL 링크(예: Google Drive)를 생성한 후 embedded websites에 연동시켜야 한다. 공유 링크가 제대로 생성되었는지 위 웹사이트(https://www.w3schools.com/tags/tryit.asp?filename=tryhtml_iframe)에서 확인 가능할 것이다. 한글 파일도 PDF로 전환한 다음 게더타운에 임베딩하기를 권고하며, PDF 업로드 및 링크 생성 방법은 다음과 같다.

Google drive에 접속해서 [+NEW]-[File upload]를 클릭한 후 원하는 파일을 업로드한다. 하단의 [upload complete] 메시지를 클릭하면 업로드한 파일이 새 창에서 보

이게 되는데 설정(점 3개)을 누른 후 [Share]를 클릭하면 공유링크가 뒤에 view로 입력되며 생성된다. 해당 링크의 뒷부분을 view에서 preview로 수정해주면 게더타운에 임베딩된다.

PPT 삽입

PDF와 마찬가지로 PPT 수업자료도 임베딩하려면 URL 링크(예: Google Drive) 생성 후 embedded websites에 연동시켜야 한다. 링크 생성방법은 다음과 같다.

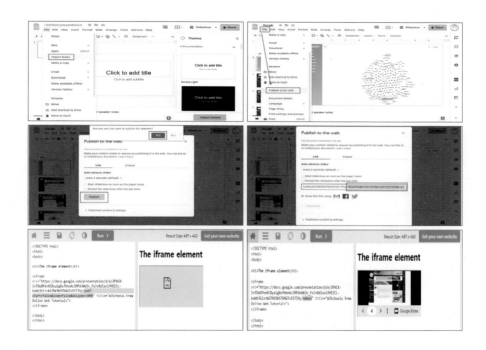

구글 슬라이드에 [File]-[Import slides]를 눌러 수업자료 PPT파일을 업로드한다. PPT 슬라이드 파일을 업로드한 다음 [Publish to the web]-[Publish]를 순차적으로 클릭하면 팝업창이 뜨는데 [확인]을 클릭한다. [Link]탭에 /pub?로 시작하는 링크가 생성된 것을 확인할 수 있을 것이다. /pub? 이하를 모두 삭제한 후 "embed"로 수정한다. 링크가 제대로 생성되었는지 웹사이트(https://www.w3schools.com/tags/tryit.asp?filename=tryhtml_iframe)에서 확인해 보면, /pub? 로 끝나는 링크는 작동하지 않지만(https://docs.google.com/presentation/d/e/2PACX-1vR55PL02uafgcljp-8BGTR70n7VaOCRIM8biNKiIM0z7aYMYyDE1smadBS

R8nEhOg/pub?start=false&loop=false&delayms=3000)embed(https://docs. google.com/presentation/d/e/2PACX-1vR55PL02uafgcljp-8BGTR70n7VaOC RIM8biNKiIM0z7aYMYyDE1smadBSR8nEhOg/embed)로 수정한 링크는 화면이 제대로 보이는 것을 확인할 수 있다. Embed로 끝나는 링크를 게더타운 오브젝트에 임베딩해주면 된다.

Space 맵 수정하기

다음은 게더타운의 Space를 수정하는 방법이다. 망치 모양의 [Build]-[Edit in Mapmaker]를 클릭하면 새 창에서 [Mapmaker] 화면이 뜨게 된다. 컴퓨터 화면에 두 개의 작업창(Space, Mapmaker)을 분할하여 동시에 띄워놓고 수정하면 작업이 편리하다. 수정 후에는 반드시 상단의 [SAVE] 버튼을 눌러 space에서 수정 내역을 확인하는 것을 추천한다. 매우 직관적으로 수정 작업이 가능한데, 각 타일(Tile effects) 및 기능을 간략히 소개한다.

우선 타일의 종류와 각각의 기능을 살펴보자, Impassible Tile이란 해당 타일로 지나가지 못하게 하는 기능으로 빨간색으로 표시되어 있으며 벽이나 테이블 등에 적용

하기를 권고한다. Spawn은 참여자들이 개설된 Space를 최초 방문할 때 등장하는 구역으로 연두색 효과가 입혀져 있다. 이곳은 최초에 접속한 아바타가 입장하는 구역이라는 의미이다. Portal은 아바타들이 게더타운의 다른 공간 혹은 룸으로 이동할 수 있는 공간으로 진한 파란색으로 표시되어 있다. 타일을 놓으려면 타일을 선택한 다음 아이디를 입력하고 원하는 위치를 클릭하면 된다. 타일 혹은 오브젝트를 삭제할 때는 지우개 모양을 클릭한 다음 삭제하려고 하는 타일 혹은 오브젝트를 클릭한다. 모든 수정 작업이 끝나면 상단 중앙의 저장 버튼을 눌러 수정을 완료하고 [Go to space]로 돌아간다.

AI, Metaverse, ICT and Vocabulary
─○ 4-6.1 영어 어휘 지도 방법

영어를 포함한 거의 모든 언어 학습에 있어 어휘는 매우 중요한 기저 능력으로 작용한다. 어휘력 없이는 그 어떤 이해도 표현도 불가능하다. 아무리 뛰어난 레시피가 있어도 음식 재료가 없다면 결국 요리를 만들 수 없듯이 영어 실력 신장에 있어 어휘력은 필수불가결한 구성요소이다. 그렇다면 어휘를 어떻게 가르치는 것이 효과적일까? 영어교육의 전공서인 『Practical English Language Teaching』에는 다음과 같이 4가지 어휘 지도 방법을 소개하고 있다. 첫째, 의미 중심의 입력(meaning-focused input)을 통한 어휘 지도는 읽기와 듣기를 통해 전달되는 입력을 중심으로 메시지(의미)에 초점을 맞추는 단계이다. 둘째, 의식적인 학습(deliberate learning)은 어휘에 대한 의도적이고 집중적인 주의(deliberate and focal attention)를 통해 가르치려고 하는 언어 형태에 명시적 초점 (explicit attention)을 맞추게 하는 것이다. 앞서 언급한 의미 중심의 입력 활동이 다소 암시적(implicit)이고 묵시적(tacit)이라면 의식적인 학습은 직접적이고 명시적인 방법이다. 셋째, 의미 중심의 출력(meaning-focused output) 활동은 학생들로 하여금 의사 전달을 위한 출력 활동(쓰기, 말하기)에 초점을 맞추어 실행하게 함으로써 전달하려는 메시지(의미)에 관심을 갖도록 하는 단계이다. 마지막으로 넷째, 유창성 증진(fluency development) 활동은 평소보다 빠른 수행에 대한 압박이 포함되어 있으며 학습자들이 기존에 다룬 표현과 어휘를 최대한 활용하여 영어 기능에 대한 유창성을 강화하는 단계이다. 본 장에서는 의식적인 어휘 학습

(deliberate vocabulary learning)을 중심으로 다루고자 하며, Metaverse, IT, ICT를 활용하여 지루한 어휘 학습을 더욱 재미있고 의미 있는 과정이 될 수 있게 도와줄 수 있는 다양한 플레이그라운드(playgrounds)를 소개하고자 한다.

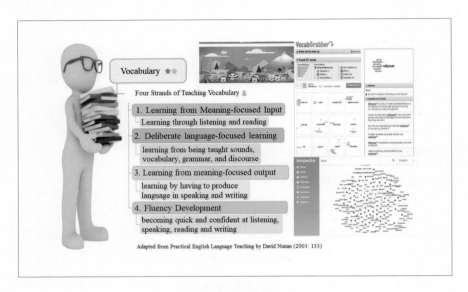

그림 4-8. 교실 안에서의 영어 어휘 학습

Productive Vocabulary	Vocabulary Depth
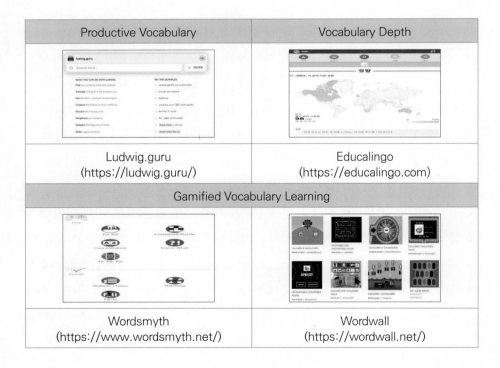	
Ludwig.guru (https://ludwig.guru/)	Educalingo (https://educalingo.com)
Gamified Vocabulary Learning	
Wordsmyth (https://www.wordsmyth.net/)	Wordwall (https://wordwall.net/)

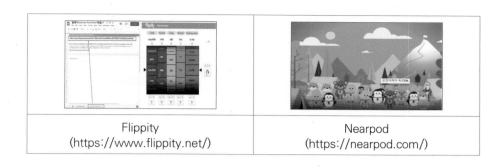

| Flippity
(https://www.flippity.net/) | Nearpod
(https://nearpod.com/) |

4-6.2 머신러닝, NLP, 빅데이터를 활용한 영어 어휘 학습 도구

Ludwig.guru for Deliberate Vocabulary Learning

가끔 수업을 하다 보면 학생들이 '이 단어 이렇게 쓰는 거 맞아요?' 하고 물어보고는 한다. 교사에게 원어민과 같은 직관력(native intuition)이 있다면 즉답을 해주겠지만 사실상 객관적인 데이터 없이 적합한 답변을 해주기가 쉽지 않다. 이러한 문제점을 해결해 줄 웹사이트로 머신러닝, NLP, 빅데이터를 활용한 Ludwig (https://ludwig.guru/business)가 있다.

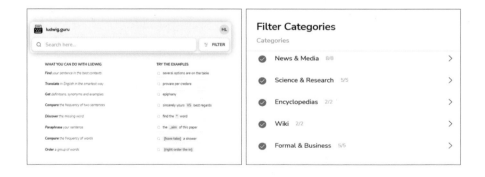

Ludwig.guru를 구성하는 주요 요소로는 [News & Media], [Science & Research], [Encyclopedia], [Wiki], [Formal & Business]가 있다. 이와 같은 필터링 기능을 통해 찾고자 하는 어휘의 범주를 한정하고, 구체적인 목적에 맞는 어휘의 사용양상을 확인할 수 있다.

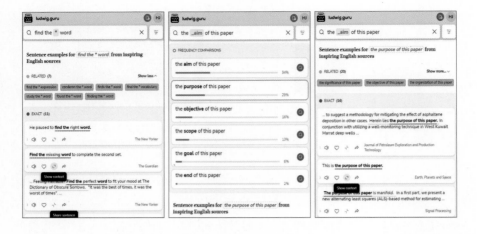

Ludwig에 접속하여 같이 사용되는 특정 단어를 찾고 싶다면 "find the * word" 와 같이 [*]를 사용하면 된다. 특정 어휘 대신 다른 표현을 사용하고 싶다면 "the _aim" of this paper와 같이 [_] 를 앞에 사용해주면 된다. 이와 관련된 구(phrases)들이 제시되며 출처와 함께 다양한 예들이 제시된다. 두 표현 중 어느 것이 더 빈번하게 사용되는지 확인하려면 "sincerely yours VS best regards" 처럼 [VS]를 사용하면 되고, 중괄호{}를 사용하여 {right order the in}과 같이 특정 단어 배열의 순서를 확인할 수도 있다.

이 밖에도 자주 어울려 쓰이는 어휘적 연어(lexical collocation) 관계를 확인하거나 번역, 다른 표현 등을 객관적인 데이터로 확인할 수 있어서 어휘 학습 및 쓰기와 같은 output 활동에 유용하다. Ludwig는 앞서 writing section에서 언급했던

Netspeak와 매우 유사한 기능을 가진 웹사이트이지만 다른 점이 꽤 있다. Ludwig는 출처를 표시해주며 검수된 신뢰성이 있는 자료(예, The New York Times, BBC, The Economist, ScienceDirect 등)에서 정제된 예문이 제시되고 [show context]를 통해 담화 문맥을 확인할 수 있으며 TTS기능을 통해 문장을 들어볼 수도 있다는 것이다.

Educalingo for Deliberate Vocabulary

명시적 어휘 지도 방법(explicit vocabulary instruction)에 있어 사전을 활용하고자 한다면 Educalingo 웹사이트를 추천한다. 2020학년도 영어과 임용시험 A형 1번 어휘 지도와 관련하여 기입형 답안으로 출제된 내용처럼 form, meaning, use와 관련된 어휘의 "depth"를 습득할 수 있다. 본 웹사이트는 크게 [사전], [동의어], [번역기], [경향], [예시]의 탭으로 구분되어 있으며 아래는 "fish"를 검색한 결과이다.

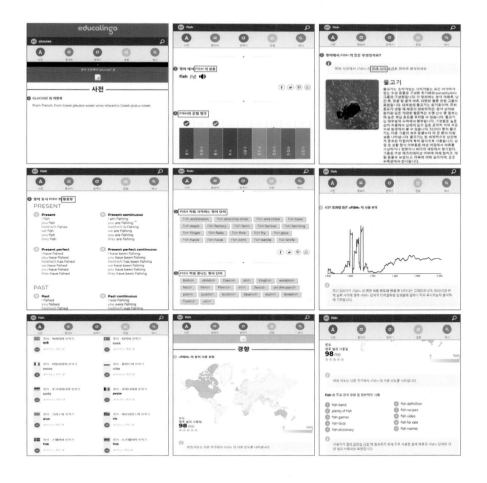

해당 단어의 어원이 처음에 등장하며 단어와 소리 간의 관계를 인지할 수 있도록 오디오 발음 듣기 기능이 나온다. 또한 해당 단어가 문장에서 사용될 때 활용되는 여러 형태(예, fish, fishes, fishing, fished)가 문장을 통해 제시된다. 의미(Meaning)적인 측면에서는 단순히 "Fish = 물고기" 과 같은 1:1 단어-뜻 매칭이 아니라 온라인 백과사전을 통해 제공되는 상세한 설명이 그림과 같이 수반된다. 또한 사용(Use)적인 측면에서도 100을 기준으로 해당 단어의 사용 빈도가 세계지도를 통해 제시되며, 지난 500년간 해당 단어의 사용 빈도가 변화되는 경향도 그래프를 통해 제공되어 통시적인 관점에서 단어를 바라볼 수 있다. 이 밖에도 여러 나라 언어로 번역, 함께 사용되는 어휘들, 해당 단어와 비슷하게 끝나고 시작하는 기타 어휘들을 제시해줘 풍부하고 심도 있는 어휘 학습을 할 수 있다.

─○ **4-6.3 신나는 영단어 퀴즈게임(Wordwall, Flippity, Nearpod, Wordsmyths)**

Wordsmyth for Gamified Vocabulary Learning

Wordsmyth(https://www.wordsmyth.net/)는 영영 뜻 기반 어휘목록 생성기능뿐만 아니라 이와 관련된 게임 및 퀴즈도 자동으로 제작해 주는 기능이 있어 편리하게 사용할 수 있다. Wordsmyth에 접속한 다음 텍스트를 입력하면 다음과 같이 품사(part of speech), 예시(examples), 어휘의 난이도(WVI level) 등으로 범주화되어 분석된다. [Show WVI level] 탭에서 WVI는 Wordsmyth Vocabulary Inventory의 약자로, 난이도(difficulty)에 따라 Wordsmyth가 5가지 등급(Level 1: K-2; Level 2: Grades 3-6; Level 4: Grades 7-9; Level 4: Grades 10-12; Level 5: Grades 12+)으로 목록화한 것이며 영영 뜻과 함께 다양한 예문, 품사를 제시해 주기 때문에 명시적 어휘 학습에 적합할 것으로 판단된다.

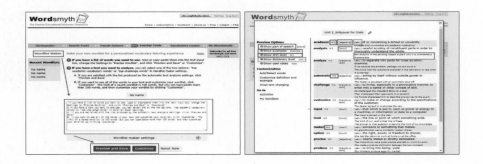

또한, 특정 단어를 beginner, intermediate, advanced 등 수준별로 다르게 설명해 주기도 하며 앞서 구축된 어휘 목록을 바탕으로 학생들이 재미있게 어휘 학습할 수 있는 게임 및 퀴즈 자동 생성 기능도 탑재되어 있다.

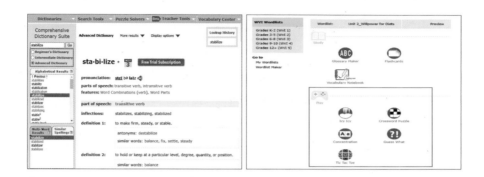

게임 [Play]의 종류로는 [Icy Icy], [Crossword Puzzle], [Concentration], [Guess What], [Tic Tac Toe]가 있으며 평가 기능으로는 [Multiple Choice], [Matching], [Fill-in]이 있다.

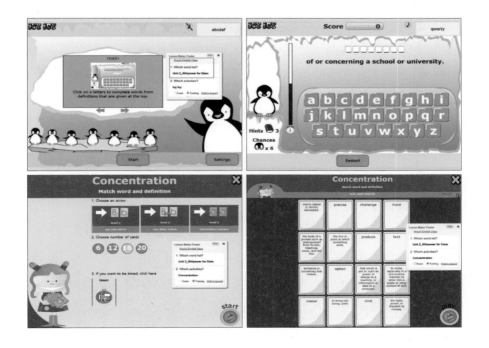

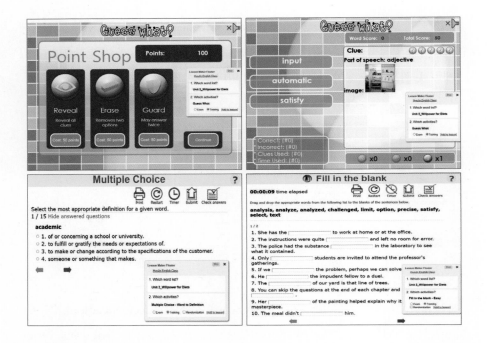

게임 기능으로는 다음과 같은 것들이 있다. [ICY ICY]는 행맨(Hangman)과 같이 가르치려고 하는 어휘의 글자 수 만큼 빈 칸을 놓고 채워나가는 형식이다. [Concentration]은 단어와 뜻을 매칭시키는 것이며 [Guess What?]은 단어와 해당 품사 혹은 사진과 같은 힌트를 제공하고 관련된 단어를 맞추는 것이다. 게임처럼 단어를 맞추는 과정에서 사용 가능한 장비(예, Reveal, Erase, Guard)도 구입할 수 있다. 이 밖에도 [Crossword Puzzle], [Tic Tac Toe] 게임이 있으며 평가도구로는 사지선다형 (Multiple Choice)과 매칭, 빈칸 채우기(Fill in the blank) 활동이 있다.

Wordwall for Gamified Vocabulary Learning

Wordwall은 학습 내용을 재미있는 게임 형태로 제작하고 손쉽게 공유할 수 있는 온라인 도구이다. 제작 방법은 무척 직관적이고 간단하지만 테마 변경, 카운트다운 설정, 랜덤화, 속도 조절, 랭킹 등 다양한 방법으로 변형할 수 있으며 기존에 제작된 게임들도 활용할 수 있어 유용하다. 학생들은 가입할 필요 없이 링크만 있으면 interactive 한 게임 활동에 연결된다.

Countable & Uncountable

Whack-a-mole by Wordwallgrupo3

COUNTABLE AND
UNCOUNTABLE NOUN

Maze chase by G88430445

Countable or Uncountable

Random wheel by Destendlockhart

Countable / Uncountable
nouns

Gameshow quiz by Doramargazi

UNCOUNTABLE \ COUNTABLE
NOUNS

True or false by Shura5931185

countable and uncountable
nouns

Group sort by Bhuvans7267

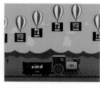

countable / uncountable

Balloon pop by Tanagoria

Let`s play soccer.
by Pureum11
Open the box

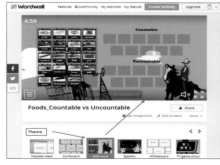

퀴즈게임을 만들고 공유하는 방법도 매우 쉽다. Wordwall(https://wordwall.net/)에 접속한 다음 [Community]를 통해 기존에 제작된 다양한 게임들을 충분히 살펴본후 [Create Activity]를 누르고 수업 목적에 맞게 Template을 선택한다. Wordwall에서 활용할 수 있는 ready-made activity templates는 21년 12월 현재 18개 정도가 있으며 제작 후에도 다른 Template을 적용할 수 있기 때문에 가장 적합한 것을 편하게 선택하면 된다. 선택형 문항을 만든 다음 마지막 [Done] 버튼을 누르게 되면 게임이 보이는 화면으로 전환된다. 과제로 내고 싶다면 [Set Assignment]를 눌러 링크를 형성하고 이 링크를 학생들과 공유하면 된다. 만들어진 콘텐츠(퀴즈 문항)는 수정(Edit Content)할 수 있으며 링크 및 QR 코드, Embed 소스 생성, 퀴즈명 변경, 학생들 결과 확인(Leaderboard) 등을 간편히 할 수 있어 편리하게 수업 맞춤형 콘텐츠 제작이 가능하다. 필자의 경우 Wordwall을 통해 음식명사의 가산성을 학습하기 위해 가산명사와 불가산명사를 구분 짓는 Group Sort 퀴즈를 제작하였지만, 이 외에도 두더지 잡기 게임인 Whack-a-mole, 정답 풍선을 터트려 키워드를 일치하는 값에 놓는 Balloon Pop, 객관식 문항에 답하는 Game Show, 돌림판 게임인 Random Wheel 등 정말 다양한 학습용 게임 종류를 확인할 수 있다.

Flippity for Gamified Vocabulary Learning

Flippity 역시 제작 방법이 무척 간단하고 직관적이지만 어휘 학습에 있어 강력한 교육적 가능성을 지니고 있다. 방탈출 게임, 메모리 게임, 빙고 등 다양하고 흥미로운 학습용 게임이 존재하는데, 여기서는 필자가 음식 가산성 학습에 사용한 Randomizer를 중심으로 설명하고자 한다.

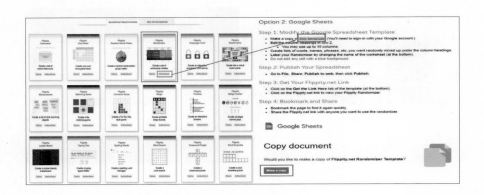

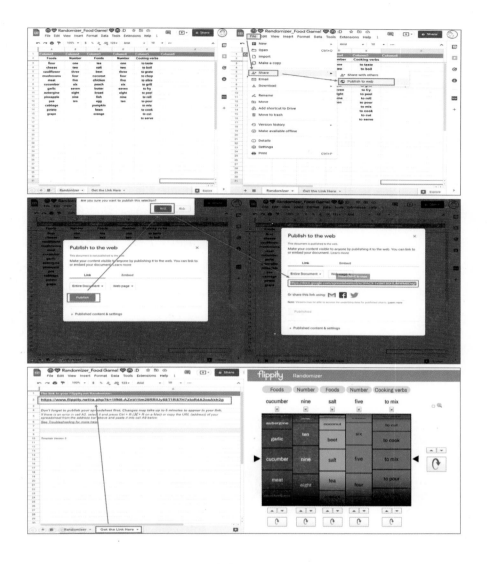

　　Google 계정에 로그인 한 후 Flippity 에 접속하여 다양한 학습용 게임 중 수업에 맞는 게임 하나를 선택한다. 게임 하단에는 [Demo]와 [Instruction]이 있는데 [Demo]는 prototype과 같이 완성된 형태를 보여주고 [Instruction]은 실제 제작할 수 있는 구글시트가 나오게 된다. 수업용 게임을 제작하기 위해서 [Instruction]을 누르고 Option 2에 있는 [this template]을 클릭한 다음 [Make a copy]를 누르면 구글 시트가 나온다. 구글 시트 템플릿 사본에 있는 단어들을 모두 삭제한 다음 수업내용에 맞게 편집한다. 그 다음 반드시 [File]-[Share]-[Publish to web]-[Publish]를 눌러 인터넷 상에 게시한다. 구글 시트 하단에 있는 [Get the Link Here] 탭을 클릭하여 링크

주소를 복사하여 학생들에게 공유하면 된다.

Nearpod for Gamified Vocabulary Learning

Nearpod 소개 및 사용방법 삭제

　Nearpod는 2012년 미국에서 설립된 에듀테크 기업으로, 2018년 EdTech Digest 가 올해의 기업으로 선정하였으며 2020년부터 Google Classrooms, Microsoft Teams, social platforms 등 다양한 에듀테크와 협력하고 있어 연동이 쉽다는 특징이 있다. 다양한 콘텐츠와 유저 인터페이스(user interface)가 지속적으로 업데이트 되고 있으며, 콘텐츠와 액티비티라는 두 개의 큰 축 아래 VR, Quiz Games, 설문 등을 활용한 다양한 형태의 상호작용 수업이 가능하다. 다음은 Nearpod를 활용한 어휘 수업 방식에 대해 간단히 소개하도록 하겠다.

Nearpod 교사 계정 등록 방법

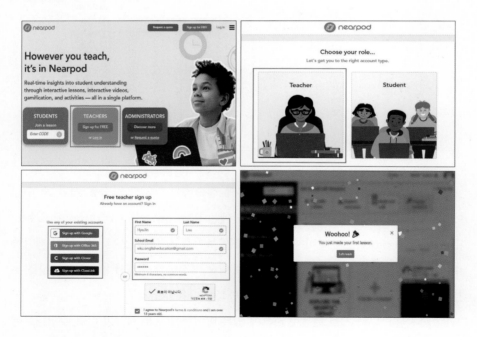

　Nearpod 웹사이트에 접속하여 교사 계정으로 [Sign up for free]를 클릭하고, [Choose your role…]에서 [Teacher]를 선택한다. 교사로 무료 계정을 생성하기 위해

서 Google, Clever, Office 365, ClassLink 등을 통해 신원증명(Verification) 과정을 진행한다. [I agree to Nearpod's terms & conditions]에 [동의합니다]를 클릭한다. Subjects, grades, role을 선택한다. 로그인 과정이 끝나면 레슨을 생성할 수 있는 메인화면으로 이동한다. 니어팟 메인 화면에 접속하면 기본적으로 [My Library] 화면이 나타난다. 본 장에서는 [My Library] 화면에서 제공하는 3가지 기능을 중심적으로 살펴보겠다.

Nearpod 3D

My Lessons에서 (1) [Create]-[Lesson] 을 클릭하여 수업 만들기를 시작하거나 (2) [Create a Lesson]을 클릭하여[Add Content & Activities]를 누르고 [Content] 탭에서 [Nearpod 3D]를 시행할 수 있다. Nearpod 3D에 접속하면 다양한 하위 카테고리(Categories)가 있다. 좌측 상단에 있는 [Staff Pick]은 직원 추천 콘텐츠이며 [Amazing Places & Things], [Ancient Times], [Environment], [Human Body], [Molecules]와 관련된 콘텐츠를 3D로 살펴볼 수 있고 자세히 보려면 마우스를 이용해 확대하거나 축소하면 된다. Nearpod 3D를 통해 어려운 주제(subject matter)에서부터 관심 있는 내용 지식까지 광범위하게 적용될 수 있기 때문에 해당 영역의 어휘 학습에 흥미와 동기를 부여할 수 있을 것이다. 특정 주제(인체, 여행지)와 관련된 어휘를 사용하도록 과업을 편성함으로써 학생들은 해당 내용을 학습하거나 주제와 관련된 실제적인 목적을 수행하기 위하여 어휘를 도구로 사용하게 되어 외국어 학습과 주제 학습을 연결시킬 수 있는 것이다.

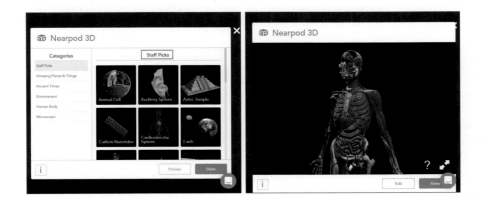

Nearpod VR Field Trip

Nearpod은 360Cities(www.360cities.net)의 지원을 받아 Nearpod 내에서 VR 체험을 수업에 적용할 수 있다. My Lessons 화면에서 [Create]-[Lesson]을 클릭한 다음 [Content] 탭에서 [VR Field Trip]을 클릭한다. [VR Field Trip]에는 상대적으로 잘 알려진 유명한 장소가 다수 소개되어 있으므로 theme-based courses에서 유용하게 활용될 수 있다. 다음과 같은 순서로 활용하면 된다. 첫째, 영어로 찾고자 하는 장소를 검색한다. 둘째, 원하는 콘텐츠를 클릭한 다음 [Preview]를 선택하여 확인하고 [Done]을 누르면 VR Field Trip 수업자료가 삽입된다.

VR Field Trip은 360° 이미지 모드와 VR 모드로 감상할 수 있는데 360° 이미지 모드에서는 마우스로 화면을 상하좌우 드래그하여 화면을 움직일 수 있고, 화면 중앙의 [Enter VR] 을 누르면 VR 모드로 접속하여 VR기기를 통해 움직이는 시선에 따라 화면이 움직이는 것을 체험할 수 있다.

Nearpod Time-to-Climb Quiz Battles

온오프라인 수업 모두 활용할 수 있는 활동으로서 퀴즈배틀을 통해 지루한 단어 학습을 게임 활동으로 변환시켜줄 수 있다. [Time to Climb]을 실행하는 방법은 다음과 같다. 첫째, My Lessons 화면에서 [Create]-[Lesson]을 클릭하고 [Activities] 탭에서 [Time to Climb]을 선택한다. 둘째, 좌측 상단 박스(Enter your question here)에는 질문을 입력하는데, 질문과 관련된 참조 이미지는 Add Reference Image에 업로드 한다. Answer Type으로는 텍스트와 이미지를 선택할 수 있으며 Answer option에는 선택지의 답안을 추가할 수 있다. 선택지 수는 2~4개까지 가능하며 문항 옆에 있는 체 크마크를 클릭하여 정답을 지정한다. 타이머를 통해 5초 단위로 문항 푸는 시간을 지 정할 수 있으며 문항 수는 최대 50개까지 제작할 수 있다. 모든 문항 입력이 완료되면 [Save] 버튼을 눌러 저장한다.

[Time to Climb]은 Live Participation(실시간 참여 모드)와 Student-paced(학 생 조절 모드)로 진행할 수 있는데 과제가 아닌 온오프라인 수업시간에 구현하기 위해 Live Participation을 클릭한다. 코드와 링크가 생성된 다음 다양한 Theme(배경), 문 항 랜덤화 기능, 배경음악을 선택할 수 있는 환경설정(settings) 창이 뜨게 되고, 설정 을 하였으면 [Continue] 버튼을 누른다.

학생들은 자신의 캐릭터를 선택한 다음 [Start] 버튼을 클릭하여 입장한다. 학생들이 모두 입장하면 교사가 [Start] 버튼을 클릭하여 퀴즈 게임을 시작한다. 교사 화면에서는 학생들이 퀴즈의 정답 여부에 따라 산을 올라가는 모습이 보이고 학생들의 랭킹을 확인할 수 있다. 학생 화면에서는 질문과 선택지가 보이며(좌: 교사 화면, 우: 학생 화면) 제한 시간이 끝나게 되면 정답과 오답이 표시되고 자동으로 다음 문항으로 이동하게 된다. 마지막 문항 풀이가 끝나면 퀴즈 게임의 최종 승자를 확인할 수 있는 창이 뜨게 된다.

Nearpod Session Report

전체 활동 내역을 알기 위해 [My Lessons] 바로 밑에 있는 [Reports] 버튼을 누르면 학생들의 활동 결과를 총 문항 및 개별 문항별로 상세하게 확인할 수 있다. 전체 문항 뿐만 아니라 각 문항당 학생들의 정답률을 확인할 수 있고 이와 같은 결과를 통해 학생들의 이해 정도는 어떠하며 어떤 학생이 어떤 문제에서 어려움을 겪었는지 학습 수준을 파악할 수 있다. 이를 통해 추후 수업 활동을 구상할 수 있으며 개별 학생 혹은 문항별 피드백 및 평가에도 반영할 수 있다.

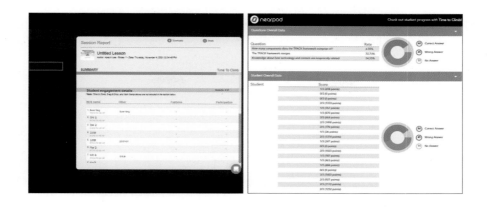

─° 4-6.4 영단어 퀴즈 문제 자동생성 웹사이트

본 장에서는 단어 퀴즈를 간편하게 생성할 수 있는 다양한 웹사이트에 대해 간략히 소개하고자 한다. 카훗(www.kahoot.it), 클래스 카드(http://www.classcard.net/), 퀴즈앤(https://www.quizn.show/), tkbell(http://www.tkbell.co.kr/), ED puzzle(https://edpuzzle.com/)과 같은 게임 기반 플랫폼들이 많이 있지만, 어떤 단어를 어떤 방식의 퀴즈로 생성할 것인지 정하는 작업이 플랫폼에 적용되기 전에 선행되어야 할 것이다. 본 장에서 소개할 사이트들은 대부분 무료로 손쉽게 이용할 수 있으므로 문항 제작에 대한 부담을 조금이나마 덜어줄 것으로 판단된다.

Rewordify for Generating Vocab Quiz

Rewordify(https://rewordify.com/printsheet.php)는 복잡하고 어려운 텍스트를 쉽게 이해할 수 있도록 높은 수준의 어휘를 쉬운 어휘로 대체해주는 무료 온라인 소프트웨어 프로그램이다. 학습하고자 하는 텍스트를 입력한 다음 [Standard quiz]를 누르면 4지 선다형에 필요한 문항들이 자동으로 생성된다. 간편하게 즉각적으로 퀴즈가 생성되지만 지문에서 사용된 문맥에 따라 해당 단어와 관련된 문항이 정확하지 않을 수도 있으므로 검토 후 사용을 추천한다. [Generate answer key]를 클릭하게 되면 정답도 바로 제시된다.

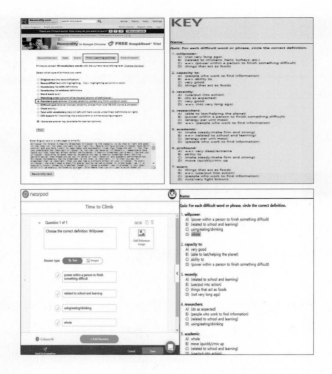

단어 퀴즈 문항이 이상없다고 판단되면 Nearpod와 같은 퀴즈 기반 게임형 학습플랫폼에 적용하면 된다. 모니터 화면 분할 기능을 통해 한 화면에 두 개의 창이 좌, 우로 정렬된 상태에서 작업하면 조금 더 간편하게 작업이 가능하다.

ATM for Generating Vocab Quiz

영어 지문을 입력하면 인공지능(AI)을 활용해 영어 문항을 자동으로 생성해주는 AI Test Maker(ATM, https://atm.lxper.ai) 웹사이트를 통해서 간단하게 퀴즈를 생성할 수 있다.

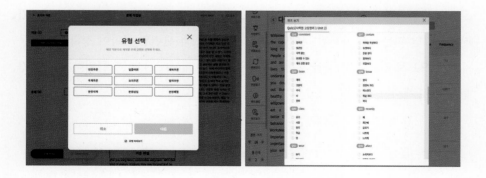

Wordhippo for Generating Vocab Quiz

WordHippo는 동의어(synonyms), 반의어(antonyms), 예문을 포함한 단어 의미 (definitions), 운율을 맞춘 단어들(rhymes), 번역(translations) 등을 포함하여 광범위한 어휘 자원을 탑재한 웹사이트이다. 위 사이트의 장점 중 하나는 여타 thesaurus 웹사이트와 다르게 단어의 굴절(屈折, inflection) 현상(예, 단수 현재형, 과거형, -ing 형 등)이 반영된 결과를 보여준다는 것이다. 예를 들어 eat의 과거형인 ate로 검색하면 eat의 동의어/반의어의 과거형이 제시된다. 위 사이트를 이용하여 특정 단어의 굴절형(inflectional form) 문법 정보가 담긴 동의어, 반의어 등을 어휘 퀴즈로 출제할 수 있을 것이다. 예문도 제시해주므로 Word in Context와 관련된 정보도 제공할 수 있을 것이다.

참고: 어휘의 굴절 현상이 반영되지 않은 다른 thesaurus 웹사이트

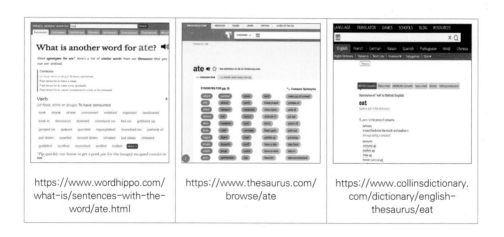

https://www.wordhippo.com/
what-is/sentences-with-the-
word/ate.html

https://www.thesaurus.com/
browse/ate

https://www.collinsdictionary.
com/dictionary/english-
thesaurus/eat

Visuwords & Lexipedia & Vocabgrabber

Visuwords(https://visuwords.com/)는 웹 기반 그래픽 어휘 사전으로, 페이지 상단의 검색 입력창에 원하는 단어를 입력하면 각 단어가 다른 단어 및 개념과 어떤 방식으로 연관되어 있는지 알 수 있다. Lexipedia는 Multilingual ConceptNet에 의해 구축된 무료 visual thesaurus인데 연관 어휘의 의미적 관계를 시각적 네트워크로 보여준다. 위와 같은 웹사이트를 통해 어휘를 확장적으로 이해하거나 Nearpod에 필요한 퀴즈를 생성할 때 reference image로 삽입하는 방법이 있을 것이다.

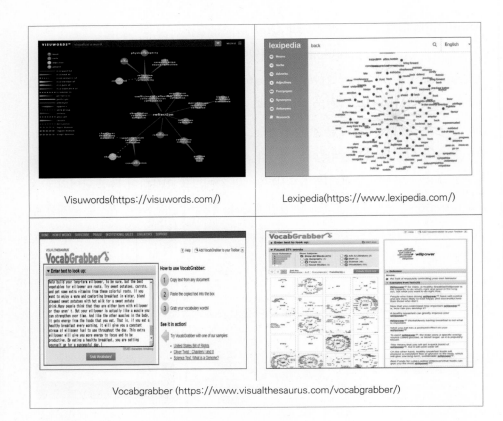

Visuwords(https://visuwords.com/)

Lexipedia(https://www.lexipedia.com/)

Vocabgrabber (https://www.visualthesaurus.com/vocabgrabber/)

구글에 vocabgrabber를 입력하거나 주소줄에 다음 링크(https://www.visualthesaurus.com/vocabgrabber/)를 입력하여 vocabgrabber 웹사이트에 접속한 다음 분석하고자 하는 텍스트를 박스에 넣고 [Grab Vocabulary] 버튼을 누른다. VocabGrabber는 텍스트를 분석하여 등장빈도(Occurrences), 알파벳(A-Z), 관련성(Relevance), 친밀성(Familiarity)을 기준으로 어휘 목록을 생성하고 해당 단어가 문맥 안에서 어떻게 사용되는지 보여준다. 특정 단어를 누르게 되면 동의어, 정의(definition), 문장 안에서의 사용(Examples from Text) 등을 표시할 수 있으며 지리(Geography), 수학(Math), 과학(Science), 사회(Social Studies)와 같은 학문 범주로도 분류할 수 있다.

이혜진
원광대학교 영어교육과 교수

- The State University of New York at Buffalo [박사]
- (現) 한국영어교과교육학회 편집이사, (現) 대한영어영문학회 국제교류이사,
  (現) 한국멀티미디어언어교육학회 홍보이사
- 한국연구재단 지원사업 수행(중등영어 임용시험 어플 'ONEPASS' 개발), 미국 커뮤니티
  영어센터 커리큘럼 개발 참여, 풀브라이트 헤이즈 프로그램 연구 참여, American
  Association for Applied Linguistics(AAAL), International TESOL Convention and
  Exhibit 등 국내외 학술대회발표
- 메타버스를 활용한 영어교육, 메타버스 플랫폼 기반 교수-학습 설계 특강 진행
- AI 기술을 활용한 영어교육 가능성 탐색, N차 산업혁명 시대의 인간과 AI와의 공존 방안
  모색, 뇌 기억 및 정보처리 과정을 접목한 학습콘텐츠 설계, 특수목적 코퍼스 분석 관련
  저명학술지 논문 다수
- The Honor Society of Phi Kappa Phi, Golden Key International Honour Society
  회원, TESOL NNEST of the month Blog 이달의 인물

참고문헌

제1부 AI와 영어교육

1   김종규, 원만희. (2021). 인공지능 글쓰기와 리터러시에 대한 실존적 고찰. 동서철학연구, 99, 521–544.

Alexeev, V. (2020, October). Motherboard issues. Harper's Magazine. https://harpers.org/archive/2020/10/motherboard-issues/

Gandomi, A. & Haider M. (2015). Beyond the hype: Big data concepts, methods, and analytics. International Journal of Information Management, 35(2), 137–144.

Rajaraman, A., & Ullman D. (2011). Mining of massive datasets. Cambridge University Press.

Turing, A. M. (1936). On computable numbers, with an application to the Entscheidungsproblem. Proceedings of the London Mathematical Society (Series 2), 42(1), 230–265. https://doi.org/10.1112/plms/s2-42.1.230

2   교육부. (2015). 영어과 교육과정(교육부 고시 제2015-74호 [별책 14]). 교육부.

김진하. (2016). 제4차 산업혁명 시대,미래사회 변화에 대한 전략적 대응 방안 모색. KISTEP Inl, 15, 1–14.

홍선주, 안유민, 이동욱. (2019). 지능정보사회 대비 교사 역량 강화 지원 방안(ORM 2019-31-3). KICE Position Paper, 11(3). http://www.kice.re.kr/boardCnts/fileDown.do?fileSeq=186b0 3353f26691c582aa719e0deb705

Bloom, B. S. (1956). Taxonomy of educational objectives: The classification of educational goals. Longmans.

3   김혜영, 신동광, 이장호, 김영우, 양혜진. (2021). 영어학습을 위한 인공지능 챗봇 활용 및 제작(2판). 교육과학사.

4   Cobb, T. (1999). Compleat Lexical Tutor. www.lextutor.ca

Coxhead, A. (2000). A new academic word list. TESOL Quarterly, 34(2), 213-238.

Heatley, A., Nation, I. S. P., & Coxhead, A. (2002). Range and frequency programs. http://cfile281.uf.daum.net/attach/1536491549AFC84E04E328.

Johns, T. (1986). Micro-concord: A language learner's research tool. System, 14(2), 151-162.

Johns, T. (1988). Whence and whither classroom concordancing? In T. Bongaerts, P. de Haan, S. Lobbe & H. Wekker (Eds.), Computer applications in language learning (pp. 9-27). Foris.

Johns, T. (1991). Should you be persuaded – two examples of data-driven learning. In T. Johns & P. King (Eds.), Classroom concordancing: English Language Research Journal, 4 (pp. 1-13). Centre for English Language Studies

Laufer, B., Elder, C., Hill, K., & Congdon, P. (2004). Size and strength: Do we need both to measure vocabulary knowledge? Language Testing, 21, 202-226.

Leech, G., Rayson, P., & Wilson, A. (2001). Word frequencies in written and spoken English: Based on the British National Corpus. Longman.

Meara, P. (2005). Lexical frequency profiles: A Monte Carlo analysis. Applied Linguistics, 26(1), 32-47.

Nation, I. S. P. (2006). How large a vocabulary is needed for reading and listening? Canadian Modern Language Review, 63(1), 59-82.

5   Anthony, L. (2019). AntConc v. 3.5.9. https://www.laurenceanthony.net/software/antconc/releases/AntConc359/AntConc_64bit.exe

Johns, T. (1986). Micro-concord: A language learner's research tool. System, 14(2), 151-162.

Johns, T. (1988). Whence and whither classroom concordancing? In T. Bongaerts, P. de Haan, S. Lobbe & H. Wekker (Eds.), Computer applications in language learning (pp. 9-27). Foris.

Johns, T. (1991). Should you be persuaded – two examples of data-driven learning. In T. Johns & P. King (Eds.), Classroom concordancing: English Language Research Journal, 4 (pp. 1-13). Centre for English Language Studies

6   김재상. (2017). 인간과 인공지능 기기의 상호작용이 EFL 환경에서 초등학생들의 협업적 언어습득에 미치는 영향. 미출간 석사학위논문, 광주교육대학교.

한다은. (2020). AI 챗봇 활용이 한국 EFL 학습자의 말하기 능력 및 정의적 영역에 미치는 영향. 미출간 박사학위논문, 전남대학교

Anthony, L. (2019). AntConc v. 3.5.9. https://www.laurenceanthony.net/software/antconc/releases/AntConc359/AntConc_64bit.exe

Fryer, L., & Carpenter, R. (2006). Bots as language learning tools. Language Learning and Technology, 10(3), 8-14.

7   이용상, 신동광. (2020). 원격교육 시대의 인공지능 활용 온라인 평가. 학습자중심교과교육연구, 20(14), 389-407.

Abbasi, S., & Kazi, H. (2014). Measuring effectiveness of learning chatbot systems on student's learning outcome and memory retention. Asian Journal of Applied Science and

Engineering, 3(7), 57–66.

Mauldin, M. (1994). Chatterbots, tinymuds, and the turing test: Entering the Loebner Prize competition. In Proceedings of the 11th National Conference on Artificial Intelligence. Seattle, Washington: AAAI Press.

8   김동일, 이재호, 장세영, 안예지, 안수진, 황지영. (2017). 국내 읽기이해 관련 검사도구 특성 분석. 아시아교육연구, 18(1), 121–144.

김현기, 허정, 임수종, 이형직, 이충희. (2017). 엑소브레인 한국어 분석 및 질의응답 기술의 개발 현황 및 고도화 계획. 정보과학회지, 35(8), 51–56.

박혜영, 김미경, 박지선, 이인화, 이민형, 옥현진. (2018). 교과 교육과정 국제 비교 연구: 언어교육(자국어, 영어)을 중심으로(연구보고 교육부-위탁-2018-17).

세종: 교육부. 서혁. (1996). 담화구조와 주제 구성에 관한 연구. 미출간 박사학위 논문, 서울대학교.

Abu Shawar, B., & Atwell, E. (2010). Chatbots: Can they serve as natural language interfaces to QA corpus? Proceedings of the 6th IASTED International Conference on Advances in Computer Science and Engineering (ACSE 2010) (pp. 183–188). Sharm El Sheikh, Egypt: ACTA Press.

Clark, K. F., & Graves, M. F. (2005). Scaffolding students' comprehension of text. The Reading Teacher, 58(6), 570–580.

Graves, M. F., & Graves, B. B. (2003). Scaffolding reading experiences: Designs for student success. Christopher-Gordon.

Herber, H. L. (1970). Teaching reading in the content areas. Prentice Hall.

Iyyer, M., J. Boyd-Graber, L. Claudino, R. Socher, & Daumé III, H. (2014). A neural network for factoid question answering over paragraphs. In Proceedings of the 2014 Conference on Empirical Methods in Natural Language Processing (EMNLP) (pp. 633–644), Doha, Qatar: Association for Computational Linguistics.

Kennedy, C. E. (1981). Methods in teaching developmental reading. F. E. Peacock Publishers, Inc.

Liu, S., Zhang, X., Zhang, S., Wang, H., & Zhang, W. (2019). Neural machine reading comprehension: Methods and trends. Applied Sciences, 9(18). https://www.mdpi.com/2076-3417/9/18/3698/pdf

Pearson, P. D., & Johnson, D. D. (1978). Teaching reading comprehension. Holt, Rinehart, & Winston.

Smith, P. G. (1963). Dimensions of analysis and recognized meanings. Eductional Theory, 13(3), 183–224.

9   노은희, 심재호, 김명화, 김재훈. (2012). 대규모 평가를 위한 서답형 문항 자동채점 방안 연구(RRE 2012-6). 서울: 한국교육과정평가원.

노은희, 김명화, 성경희, 김학수. (2013). 대규모 평가를 위한 서답형 문항 자동채점 프로그램 정교화 및 시범 적용(RRE 2013-5). 서울: 한국교육과정평가원.

노은희, 이상하, 임은영, 성경희, 박소영. (2014). 한국어 서답형 문항 자동채점 프로그램 개발 및 실용성 검증(RRE 2014-6). 서울: 한국교육과정평가원.

노은희, 송미영, 성경희, 박소영. (2015). 한국어 문장 수준 서답형 문항 자동채점 프로그램 개발 및 적용(RRE 2015-9). 서울: 한국교육과정평가원.

박세진, 하민수. (2020). 순환신경망을 적용한 초등학교 5학년 과학 서술형 평가 자동 채점시스템 개발 및 활용 방안 모색. 교육평가연구, 33(2), 297–321.

시기자,박도영,이용상,박상욱,임은영,구슬기,임황규,최연희,이공주,김지은,김성,이은숙,김성묵,윤경아,이순웅. (2012). 국가영어능력평가시험 쓰기 자동 채점 프로그램 개발(RRE2012-10). 서울: 한국교육과정평가원.

신동광, 박용효, 박태준, 임수연. (2015). 영어 말하기 자동채점의 현재와 미래. 멀티미디어언어교육, 18(1), 93-114.

진경애, 시기자, 신동광, 송민영, 김인숙, 이용상, 김연희. (2011). KICE-Pearson 영어 말하기, 쓰기 자동채점 프로그램 타당성 연구(연구보고). 서울: 한국교육과정평가원.

Attali, Y.,& Burstein, J. (2006). Automated essay scoring with e-rater V.2.0. Journal of Technology, Learning and Assessment, 4(3), 1-21.

Kumar, V.,& Boulanger, D. (2020). Explainable automated essay scoring: Deep Learning really has pedagogical value. Frontiers in Education, 5, 1-22.

Page, E. B. (1966). The imminence of grading essays by computer. Phi Delta Kappan, 47(5), 238-243.

Walker, N. (2012). Virtual Writing Tutor. https://virtualwritingtutor.com/

10 Chon, Y. V., & Shin, D. (2020). Direct writing, translated writing, and machine translated writing: A text level analysis with Coh-Metrix. English Teaching, 75(1), 25-48.

Chon, Y. V., Shin, D., & Kim, G. E. (2021). Comparing L2 learners' writing against parallel machine-translated texts: Raters' assessment, linguistic complexity and errors. System, 96, 102408.

Shin, D., Kwon, S. K., & Lee, Y. (2021). The effect of using online language-support resources on L2 writing performance. Language Testing in Asia, 11(4). https://doi.org/10.1186/s40468-021-00119-4

11 신동광, 이장호, 김혜영, 양혜진. (2021). 질적 자료의 정량화 방안: 감성분석 기법을 활용한 챗봇 기반 과업활동의 만족도 분석 중심으로. 영어교과교육, 20(3), 167-185.

Elia, G., Solazzo, G., Lorenzo, G., & Passiante, G. (2019). Assessing learners' satisfaction in collaborative online courses through a big data approach. Computers in Human Behavior, 92, 589-599.

Jääskeläinen, R. (2010). Think-aloud protocol. In Y. Gambier & L. Van Doorslaer (Eds.), Handbook of translation studies (Vol. 1) (pp. 371-374). John Benjamins Publishing Company.

Picard, R. W. (1995). Affective computing (M.I.T Technical Report No. 321). http://affect.media.mit.edu/pdfs/95.picard.pdf

Zhou, J., & Ye, J.-M. (2020). Sentiment analysis in education research: A review of journal publications. Interactive Learning Environments. Advance online publication.

12 신동광. (2020). 감성분석에 기반한 수능 영어영역 '심경·분위기 파악' 문항의 타당도 분석 연구. 영어교과교육, 19(4), 159-179.

Bhuiyan, M. (2017). Watson Tone Analyzer: 7 new tones to help understand how your customers are feeling. https://www.ibm.com/blogs/watson/2017/04/watson-tone-analyzer-7-new-tones-help-understand-customers-feeling/.

13 신동광. (2021). 설득적 에세이 점수의 예측도구로서의 감성분석 기법. Brain, Digital, & Learning, 11(2), 215-226.

Demsar, J., Curk, T., Erjavec, A., Gorup, C., Hocevar, T., Milutinovic, M., Mozina, M., Polajnar, M., Toplak, M., Staric, A., Stajdohar, M., Umek, L., Zagar, L., Zbontar, J., Zitnik, M., Zupan, B. (2013). Orange: Data mining toolbox in python. Journal of Machine Learning Research, 14, 2349-2353

14   김기중. (2018. 5.17). "AI 시대에 외국어 공부 결국 취미생활 될걸요." 서울신문. https://www.seoul.co.kr/news/newsView.php?id=20180517024044

오호영, 유한구, 양정승, 류지영, 손희전, 신동준, 황승록. (2014). 2013년 한국고용패널 기초분석 보고서(연구자료 2014-35). 서울: 한국직업능력개발원.

주현우, 신동광. (2012). 영어 쓰기 시험에서 콘코던서(Concordancer) 활용이 학생들의 영어 쓰기 수행력에 미치는 영향(연구보고 RRE 2012-19).

서울: 한국교육과정평가원, 통계청, 교육부. (2021). 2020년 초중고사교육비조사 결과. https://kostat.go.kr/portal/korea/kor_nw/1/7/1/index.board?bmode=download&bSeq=&aSeq=388533&ord=1

Bialystok, E. (1999). Cognitive complexity and attentional control in the bilingual mind. Child Development, 70(3), 636-644.

Foster, K. M., & Reeves, C. K. (1989). Foreign Language in the Elementary School (FLES) improves cognitive skills. FLES News, 2(3), 4.

Ghosh, I. (2020, Feb). Ranked: The 100 most spoken languages around the world. Visual Capitalist. https://www.visualcapitalist.com/100-most-spoken-languages/

Godden, D. R., & Baddeley, A. D. (1975). Context-dependent memory in two natural environments: On land and underwater. British Journal of Psychology, 66(3), 325-331.

Kanda, T., Hirano, T., & Eaton, D. (2004). Interactive Robots as Social Partners and Peer Tutors for Children: A Field Trial. Human-Computer Interaction, 19, 61-84.

Klimanova, L. (2021). The evolution of identity research in CALL: From scripted chatrooms to engaged construction of the digital self. Language Learning & Technology, 25(3), 186-204.

Landry, R. G. (1973). The enhancement of figural creativity through second language learning at the elementary school level. Foreign Language Annals, 7(1), 111-115.

Ricciardelli, L. A. (1993). An investigation of the cognitive development of Italian-English bilinguals and Italian monolinguals from Rome. Journal of Multilingual and Multicultural Development, 14(4), 345-346.

Shin, D., & Chon, Y. V. (in press). Second language learners' post-editing strategies for machine translation errors. Language Learning & Technology.

Turkle, S. (2005). The second self. MIT Press.

1   강영돈. (2021). 코로나19시대, 비대면 교양영어수업의 문제점과 개선방안 – D대학의 핵심역량을
      중심으로. 인문사회 21, 12(2), 1013-1022.
     김현지, 김명성. (2021). 언어 네트워크 분석을 활용한 대학 실시간 화상강의와 녹화강의에 대한
     학습자 인식 분석. 교육미디어연구, 27(3), 1145-1165.
     도재우. (2020). 면대면 수업의 온라인 수업 전환과정에서 발생하는 설계 장애물에 대한 탐색.
     교육문화연구. 26(2), 153-173.
     박진희, 김수영. (2021). 대학 원격교육 학사관리에 대한 사례 연구: 성인학습자 전담 학위과정 운영
     대학을 중심으로. 평생학습사회, 17(3), 59-84.
     안정민. (2021). 코로나 19 상황에서 실시간 화상강의 참여 대학생들의 협력학습 경험 탐색:
     근거이론적 접근. 인문사회과학연구, 22(1), 578-605.
     이가하, 김승인. (2021). 온라인 화상 교육 몰입도 향상을 위한 디자인 방안 제안 – 줌(ZOOM)과
     웹엑스(Webex)를 중심으로. 디지털융복합연구, 19(7), 341-348.
     이동주, 김미숙. (2020). 코로나19 상황에서의 대학 온라인 원격교육 실태와 개선 방안. 멀티미디어
     언어교육, 23(3), 359-377.
     이혜정. (2021). 대학생의 원격교육 경험에 대한 교육적 의미 탐색. 학습자중심교과교육연구, 21(12),
     761-781.
     임태형, 양은별, 김국현, 류지현. (2021). 메타버스를 활용한 고등학생 진로체험 프로그램 사용자 경험
     분석. 학습자중심교과교육연구, 21(15), 679-695.
     윤현준. (2021). 메타버스(Metaverse) 시대로의 원격수업: 새로운 상호 작용 및 소통을 향하여.
     기계저널, 61(8), 49-54.
     정유선, 임태형, 류지현. (2021). 메타버스를 활용한 대학생 온라인 수업에서 공간이동 수준이
     학습실재감과 흥미발달에 미치는 효과. 교육정보미디어연구, 27(3), 1167-1188.
     황선희, 박매란. (2021). 대학 비대면 실시간 온라인 화상강의에서 학습 몰입 및 학습 성과에 영향을
     미치는 요인. 멀티미디어언어교육, 24(2). 130-153.
     황요한, 김창수. (2020). 코로나 19로 인한 비대면 온라인 강의 인식 조사: 대학생의 만족도와
     불안도를 중심으로. 언어학, 29(1), 71-91

2   김광집. (2021). 메타버스 사례를 통해 알아보는 현실과 가상 세계의 진화. 방송과 미디어. 26(3),
     10-19.
     김준연. (2021). 메타버스 콘텐츠의 혁신 생태계와 지속 성장의 조건. 과학기술정책연구원, 5, 25-30.
     닐 스티븐슨, 김장환 역. (1996). 스노우 크래쉬. 새와 물고기.
     박현길. (2021). 메타버스(Metaverse) 월드. 한국마케팅연구원, 5. 42-41.
     이병권. (2021). 메타버스(Metaverse) 세계와 우리의 미래. 한국콘텐츠학회지, 19(1), 13-17.
     이현정. (2021). AI시대, 메타버스를 아우르는 새로운 공감개념 필요성에 대한 담론. 한국게임학회
     논문지, 21(3), 79-89.
     한송이, 김태종. (2021). 메타버스 뉴스 빅데이터 분석:토픽 모델링 분석을 중심으로.
     디지털콘텐츠학회논문지, 22(7), 1091-1099.

3   김상균. (2021). 메타버스 디지털 지구, 뜨는 것들의 세상. 플랜비디자인.
     양은별, 류지현. (2019). 예비교사를 위한 수업시뮬레이션에서 시나리오 유형과 수행 안내 방법에
     따른 가상실재감과 사용성 지각의 차이. 미래교육학연구, 32(1), 99-118.
     이시한. (2021). 메타버스의 시대: 미래와 부와 기회를 선점하는 7대 메가트렌드. 다산북스.
     이인화. (2021). 메타버스란 무엇인가. 스토리프렌즈.

이준복. (2021). 미래세대를 위한 메타버스(Metaverse)의 실효성과 법적 쟁점에 관한 논의.
홍익법학, 22(3), 49-82.

임태형, 양은별, 김국현, 류지현. (2021). 메타버스를 활용한 고등학생 진로체험 프로그램 사용자 경험
분석. 학습자중심교과교육연구, 21(15), 679-695.

자오궈둥, 이환환, 쉬위엔중. (정주은 역) (2021). 디지털 신세계 메타버스를 선점하라. 미디어숲.

정희정. (2021). 교사의 관점에서 영어교육과 증강현실 융합에 영향을 미치는 요소에 대한 실증연구:
Push-Pull-Mooring(PPM) 이론을 기반으로. 멀티미디어언어교육, 24(2), 106-129.

황준원. (2021). 메타버스가 일으키고 있는 혼란. 유튜브 미래채널. 2021년 10월 2일 웹에서 검색함:
https://www.youtube.com/ watch?v=AC4-0ydV0q8

Randoff, J. (2021). The Metaverse Value-Chain. Buidling the Metaverse. Retrieved from
the website on September 27th, 2021 at https://medium.com/building-the-metaverse/
the-metaverse-value-chain-afcf9e09e3a7.

4   고선영, 정한균, 김종인, 신용태. (2021). 문화 여가 중심의 메타버스 유형 및 발전 방향 연구.
정보처리학회논문지/소프트웨어 및 데이터 공학, 10(8), 331-338.

이진규. (2021). 메타버스와 프라이버시, 그리고 윤리 - 논의의 시작을 준비하며.
한국인터넷진흥원(2021 KISA REPORT), 2, 20-30.

이재원. (2021). 나의 첫 메타버스 수업: 메타버스가 궁금한 사람이라면 꼭 알아야할 50가지.
메이트북스.

이재원. (2021). 메타, MS, 엔비디아, 애플의 메타버스 전략 비교분석. 티타임즈 TV. 2021년 11월
20일 웹에서 검색함: https://www. youtube.com/watch?v=z9mUz1xc3Ro

5   김성신, 부경순. (2009). 게임을 이용한 초등영어 문자언어 지도가 읽기 · 쓰기에 미치는 효과.
초등영어교육, 15(2), 41-70.

김성연. (2015). 가상현실 활용 네트워크 기반 영어 교수 · 학습의 효과에 관한 연구. 영어교육연구,
22(4), 53-74.

김진원, 박승진, 민가영, 이건명. (2017). 가상현실 기반 상황몰입형 영어 대화 학습 시스템.
융합정보논문지, 7(6), 245-251.

김정열, 장윤정. (2008). 다중참여 온라인 역할수행 게임이 초등학생의 영어 능력에 미치는 효과.
멀티미디어교육연구, 11(1), 103-125.

김준연. (2021). 메타버스 콘텐츠의 혁신 생태계와 지속 성장의 조건. 과학기술정책연구원, 5, 25-30.

고선영, 정한균, 김종인, 신용태. (2021). 문화 여가 중심의 메타버스 유형 및 발전 방향 연구. (8),
331-338.

안덕기. (2021). 리딩 어플리케이션 설계를 통한 게이미피케이션 연구. 한국게임학회, 21(3), 3-12.

이동한. (2017). 3D 증강현실을 적용한 영화활용 영어학습 시스템 개발 방안. 영상영어교육, 18(3),
99-117.

이병권. (2021). 메타버스(Metaverse) 세계와 우리의 미래. 한국콘텐츠학회지, 19(1), 13-17.

윤현준. (2021). 메타버스(Metaverse) 시대로의 원격수업: 새로운 상호 작용 및 소통을 향하여.
기계저널, 61(8), 49-54.

정동빈, 김현정, 원은석, (2010). 초등학생용 모바일 영어어휘 게임을 위한 어휘목록 및 콘텐츠 적용
방법 제시. 한국게임학회 논문지, 10(4), 35-48.

정상문, 김경수, 이갑형. (2013). 영어 회화 학습을 위한 스마트폰 기능성 게임 설계 및 구현.
디지털콘텐츠학회논문지, 14(2), 235-245.

정유선, 임태형, 류지헌. (2021). 메타버스를 활용한 대학생 온라인 수업에서 공간이동 수준이
학습실재감과 흥미발달에 미치는 효과. 교육정보미디어연구, 27(3), 1167-1188.

정지연, 서수종, 한예진, 정혜선. (2020). 몰입형 가상현실 영어 회화 학습 프로그램을 통한
언어불안감과 학습성취도에 대한 연구. 한국융합학회논문지, 11(1), 119-130.

정희정. (2021). 교사의 관점에서 영어교육과 증강현실 융합에 영향을 미치는 요소에 대한 실증연구:
Push-Pull-Mooring(PPM) 이론을 기반으로. 멀티미디어언어교육, 24(2). 106-129.

정혜옥, 박부남. (2015). 디지털 영어동화를 활용한 스토리게임반과 동화쓰기반 비교 연구.
한국외국어교육학회지, 22(3), 183-206.

진승희. (2019). 3D 가상현실 게임을 사용한 문화 학습이 대학생 영어 학습자의 문화간 능력 발달에
미치는 영향. 영상영어교육, 20(3), 169-194.

최정혜. (2016). 초등 학습자의 영어 말하기 능력 향상을 위한 교육 게이미피케이션 접목 스마트 러닝
설계. 한국게임학회, 16(3), 7-16.

6   임태형, 양은별, 김국현, 류지현. (2021). 메타버스를 활용한 고등학생 진로체험 프로그램 사용자 경험
분석. 학습자중심교과교육연구, 21(15), 679-695.

유인춘. (2021). 비대면 온라인 협업 솔루션 VirBELA 한국 진출. STARTUP N. 2021년 11월 15일
웹에서 검색하였음: http://www.startupn.kr/news/articleView.html?idxno=11012

정희정. (2021). 교사의 관점에서 영어교육과 증강현실 융합에 영향을 미치는 요소에 대한 실증연구:
Push-Pull-Mooring(PPM) 이론을 기반으로. 멀티미디어언어교육, 24(2), 106-129.

7   임태형, 양은별, 김국현, 류지현. (2021). 메타버스를 활용한 고등학생 진로체험 프로그램 사용자 경험
분석. 학습자중심교과교육연구, 21(15), 679-695.

유인춘. (2021). 비대면 온라인 협업 솔루션 VirBELA 한국 진출. STARTUP N. 2021년 11월 15일
웹에서 검색하였음: http://www.startupn.kr/news/articleView.html?idxno=11012

정희정. (2021). 교사의 관점에서 영어교육과 증강현실 융합에 영향을 미치는 요소에 대한 실증연구:
Push-Pull-Mooring(PPM) 이론을 기반으로. 멀티미디어언어교육, 24(2), 106-129.

제3부 AI, Metaverse, ICT와 영어교수-학습 설계

1   Nunan, D. (2003). Practical English Language Teaching. McGraw-Hill Education.
Brown, D. H. (2007). Teaching by Principles: An Interactive Approach to Language
Pedagogy (3rd ed.). Allyn & Bacon.
Brown, D. H., & Lee, H. (2015). Teaching by Principles: An Interactive
Approach to Language Pedagogy (4th ed.). Pearson Education ESL.